Wandern auf märchenhaften Pfaden

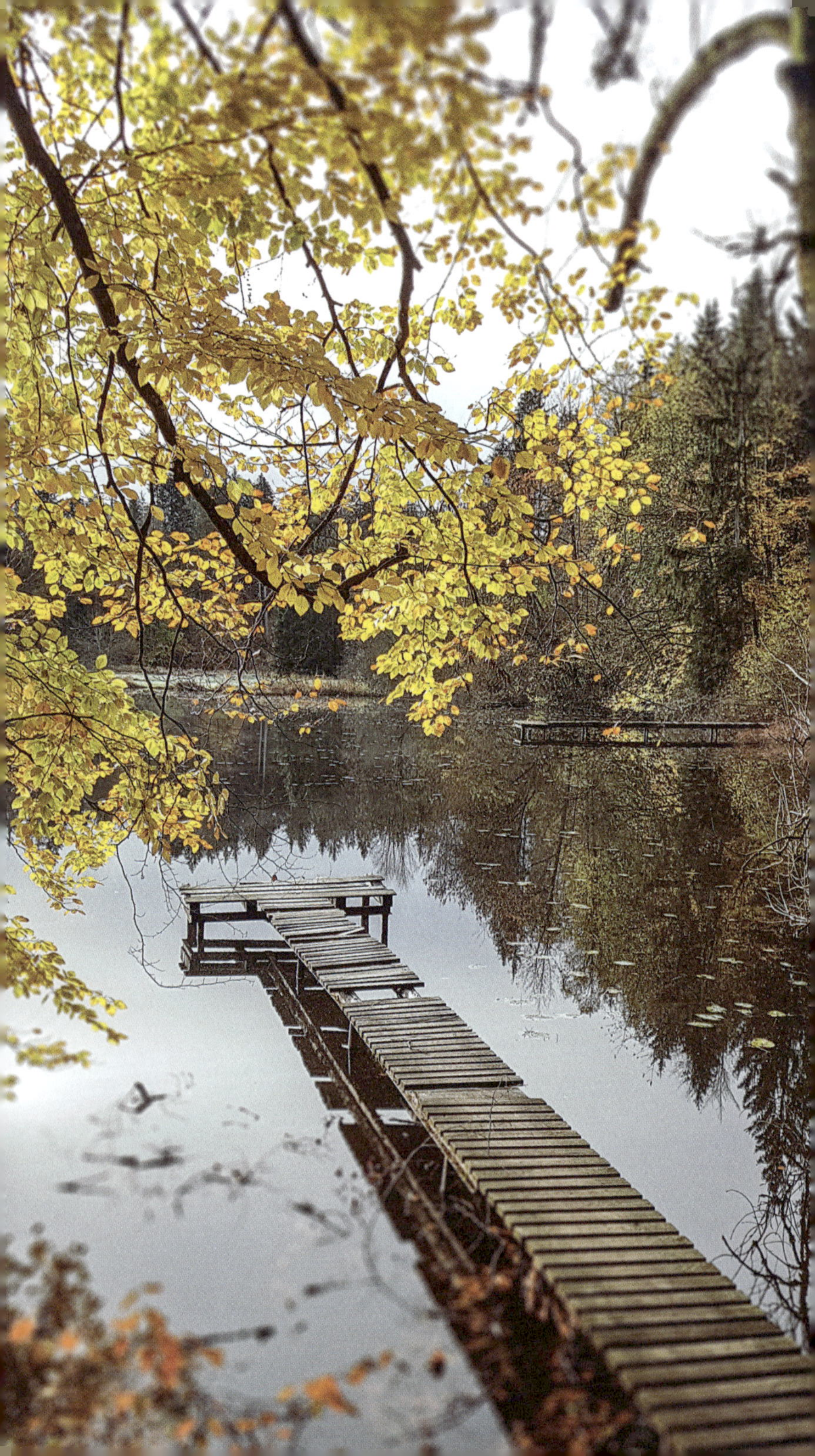

Ursula Weber

Wandern auf märchenhaften Pfaden

15 Touren und 30 Geschichten vom Werdenfelser Land bis zum Wendelstein

Volk Verlag München

Die Deutsche Bibliothek verzeichnet diese Publikation in der Deutschen Nationalbibliografie; detaillierte bibliografische Daten sind im Internet über https://portal.dnb.de/ abrufbar.

2. aktualisierte Auflage 2021

Neumarkter Straße 23; 81673 München
Tel. 089 / 420 79 69 80; Fax: 089 / 420 79 69 86

Druck: DZS Grafik, d.o.o., Ljubljana

ISBN 978-3-86222-309-1

www. volkverlag. de

Inhalt

Übersichtskarte

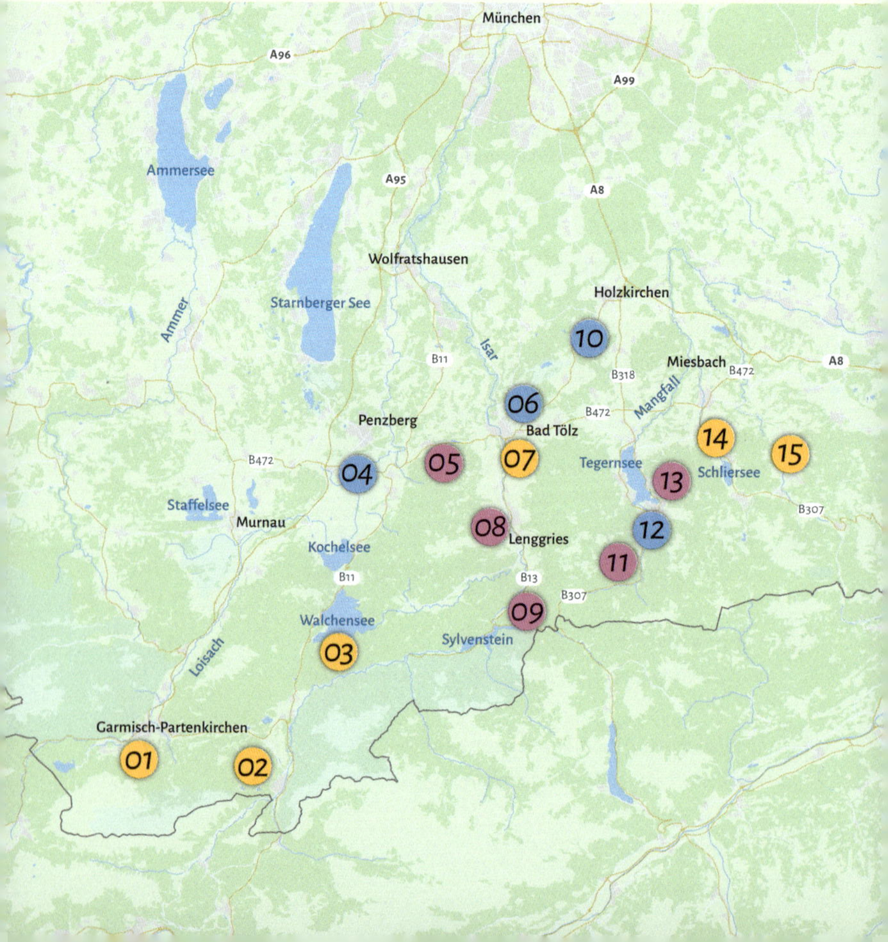

Vorwort

Liebe Leserinnen und Leser,
was gibt es Schöneres, als in der Natur unterwegs zu sein? Bei strahlendem Sonnenschein auf den Bergen. Bei Regen auf einer windgeschützten Runde im Wald. Oder bei Schnee durch glitzernden Winterzauber und bei einem duftenden Kaffee oder Tee am Ziel ...

15 genussreiche Touren stecken in diesem anregenden Wanderführer für Rucksack und Handtasche. Und er hält dabei eine weitere Besonderheit bereit: außergewöhnliche Sagen und Märchen, die von unserer schönen oberbayerischen Heimat erzählen. Mit klugen Bauern, überlisteten Teufeln, hilfreichen Hexen und schaurigen Seeungeheuern. Diese alten Erzählungen kennen kein Gestern und kein Morgen. Vielmehr holen sie uns ins Hier und Jetzt.

Schenken auch Sie sich diese Zeitlosigkeit. Öffnen Sie Augen, Ohren und alle Sinne für die Schönheit der Natur und ihre Geschichten. Lassen Sie sich berühren und verzaubern – und kehren Sie mit neuer Energie und einem Glückspfand im Herzen vom Wandern zurück nach Hause.

30 fabelhafte Geschichten laden Sie dazu ein, das Oberland zwischen Wendelstein und Werdenfelser Land auf märchenhaften Pfaden neu zu entdecken. Es erwartet Sie eine illustre Mischung aus bekannten und unbekannten Wanderungen, aus leichten bis schwierigen Anforderungen, aus Wegen für alle Jahreszeiten – aus schönen, spannenden, gruseligen und witzigen Erzählungen des Alpenraumes.

Märchenhaftes Wandern wünscht Ihnen Ihre

Ursula Weber

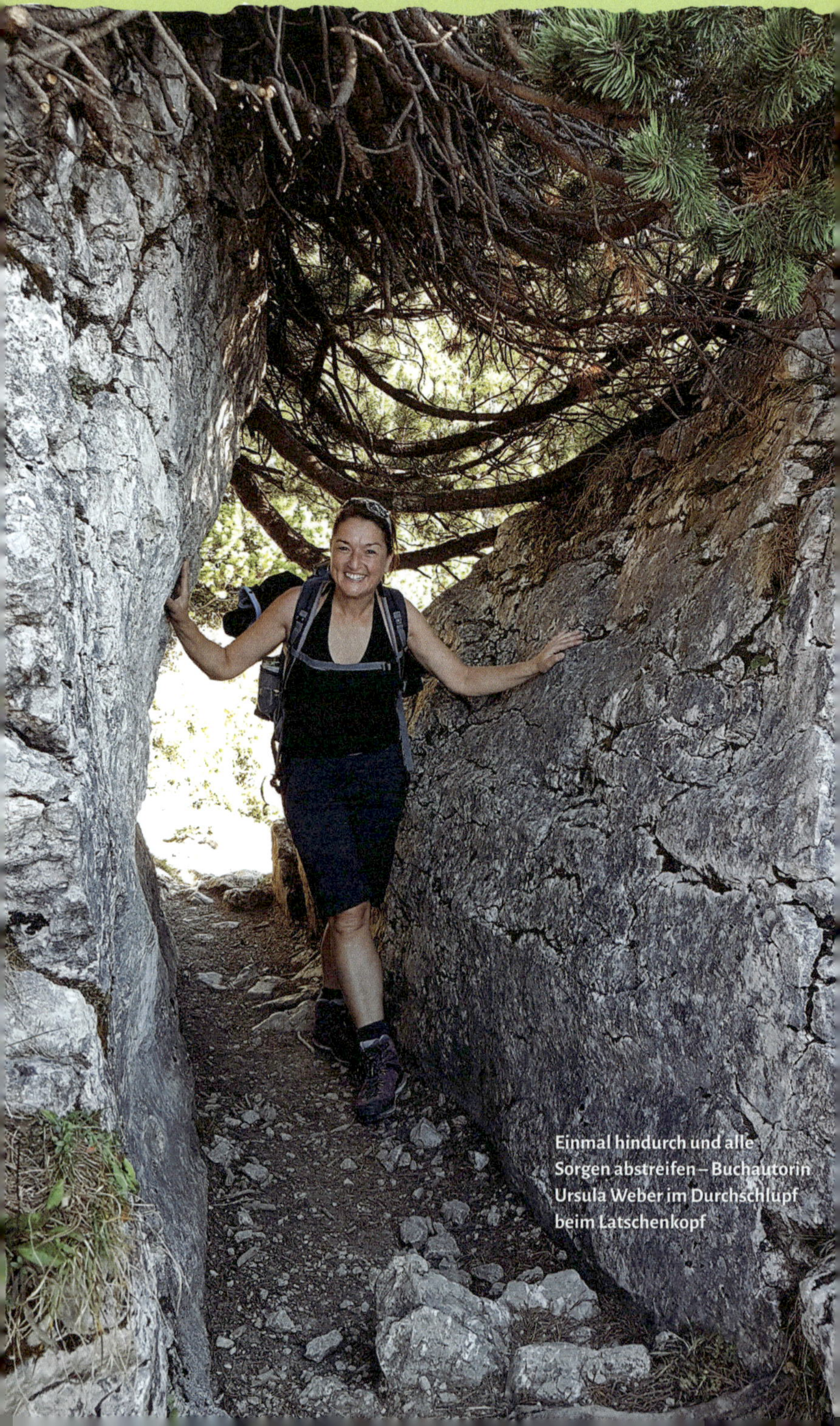

Einmal hindurch und alle Sorgen abstreifen – Buchautorin Ursula Weber im Durchschlupf beim Latschenkopf

Einleitung – drei Tipps vorweg

Zu den Tourbeschreibungen

Die Touren sind in drei Schwierigkeitsgrade eingeteilt:

leicht (bis 200 hm)
mittel (bis 600 hm)
schwer (ab 600 hm)

Die Gehzeiten orientieren sich an den allgemein angegebenen Zeiten der Wegmarkierungen und der Routenplaner diverser Kartendienste sowie an eigenen Erfahrungen beim Begehen der Touren. Deshalb mein Tipp: Beginnen Sie mit einer leichten Tour und schätzen Sie dann die anderen entsprechend für sich ein. Das gilt umso mehr, wenn Sie mit Kindern unterwegs sind.

Die Charakterisierung des Weges, die Sie direkt bei jeder Karte finden, erleichtert Ihnen zudem die Einordnung der Tour.

Zur konkreten Vorbereitung

Trotz intensiver Recherche für alle Touren, kann sich jederzeit etwas ändern. Deshalb fragen Sie bitte vor dem Start stets drei Informationen tagesaktuell im Internet ab:

Das Wetter: In den Bergen kann das Wetter schnell umschlagen. Erkundigen Sie sich nach der genauen Prognose, ggfs. bei der Tourist-Information.

Die Einkehrmöglichkeiten: Pächter wechseln und Hütten werden umgebaut. Klären Sie bitte auch hier, ob die angegebene Wirtschaft tatsächlich geöffnet hat.

Die Weg-Situation: Während der Vorbereitungen für dieses Buch hatten Sturmböen im Heimgartengebiet so gewütet, dass dort eine Totalsperrung des ganzen Berghanges nötig wurde. Auch langer Regen, massive Schneefälle und nicht zuletzt Rodungsarbeiten können die Begehung der Natur unmöglich machen. Erfragen Sie deshalb im Internet, ob der Weg aktuell gut gangbar ist.

Zum märchenhaften Wandern

Planen Sie ausreichend Zeit ein; wer z.B. gerne fotografiert, ist um einiges länger unterwegs.

Wählen Sie Touren, die zu Ihnen passen. Wege ohne gute Beschilderung (s. Weg-Charakterisierung direkt an der Karte) sind für geübte Wanderfreunde mit gutem Orientierungssinn gedacht. Dabei empfiehlt es sich manchmal, den eigenen Standort zu überprüfen, z.B. über Tourenplattformen wie *www.outdooractive.com*, *www.komoot.de* etc. – sofern der Handyempfang es zulässt. Als exklusive Ergänzung zu den schwierigsten Touren gibt es jetzt die GPS-Daten als Download. Einfach den jeweiligen QR-Code bei der Tour einscannen und die GPX-Datei bei *outdooractive* kostenfrei abrufen.

Lassen Sie den gesunden Menschenverstand walten. Nicht jeder Tag ist gleich. Wenn Sie sich plötzlich nicht mehr gut fühlen, Sie die Orientierung verloren haben oder das Wetter umschlägt, verkürzen Sie die Tour oder drehen Sie einfach um. Nicht die Schnelligkeit zählt, sondern die Freude an der Natur und an den Geschichten.

Wählen Sie den Ort fürs (Vor-) Lesen der Sagen und Märchen ganz nach Ihren Vorlieben. Die von mir markierten Plätze dienen als kleine Vorschläge.

Und das Wichtigste: Nehmen Sie sich Zeit, die Seele baumeln zu lassen ...

Hier fühlt man sich von einem Baum umarmt: von der uralten Linde auf der Sonntratn.

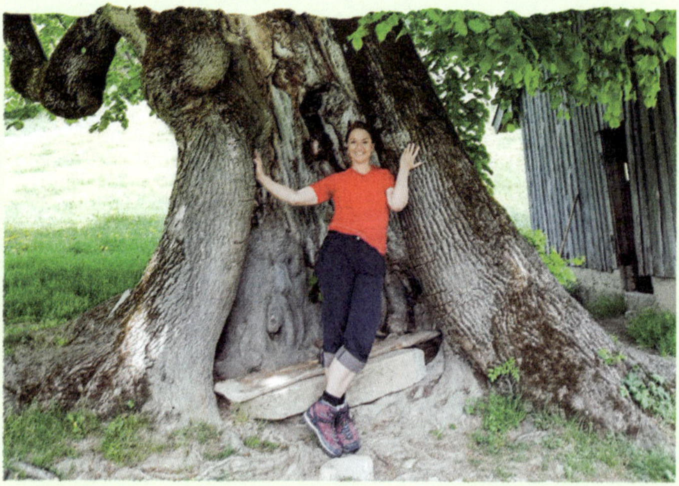

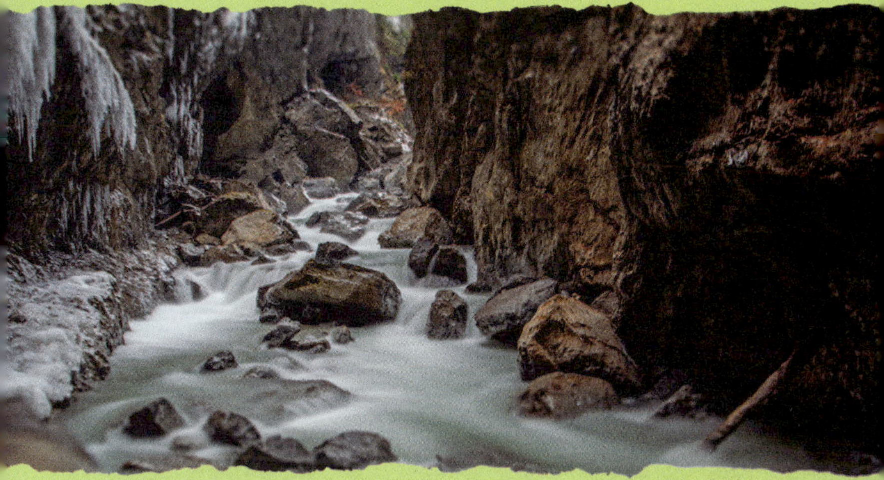

Partnachklamm

01

Wilde Wasser, gewaltige Gewitter und sagenhaftes Grün

2:45 h Gehzeit
7,7 km Länge
396 hm mittel

Wild und ungestüm: die rauhe Klamm der Partnach

Sie ist ein sinnenreiches Erlebnis besonderer Art: die Partnachklamm. Da rauscht und tobt es. Wasser spritzt von oben herab und zischt von unten herauf. Finstere Gänge verschwinden in roh behauenen Felswänden, um an völlig anderer Stelle wieder aufzutauchen. Im Winter ist die tiefe Schlucht mit Abertausend Eiszapfen behangen und trotzdem geöffnet. Gerade das macht diese Runde noch außergewöhnlicher: dass man sie auch im Winter gehen kann, sofern der Schnee es zulässt. Und für die ganz Verwegenen gibt es in der Partnachklamm sogar Fackelwanderungen bei Nacht!

Wir aber wollen lieber auf den oberen Almen die Nase in die Sonne halten. Darum ist ein möglichst früher Start von Vorteil. Los geht's morgens am ▸ ***Parkplatz beim Skistadion in Garmisch-Partenkirchen***. Von dort aus bewegen wir uns in etwas unübersichtlichem

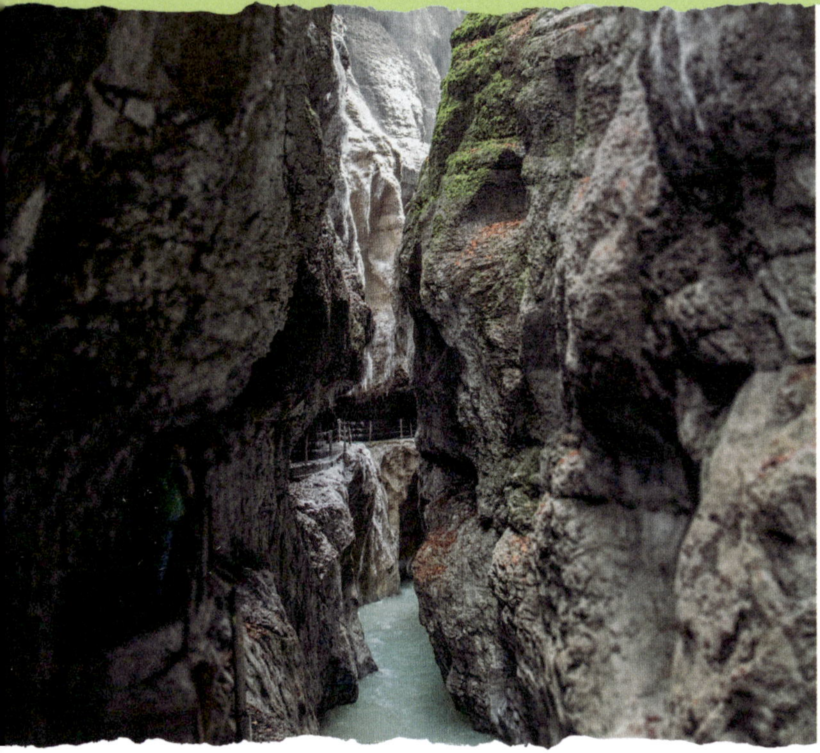

Geheimnisvoll windet sich der Stollen an der Partnach entlang.

Terrain in westlicher Richtung um das imposante Bauwerk herum und dann ▸ ***nach Süden in die Wildenau***. Man kann die knappe halbe Stunde Weg auf der Teerstraße bis zum Klammeingang auch mit einer der Pferdekutschen zurücklegen, die dort Sommer wie Winter auf die vielen Besucher warten. Eine solche Attraktion ist insbesondere für internationale Gäste ein Muss. 200.000 Menschen werden jedes Jahr durch die knapp 700 Meter lange und bis zu 80 Meter hohe Schlucht geschleust. Im Winter geht es dabei etwas beschaulicher zu.

▸ ***Am Klammeingang***: Rund sechs Euro kostet der Eintritt für Erwachsene. Gutes Schuhwerk und warme, wasserfeste Kleidung (auch im Hochsommer!) sind wichtig. Zudem lohnt es sich in jedem Fall, vor dem Aufbruch zur Tour nachzufragen, ob die Klamm geöffnet ist, da manchmal zwingende Instandhaltungsmaßnahmen eine kurzfristige Schließung notwendig machen. Gott sei Dank nur selten!

Und so geht es ▶ ***hinein in den stockdunklen Stollen***. Wohl dem, der eine Taschenlampe bei sich hat. Ansonsten wird es noch ein bisserl spannender, weil man sich in den Felsengängen erst einmal blind vorantasten muss, bis sich die steinernen Mauern langsam wieder öffnen.

Ein faszinierender Ausblick auf die neben uns fließende Partnach jagt nun den nächsten. Mal rauscht sie durch schmale Gesteinsschluchten, mal schießt ihr Wasser durch ausgespülte, breite Rinnen. Mal ist die Klamm dekoriert mit dünnen Wasserfäden, die von der Decke herabhängen, mal mit einer glitzernden Eiszauberwelt, die alles magisch verwunschen überzieht. Würde es nicht so laut neben uns tosen, würde die Klamm wohl von den vielen „Ahhh" und „Ohhh" aus den staunenden Mündern der Besucher widerhallen.

Kaum fassbar ist, wie hier seit dem 18. Jahrhundert das Bau- und Brennholz ins Tal „getriftet", also in ein Meter langen Stücken über den im Frühjahr reißenden Bach hinab geschwemmt wurde. Eine äußerst gefährliche Arbeit, besonders wenn sich die Stämme verkeilten und wieder entflochten werden mussten. Zahlreiche tödliche Unfälle ereigneten sich dabei, wie die Marterl am Eingang der Wildenau in Bild und Wort berichten. Die ersten Steige wurden erst Ende des 19. Jahrhunderts durch die Klamm angelegt und 1912 für Touristen freigegeben. Seit den 60er Jahren verlor dann das Triften seine Bedeutung. Ein kleines Abenteuer ist die Durchsteigung aber bis heute geblieben.

Wacht über die Besucher der dunklen Gänge: die Madonna in der Partnachklamm

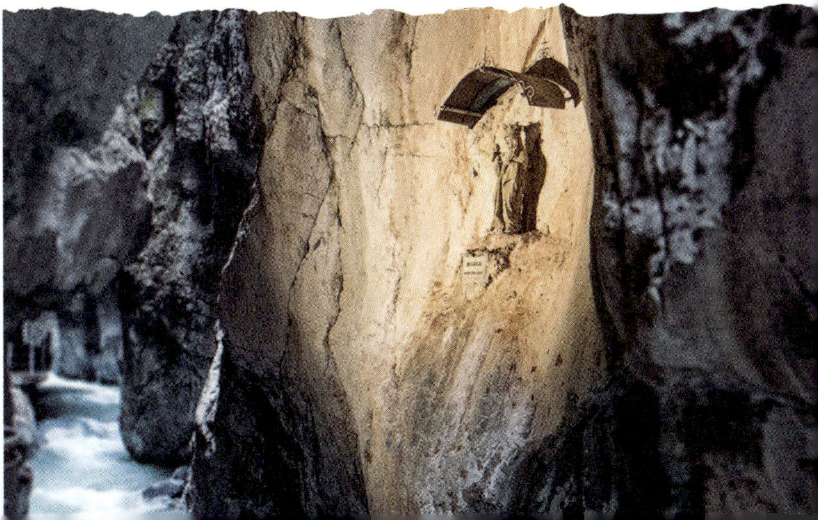

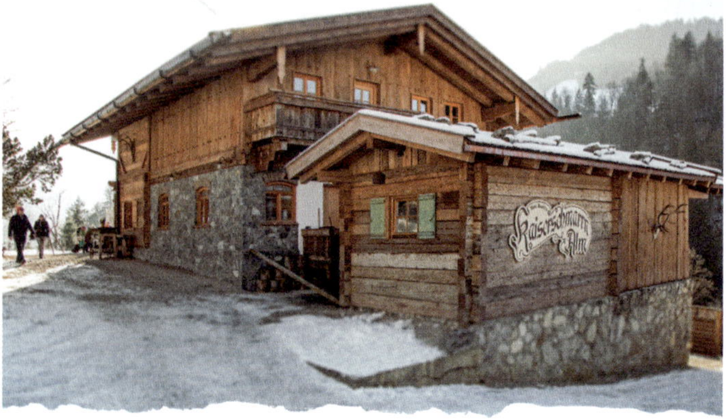

Mit aussichtsreichem Biergarten auf der Sonnenseite: die Kaiserschmarrnalm

Nicht zuletzt durch einen Felssturz, der 1992 die Klamm kurzfristig versperrte und die Sprengung eines Stollens erforderlich machte. Ihre Spuren, zahlreiche Bögen einer steinernen Galerie, verleihen dem Weg einen noch geheimnisvolleren Charme.

Wie ein mystisches Felsenlabyrinth ziehen sich die ▸ ***Gänge an der Partnach*** entlang – um am südlichen Ende ganz harmlos in ein breites Bachbett und Tal überzugehen. Kaum zu erahnen sind von dieser Seite aus die wilden Wasser und steilen Schluchten. Umso besser kann man nachvollziehen, wie es dem jungen Burschen aus der hiesigen Sagenwelt ergangen sein mag, der einst bei einem Unwetter von der Partnach mitgerissen wurde **Geschichte S. 18**.

Wir schwingen uns nun ▸ ***linkerhand, der Beschilderung zur Kaiserschmarrnalm folgend, einen kleinen Pfad hinauf***. Bei Schnee und Eis sind gute Wanderschuhe, eventuell auch kleine Steigeisen, unerlässlich. In nur knapp 20 Minuten erreicht man vom Klammende aus die herrlich lichtüberfluteten ▸ ***Almen auf dem Graseck*** auf etwa 900 Metern Höhe. Wir ziehen ▸ ***südwärts*** und genießen die Aussicht auf die Berge – und auf einen pfundigen Kaiserschmarrn in der gleichnamigen Berggaststätte, die übrigens erst vor wenigen Jahren mit viel Altholz und Bruchsteinen errichtet wurde.

Nach einer ausgiebigen Pause nehmen wir den ▸ ***Weg wieder zurück nach Norden und biegen links zur „Eisernen Brücke" ab***, die seit 1914 etwa 68 Meter über der Partnach die beiden Bergseiten verbindet. In engen Kehren geht es kurz einen Trampelpfad hinunter, bis wir auf der Brücke eine Fotopause einlegen. Sensationell winzig und fast zahm wirkt die Klamm, die uns zuvor im Tunnel mächtig in Atem gehalten hat, von oben.

Weiter klettert der schmale Weg nun wieder den Berg hinauf, bis die ▸ ***Partnachalm*** (1.050 hm) vor uns liegt. Eine wunderbare Gelegenheit für ein weiteres Mahl oder ein Stück Kuchen – alles frisch aus der Küche des alten Wirtshauses. So manche Jagdtrophäe ziert hier die Wände der Bauernstube. Man kann sich sehr gut vorstellen, dass die umliegenden dichten Wälder einst ein Eldorado für Wilderer waren. So sehr die Jagdleidenschaft diese Schwarzgeher auch ergriffen haben mochte, gab es für die meisten von ihnen doch gewisse Grundregeln. Dass man am Weihnachtsfest nichts schießen durfte, gehörte zum Beispiel dazu **Geschichte S. 19**.

Von der Partnachalm aus bieten sich uns zwei Rückwege an: Entweder man wählt den ▸ ***ausgeschilderten Pfad direkt hinunter zur Klamm und durch den Tunnel zurück*** – aber Achtung: Hier gibt's nun reichlich Gegenverkehr! Oder man läuft ▸ ***vom Gasthof aus auf einem breiten Forstweg gemächlich nach Norden*** und dort durch den Bergwald wieder hinunter, bis man auf die ▸ ***Wildenauer Straße*** stößt. Immer weiter geht es nach Norden und schon empfängt uns wieder der Parkplatz am Skistadion – hoffentlich satt an gutem Essen und aufregenden Eindrücken.

Von oben ganz harmlos: der Blick von der „Eisernen Brücke" auf die rauschende Partnachklamm

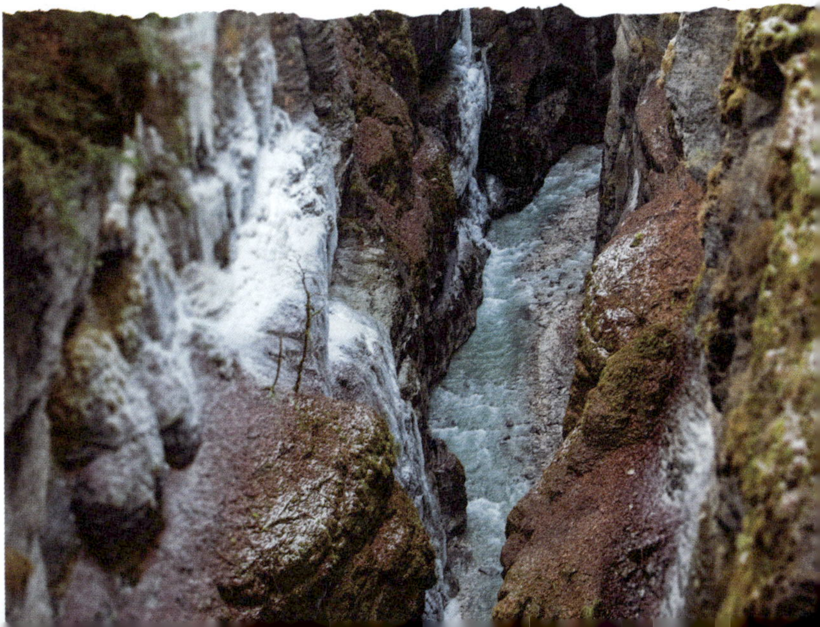

Partnachklamm

2:45 h Gehzeit | 7,7 km Länge | 396 hm | mittel

Ausgangspunkt in 82467 Garmisch-Partenkirchen:

Karl-und Martin-Neuner-Platz 1, Skistadion oder Sprungschanze

Weg:

Grundsätzlich ganzjährig möglich (gesonderte Öffnungszeiten der Partnachklamm beachten), überwiegend schattig, nach Regen oder bei Schnee/Eis besondere Trittsicherheit erforderlich, gut ausgeschildert (nur anfangs nicht)

Besonderheiten:

- Tiefe Bergschlucht mit Wasserfällen und Felsgängen
- Eiserne Brücke

Einkehr:

- Partnachalm: www.partnach-alm.de
- Kaiserschmarrnalm: www.kaiserschmarrn-alm.de

Zuganfahrt:

Zug oder Flixbus nach Garmisch-Partenkirchen, dann Bus 1 nach „Klinikum, Garmisch-Partenkirchen", Ausstieg „Skistadion"

Variationen:

Die Tour lässt sich auf die Durchquerung der Klamm verkürzen. Verlängerungen sind auf vielerlei Weise möglich z.B. zum Hausberg und zum Eckbauer.

Tipps:

- Große Sprungschanze mit Führungen: www.gapa.de/Skisprungschanze
- Olympia Skistadion mit Ausstellung
- Werdenfels-Museum, Ludwigstraße 47, Garmisch-Partenkirchen: www.werdenfels-museum.de
- Naturfreibad, Kainzenbadstraße 4, Garmisch-Partenkirchen: www.gw-gap.de/kainzenbad
- Graseckbahn, älteste Kleinkabinenbahn der Welt, nahe Skistadion: www.graseckbahn.de
- Historischer Ortskern Partenkirchen

Tourist-Info:

Richard-Strauss-Platz 2 (Hauptstelle)
Karl-und Martin-Neuner-Platz (Außenstelle am Olympia Skistadion)
82467 Garmisch-Partenkirchen
Tel.: 08821-180700
E-Mail: tourist-info@gapa.de
www.gapa.de

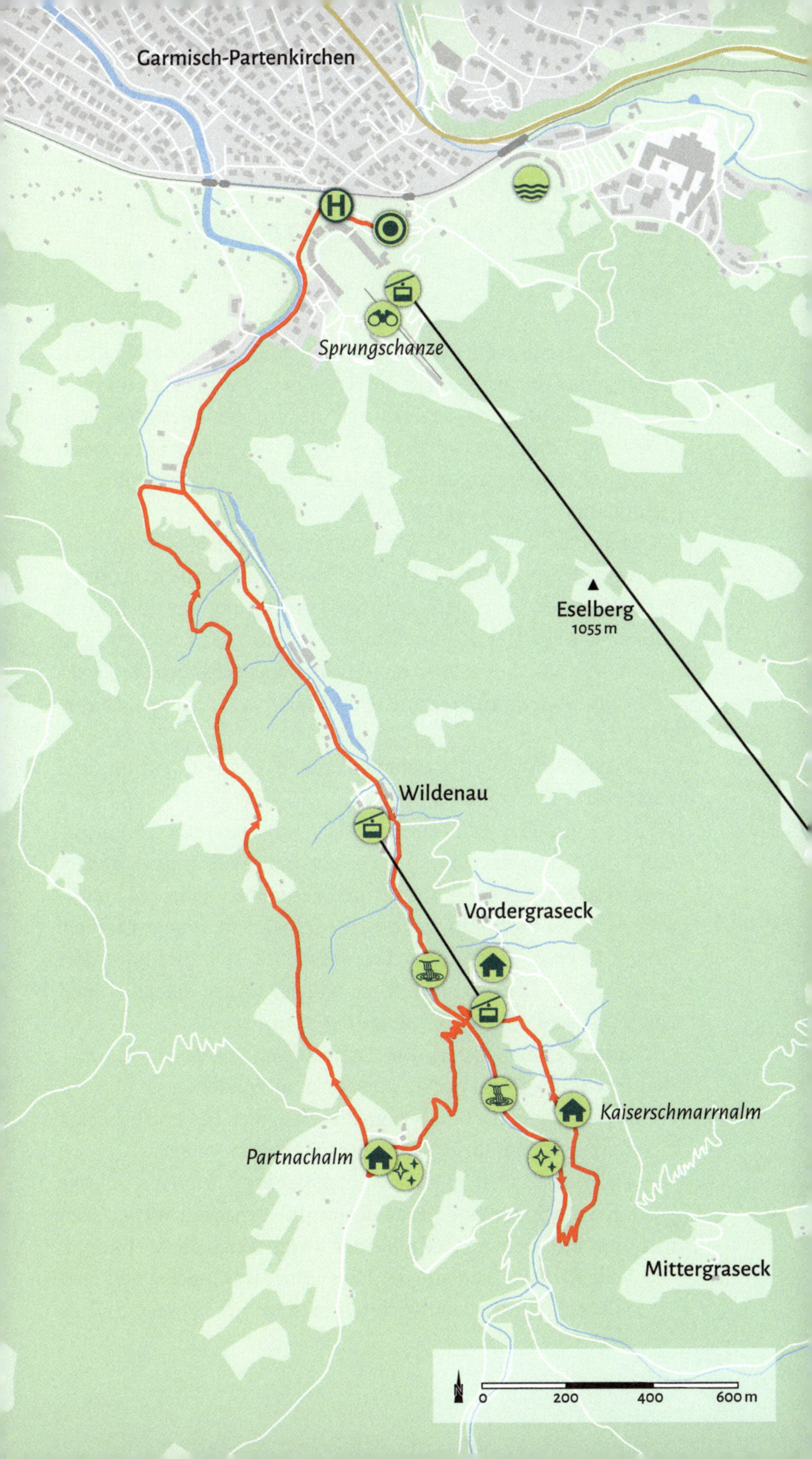
Garmisch-Partenkirchen
Sprungschanze
Eselberg
1055 m
Wildenau
Vordergraseck
Kaiserschmarrnalm
Partnachalm
Mittergraseck
0
200
400
600 m

Grausame Wetterhexen und grüne Wasser

Vom hilfreichen Wettersteinmanndl

ab 6 Jahren

Im Gebirge in ein Gewitter zu kommen, ist eine der übelsten Gefahren, in die ein Mensch geraten kann. Sturm, Blitz und Regenfluten können so unvermittelt über einen hereinbrechen, dass keine Rettung mehr bleibt. So ist es vor vielen Jahren einem jungen Hirten ergangen, der seinen Freund auf einer Alm im Reintalanger besucht hat.

Erst spät am Nachmittag begab sich der Matthias, kurz Hias, wieder auf den Heimweg. Dunkel dräuten die Wolken am Himmel. So sprang er eilends den Berg hinab und war doch nicht schnell genug. Der Himmel donnerte, die Blitze zuckten und schon ergoss sich das Wasser wie aus Kübeln. Innerhalb kurzer Zeit schwoll die Partnach mehr und mehr an. Alles wurde rutschig und glitschig.

Da gab der schmale Waldboden unter den Füßen des Burschen nach und er stürzte in die Tiefe.

Der sonst eher ruhige Gebirgsbach war zu einem schäumenden Fluss angeschwollen und riss ihn mit sich. Immer wieder zogen ihn Strudel unter Wasser und er glaubte, dabei ein höhnisches Lachen zu hören, als ob sich jemand über sein Unglück freute. Doch er kämpfte wacker, versuchte, sich hier oder dort festzuhalten. Die Partnach aber wurde immer schneller und spülte ihn schließlich in die Enge der Klamm.

Jetzt ist es aus, dachte der Hias verzweifelt – als ihn auf einmal eine starke Hand packte und aus dem Wasser zog.

Prustend und nach Luft ringend sah er sich um und erblickte ein steinaltes, aber umso sehnigeres Männlein vor sich.

„Da hast du aber nochmal Glück gehabt!“, knurrte es. „Die Wetterhexen hätte es gefreut, wenn du ertrunken wärst. Aber nicht mit mir. Denen mach ich einen Strich durch die Rechnung!“

„Vielen Dank!“, keuchte der Hias. „Aber was machst du hier?“

„Ich wohne hier“, antwortete der stämmige Zwerg und da

fielen dem Hias die Geschichten vom Wettersteinmanndl ein, die ihm seine Großmutter einst erzählt hatte. Der gutmütige Berggeist eilte allen zu Hilfe, die in seiner Nähe zu Schaden kamen.

„Nun", brummte das Männlein, „die Wetterhexen haben mir einst ein großes Geschäft verdorben. Das will ich ihnen heimzahlen." Und dann erzählte der Zwerg, dass er vor vielen Jahren eine kostbare grüne Farbe in den Bergen gefunden und nach Venedig verkauft habe. Als er wieder einmal einen Korb voll über eine Brücke der Partnachklamm bringen wollte, hätten ihn die lachenden Wetterhexen mit einem gewaltigen Gewitter hinabgeschleudert. All die Farbe sei damals davongeschwemmt worden.

„Bis heute kann man diese böse Tat der Hexen hier am Wasser sehn", sagte das Manndl und deutete auf die Partnach, die ab jener Stelle eine seltsame grünliche Farbe angenommen hatte.

Und während das Manndl mit einem Male spurlos verschwunden war und den Hias überrascht aber wohlbehalten zurückließ, kann man das milchige Jadegrün der Gebirgsbäche heute noch bewundern. Manch einer sagt, es käme vom ausgespülten Kalk der Berge. Manch anderer sagt auch, die grüne Farbe wäre ein besonderer Sandstein des Oberlands gewesen, den man heute mit „Benediktbeurer Grün" bezeichnet.

Wie dem auch sei – sagenhaft sind diese Erscheinungen und die Geschichten vom Wettersteinmanndl allemal!

Wilderei am Weihnachtstag

Von einer ganz und gar unheiligen Jagd

ab 6 Jahren

Zu dritt hatten sie sich am Weihnachtsmorgen verabredet: die Gesichter geschwärzt, die Büchsen über der Schulter. Aus Garmisch waren sie alle drei und versprachen sich an diesem Tag reiche Beute, wo doch die Jäger an Weihnachten eine ehrfürchtige Pause machten. Ein gutes Stück Wild für die Ihrigen wollten sie heimbringen und den Rest an den Wirt verkaufen.

In tiefer Dunkelheit stahlen sie sich hinauf auf den Rießerkopf, wo einer von ihnen in den Tagen davor einen grimmigen

Hirsch entdeckt hatte. Kalt war es. Der Mond leuchtete hell durchs Geäst. Die Bäume waren vom Frost wie in weißen Zucker gepackt. Doch die drei hatten kein Auge für diese Schönheit. Ihr Blick war starr auf die Lichtung gerichtet, wo ihr kapitaler Hirsch erscheinen sollte.

Und tatsächlich, nach einiger Zeit knackte es im Unterholz und das majestätische Tier schritt heraus. Ein kurzes Nicken genügte und der Größte der drei hob langsam sein Gewehr an die Wange, zielte und drückte ab.

Doch es geschah nichts. Kein Schuss, kein Zusammenzucken des Rotwilds. Nichts.

Der erste Schütze hob verwundert die Schultern. „Mein Gewehr geht ned, schieß du!“, raunte er seinem Nachbarn zu.

Da riss der zweite Wilderer seinen Stutzen nach oben, legte an und drückte ab.

Aber auch diesmal ertönte kein Schuss und der Hirsch fing an, in Seelenruhe zu äsen.

Da versuchte schließlich auch der dritte Schwarzgeher sein Glück – ebenso ohne jeden Erfolg.

Der Hirsch blieb vor den dreien stehen, blickte sie kurz eindringlich an und war ein Blinzeln später verschwunden.

„Was war jetzt des?“, fragte der eine kopfschüttelnd.

„Des gibt's doch gar ned!“, rief der andere.

„Wie kann des sein, dass mein Stutzn ned geht?“, überlegte der Dritte und drückte noch einmal halbherzig ab, den Lauf in den Schnee gerichtet. Ein Krachen, ein schwarzer Einschuss und alle drei zuckten wie vom Schlag getroffen zusammen.

Fassungslos probierten es auch die beiden anderen. Alle Büchsen funktionierten einwandfrei.

In Gedanken versunken und ohne ein weiteres Wort machten sie sich auf den Heimweg. Als sie sich schließlich im Tal voneinander verabschiedeten, meinte einer von ihnen kleinlaut: „Vielleicht is des der Grund, warum die Jager an Weihnachten ned zum Schießn gehn. Am Christtag darf man einfach ned tötn!“

Da nickten die anderen zwei und die drei Männer gingen ihrer Wege. Das Wildern am Weihnachtsfest aber war seither für sie tabu.

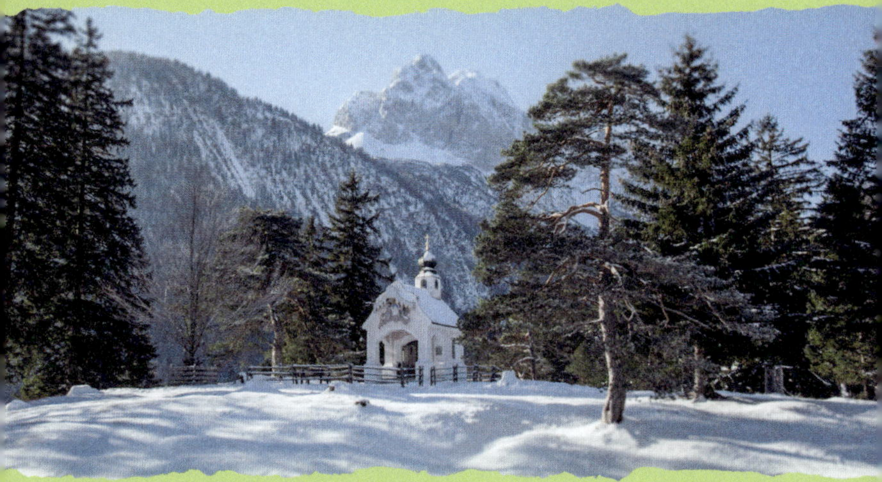

Lautersee-Ferchensee

02

Im Land der Berggeister und Erzfräulein

3:15 h Gehzeit
11 km Länge
340 hm mittel

Eine wahre Bergschönheit vor dem Wettersteingebirge: die Kapelle Maria Königin

Bei dieser Runde geht einem wahrlich das Herz auf. So viele traumhaft schöne Ausblicke und Plätze gibt es zu entdecken und genießen, dass insbesondere Fotografen in Verzückung geraten werden. Es lohnt sich also, für diesen Weg entlang der idyllisch gelegenen Seen reichlich Zeit einzuplanen. Nicht zuletzt säumen auch zahlreiche Einkehrmöglichkeiten den Weg und sorgen dafür, dass es einem selbst bei winterlicher Kälte nicht nur ums Herz warm wird.

Unsere Tour nimmt ihren Anfang beim ▸ ***Parkplatz Hoher Kranzberg***. Wie eine Puppenstadt erstreckt sich Mittenwald unter uns: mit dem farbenfrohen Turm von St. Peter und Paul in der Mitte und umrahmt von den massiven Felswänden des Wettersteins und des Karwendels, die uns auf unserer Runde immer wieder majestätisch zunicken werden. ▸ ***In südlicher Richtung*** kommen wir

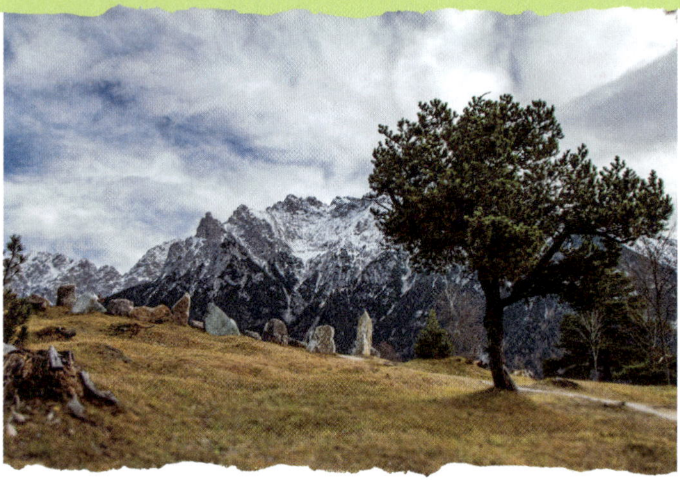

Stattliche Latschen säumen den Weg von einem Ausblick zum anderen.

sogleich auf einen ▸ ***schmalen Wanderweg***, dem wir bei der ▸ ***ersten Abzweigung nach rechts hinauf ins Latscheneck*** folgen. Das trägt seinem Namen in stattlicher Weise Rechnung: Eine große Kiefer nach der anderen reckt hier ihre breiten Zweige in den Himmel – eine wildromantische Kulisse für Blicke ins Tal, über Almhütten und in die umliegenden Berge. Schon jetzt zwingt einen das malerische Panorama immer wieder, stehen zu bleiben und im Augenblick zu verweilen ... um im Herbst den Duft der Latschen einzusaugen, im Winter das Glitzern des Schnees vor mächtigen Bergen zu bewundern und im Sommer dem Zwitschern der vielen Piepmätze zu lauschen.

Sinnenreich geht es auch weiter, vorbei an einem Steinkreis, einer Vogelfütterungsstelle mit Infotafel, über Lichtungen, durch Waldstücke mit Brunnen. Bis sich vor uns die ▸ ***Almwiese rund um den Lautersee*** öffnet. Auf einer kleinen Anhöhe grüßt die ▸ ***Kapelle Maria Königin*** herüber, ein pastellfarbenes Schmuckstück, das der Gebirgstrachtenverein Miesbach 1995 errichten ließ. Für Gläubige ein andächtiger Raum der Anbetung und mehrmals im Jahr auch des Gottesdienstes, für Fotografen ein kraftvoller Ort ihrer Kreativität.

Von hier aus folgen wir der ▸ ***„Seerunde" nach Süden über eine kleine Brücke***, um den Lautersee zu drei Vierteln zu umrunden. Ein schmaler Weg am Waldrand geht schließlich in eine Straße über und führt uns am Schilfufer des Sees entlang, bis wir zum Hotel

Lautersee kommen und uns ▶ ***die gelben Schilder links in südwestlicher Richtung zum Ferchensee*** lotsen. Vorbei an der kleinen Dreifaltigkeitskapelle steigt der Weg ein paar Stufen hinauf in den Wald hinein.

Auf der ▶ ***Ferchenseehöhe*** überschreiten wir auf 1100 Metern die Wasserscheide zwischen Isar und Loisach. Ein großer überdachter Tisch lädt zum Rasten ein – und das gelbe Schild gegenüber zum Weiterwandern. Knorrige Wurzeln und moosüberwachsene Baumstümpfe halten stumm neben dem Weg Wache. Bäumchen recken sich dazwischen hervor oder räkeln sich auf einer kleinen Lichtung. Wenn uns in dieser Märchenlandschaft ein frecher Zwerg vor die Füße spränge, würde es kaum wundern!

Geschichten über muntere Wichtl gibt es nicht nur im gesamten Alpenraum, sondern bis nach Thüringen und Sachsen hinein. Im Oberland wird von ihnen vor allem in der Figur des Venedigermanndl erzählt: kleine, zauberkundige Wesen, die früher insbesondere Gold, aber auch weitere Metalle und Edelsteine in den Bergwänden aufgespürt haben sollen. Dazu bevölkern Erzfräulein diese alten Geschichten, deren Ursprung bis heute niemand so wirklich zu erklären weiß **Geschichten S. 27, 28 u. 30**.

Leider ist mir bisher noch kein mit Kostbarkeiten beladener Zwerg begegnet. Doch ganz ehrlich – bei dieser wunderschönen Rundtour ist allein schon das Unterwegssein Gold wert.

Bergromantik pur verströmen die kleinen Stadl rund um Mittenwald.

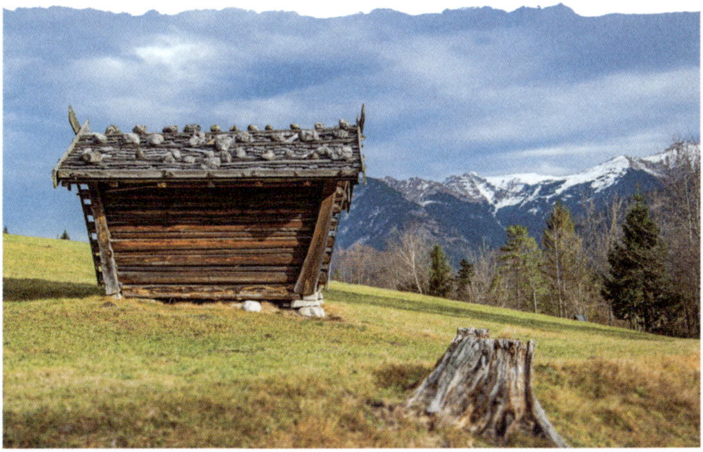

Lautersee-Ferchensee

3:15 h Gehzeit | 11 km Länge | 340 hm | mittel

Ausgangspunkt in 82481 Mittenwald:

Am Kalvarienberg, Parkplatz Hoher Kranzberg bzw. Sesselbahn Kranzberg

Weg:

Ganzjährig möglich, teils schattig, teils sonnig, bei Schnee/ Eis besondere Trittsicherheit erforderlich, bis auf den Start der Tour mit gelben Schildern gut ausgewiesen.

Besonderheiten:

- Moorlandschaften
- Kapelle Maria Königin
- zwei Bergseen mit Bademöglichkeit
- Laintal-Wasserfall
- Mariengrotte

Einkehr:

- Gasthaus Ferchensee, Am Ferchensee 1, Mittenwald: www.ferchensee.eu
- Gastronomie am Lautersee

Zuganfahrt:

Zug nach Mittenwald, Fußweg zum Startpunkt Kaffeefeld (ca. 20 min), Bahnhofstraße nach Westen, Richtung Kranzberg; von April bis November auch Anfahrt mit den Wanderbussen Alpenwelt Karwendel möglich: www.alpenwelt-karwendel.de/ wanderbus

Variationen:

Die Tour lässt sich auf die Runde um den Lautersee verkürzen. Verlängerungen sind auf vielerlei Weise möglich, z.B. nach Schloss Elmau, zum Grünkopf oder zum Hohen Kranzberg (hier führen auch Bahnen hinauf); von diesen Gipfeln kann man direkt zum Ferchensee absteigen und die Hälfte der Tour zurückwandern.

Tipps:

- Mittenwald mit Lüftlmalerei u. Kirche St. Peter und Paul, Matthias-Klotz-Straße 2
- Geigenbau-Museum: www.geigenbaumuseum-mittenwald.de
- Karwendelbahn Mittenwald: www.karwendelbahn.de
- Klettersteig Mittenwald, Ausgangspunkt Bergstation Karwendelbahn

Tourist-Info:

Dammkarstraße 3
82481 Mittenwald
Tel.: 08823-33981
E-Mail: touristinfo@mittenwald.de
www.alpenwelt-karwendel.de

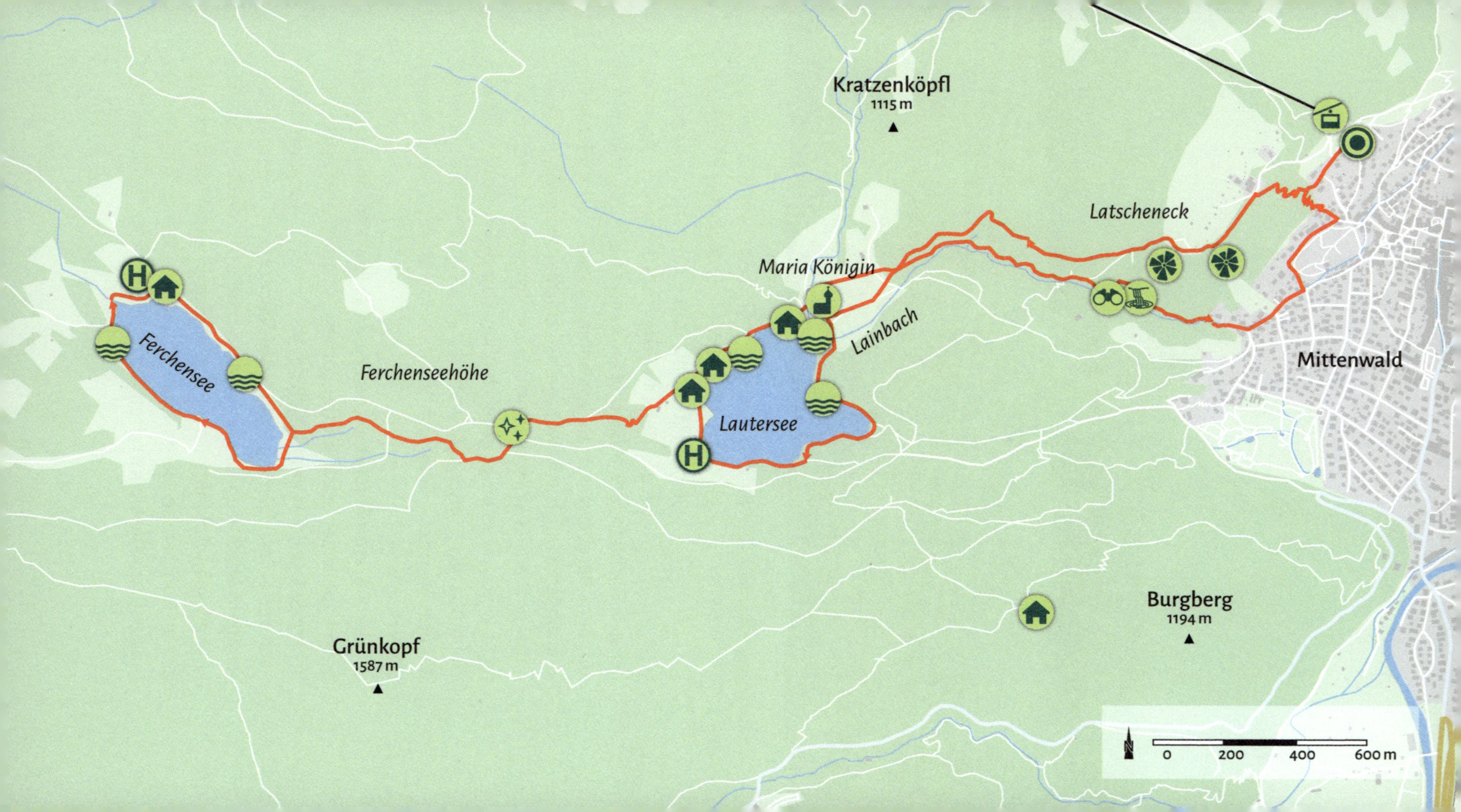
Kratzenköpfl
1115 m
Latscheneck
Maria Königin
Lainbach
Mittenwald
Ferchensee
Ferchenseehöhe
Lautersee
Burgberg
1194 m
Grünkopf
1587 m
0
200
400
600 m

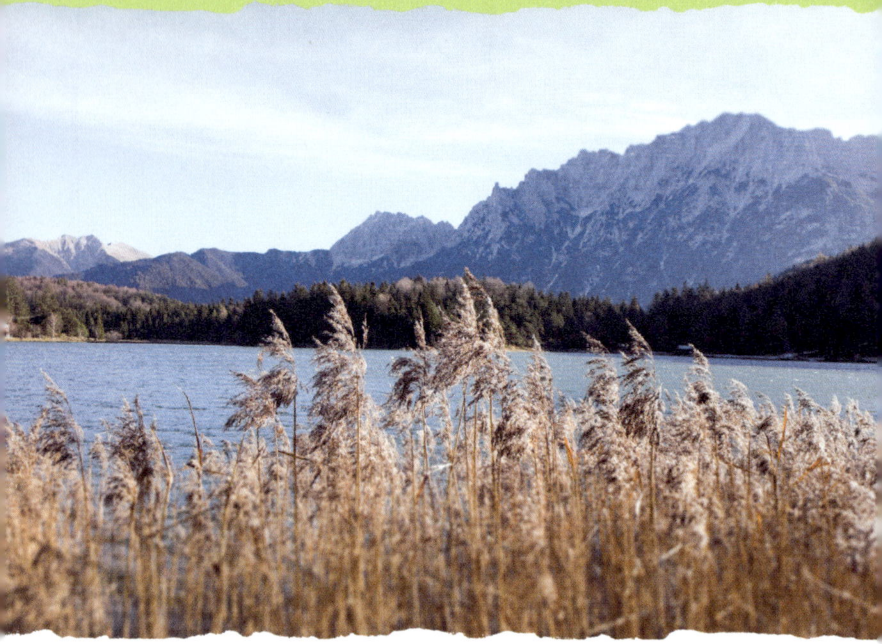

Ein sonniges Plätzchen reiht sich am Lautersee ans nächste.

Bald schimmert zwischen den Bäumen das glasklare Wasser des ▸ ***Ferchensees*** hindurch. Je nach Lust und Laune kann man ihn im oder gegen den Uhrzeigersinn umrunden. Am nördlichsten Eck bietet der ▸ ***Gasthof Ferchensee*** frische Forellen direkt aus dem Berggewässer an. Im Sommer kann es im Biergarten allerdings ziemlich voll werden. Glücklicherweise gibt es Alternativen: Die drei Wirtschaften am benachbarten Lautersee sind nicht weit und in einer guten halben Stunde erreicht; Rückweg einplanen nicht vergessen. Wer mag, gönnt sich im See noch eine Abkühlung oder bildet sich an den Tafeln des „Wasserweges Lautersee" weiter.

Die ▸ ***Seestraße führt uns nun nordöstlich*** wieder an der anmutigen Kapelle der Gottesmutter vorbei und durch die Wiesen zum lichten Bergwald. Hier teilt sich der Weg mehrfach und wir halten nach der ▸ ***Beschilderung „Mittenwald über Laintal"*** Ausschau: Dieser breite Pfad mäandert neben dem Lainbach eine Viertelstunde lang entspannt dahin, um dann plötzlich in einen Steig überzugehen, während der Bergbach nun in langen Wasserfällen ins Tal hinabstürzt. Eine kleine Felsengrotte zu Ehren von Maria lenkt die

Aufmerksamkeit auf sich und lädt ein, nach dem Queren einer kleinen Brücke kurz innezuhalten.

Und schon geht es weiter, in schnellen Schritten hinab. Wildromantische Ausblicke aufs Karwendel und nach Mittenwald öffnen sich nach jeder Kehre neu.

Zwischen den Häusern angekommen, schwenken wir ▶ ***nach links in die Laintalstraße*** und später ▶ ***wiederum links in den Klausnerweg***. ▶ ***Ein drittes Mal links zweigt der Schwibbacherweg ab*** und hält dabei ein ▶ ***gelbes Schild zum „Kranzberg-Sessellift“*** für uns bereit. Ein paar Serpentinen geht es noch hinauf und schon kommt mit einem letzten ▶ ***Abzweig nach rechts in nördlicher Richtung*** unser Ausgangspunkt in Sicht und mit ihm wieder das pittoreske Mittenwald mit seinen vielen Sehenswürdigkeiten.

Goldene Schätze und ihre Hüter

Von Erz schürfenden Wichteln aus Italien

ab 8 Jahren

Sie scheinen in allen Gebirgsgegenden daheim zu sein, die kleinen Manndl und Wichtel. Sie sind Berggeister, die den Menschen normalerweise nichts Schlechtes wollen, aber sich auch ungern von ihnen stören lassen. Im Alpenraum nannte man sie meist Venediger, weil man den dunklen, kleinen Gestalten nachsagte, aus jener reichen, wie verzaubert im Wasser stehenden italienischen Stadt zu kommen.

Das wurzelt vielleicht ein Stück weit darin, dass Venedig im 15. Jahrhundert seinen Haupthandelsplatz auf dem Festland von Bozen nach Mittenwald verlegte. Exotische Waren aus Italien und sogar dem Orient wurden nun über den neuen „Bozner Markt“ der bayerischen Berggemeinde umgeschlagen. Reichtum und Wohlstand kamen damit in die Flößerstadt. Zudem strömten auch zahlreiche oberitalienische Erzsucher, die meist von kleinem Wuchs waren, ins hiesige Gebirge, schürften dort im Sommer und zogen im Herbst mit ihrer Beute wieder nach Hause.

Die Venedigermanndl jedenfalls sollten über sogenannte Erdspiegel die Schätze im Innern der Berge aufspüren können. Der verrückteste Aberglaube rankte sich um diese Zaubergeräte, denn der Besitz allein reichte nicht aus, um an die verborgenen Reichtümer zu gelangen. Man musste die Spiegel durch komplizierte Sprüche und Anweisungen erst initiieren. Zauberkräftig würde das Gerät, „wenn man einen Spiegel mit dem Blute einer schwarzen Katze, einer schwarzen Henne und eines Bergraben bestreicht und die richtigen Gebete hersagt", zitiert die Sagensammlerin Gisela Schinzel-Penth die Veröffentlichung eines früheren Kollegen, Dr. Karl Reiser, aus dem Jahr 1895. Für den Volkskundler Karl von Leoprechting stand schon 1856 fest: „Wer nit an einem goldenen Sonntag in der zwölften Stunde unter einem gar seltnen Zeichen geboren worden, dem nutzen die besten nichts, der aber in solch glücklicher Stellung geboren, der vermag alles zu sehen, was er nur immer begehren will, doch muss man allzeit den Spiegel nach einer Kirchen richten, darinn Sanct Johann der Gottestaufer rastet."

Kein Wunder, dass bei einer solchen Gebrauchsanweisung der Erfolg mit Erdspiegeln bei Normalsterblichen nicht allzu groß war. Dafür wissen die Mittenwalder Sagen von allerlei seltsamen Begegnungen mit Venedigermanndln und von den Lebensumständen der ebenso geheimnisvollen Erzfräulein zu berichten.

Der Löffel im Gras

Vom Venedigermanndl

ab 4 Jahren

Da war einmal ein Wildschütz, der nachts bei einem Bach nahe Mittenwald unterwegs war. Mitten im Wald sah er auf einmal ein seltsames Licht durch die Bäume schimmern. Neugierig schritt er darauf zu und erstarrte.

Vor ihm stand ein verhutzeltes, kleines Männlein mit einem langen, grauen Bart. Emsig schaufelte es Steine in ein Sieb und schüttelte sie dann so lange im Wasser des Baches hin und her, bis nur noch kleinste Goldklumpen übrig waren. Diese legte es dann in einen Löffel und schmolz sie über einer blauen Flamme, die wie von Zauberhand in der Luft schwebte.

Das muss ein Venedigermanndl sein, schoss es dem Wildschützen durch den Kopf. Und je mehr er darüber nachdachte, umso drängender wurde der Gedanke, den Wicht zu fragen, ob er ihn nicht auch einmal in seinen Erdspiegel schauen lassen könnte. In den Bergen waren gewiss so viel Schätze, dass es auch noch für den Wildschützen reichen würde. Begeistert schritt er auf das Männlein zu und wollte es freundlich ansprechen.

Als es ihn jedoch erblickte, war es von einem Moment auf den anderen verschwunden. Mitsamt seinem blauen Licht und allem Gold. Verwundert drehte sich der Wildschütz nach links und rechts, rieb sich die Augen und fragte sich, ob er sich das alles nur eingebildet hatte. Doch da sah er vor sich etwas im Gras blinken. Da lag der Löffel, mit dem das Männlein sein Gold geschmolzen hatte.

So nahm er wenigstens ihn mit nach Hause und erzählte seinen Kindern und später auch seinen Enkeln von dieser wundersamen Begegnung mit einem Venedigermanndl.

Lautersee-Ferchensee: eine wahrhaft himmlische Runde mit Wegkreuzen, Marterln, Kapellen und einer Mariengrotte

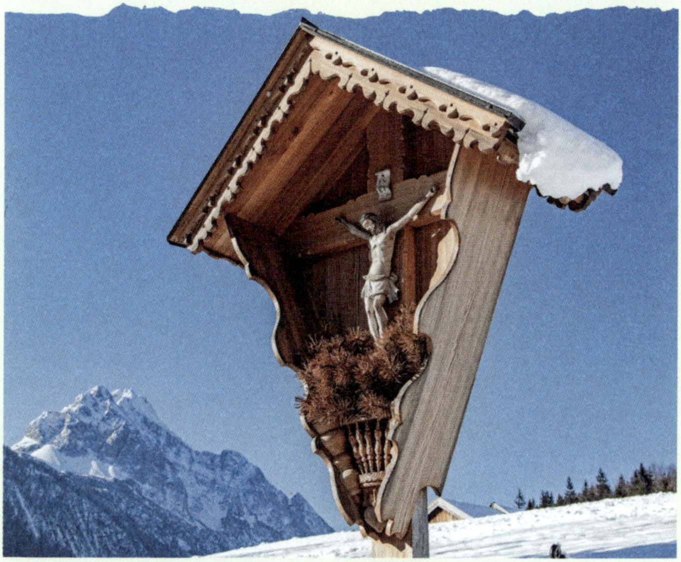

Verwunschen im kristall'nen Palast
Vom Erzfräulein

ab 4 Jahren

Ganz tief im Berg, hinter den dunklen Felsmauern, da lebt das Erzfräulein. Prachtvoll gekleidet ist es und wohnt in einem kristall'nen Palast voll von den edelsten Kostbarkeiten.

Trotz all dieses Reichtums ist es jedoch das traurigste Wesen auf dieser Erde. Verwunschen ist es und wartet seit ewigen Zeiten darauf, dass es jemand erlöst.

Dieser mutige Retter aber muss die schrecklichsten Prüfungen bestehen. Erst muss er durch einen See aus Feuer waten, der ihn zu Rauch und Asche verbrennt, wenn er nicht augenblicklich das Kreuzzeichen schlägt und tapfer auf das Eingangstor des Kristallschlosses zugeht. Sogleich muss er dort das Zauberschwert finden und mit ihm gegen fürchterliche Drachen kämpfen, die im Palasthof ihr Unwesen treiben.

Nur jemand, der reinen Herzens ist, kann das vollbringen und damit das Erzfräulein erlösen.

Bis dieser Befreier kommt, wird die verwunschene Schöne aber wohl noch lange in den Bergen um Mittenwald ausharren müssen.

In der kalten Jahreszeit liegt der Ferchensee im Winterschlaf.

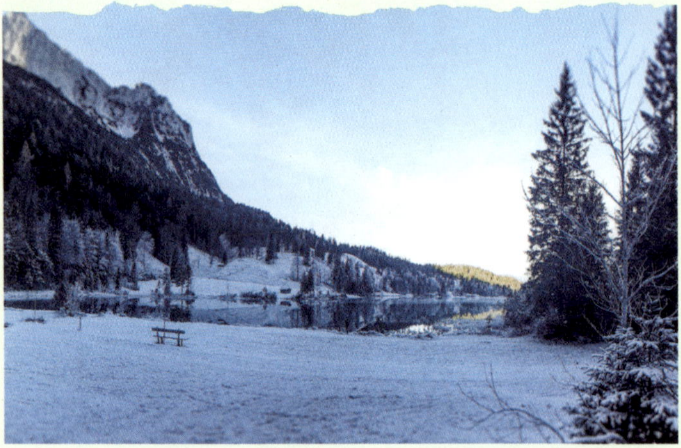

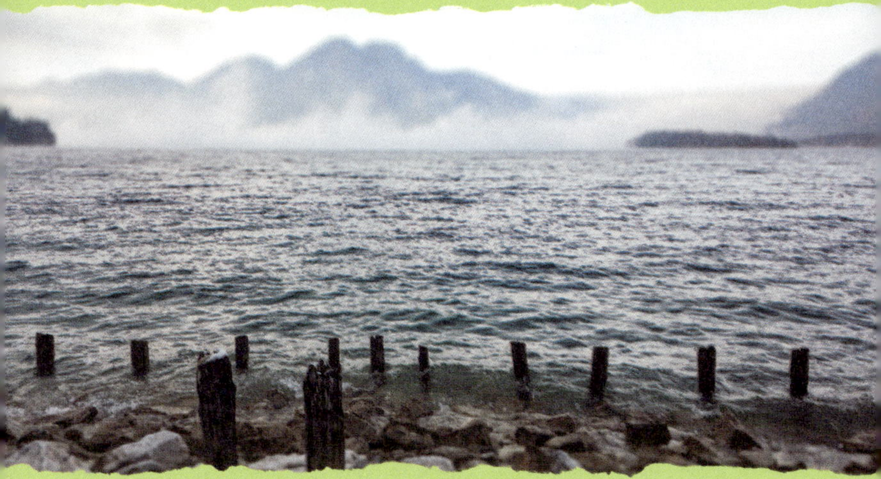

Altlacher Hochkopf 03

Von königlicher Aussicht zu schaurigen Tiefen

3:45 h Gehzeit
11 km Länge
510 hm mittel

GPS

Mystisch und märchenhaft zugleich: der Walchensee

Eine besondere Magie geht vom Walchensee mit seinen zerklüfteten Felswänden aus, dessen smaragdgrüne Tiefe schier unergründlich zu sein scheint. Kein Wunder also, dass Menschen zu allen Zeiten wissen wollten, wie weit es nun wirklich hinuntergeht und was dort unten auf den Abenteurer wartet. So geht es bei unserer Tour vom Südufer aus mit schaurigen Geschichten tief hinab zu den verborgenen Geheimnissen des Walchensees – und zugleich hoch hinauf, nicht nur auf den Altlacher Hochkopf, sondern sogar zu königlichen Gemächern und kunstvollen Kompositionen!

Unser Startpunkt liegt in ► *Altlach*, einem winzigen Ortsteil von Jachenau, der über die Mautstraße am südlichen Ufer des Sees zu erreichen ist. Das Auto abstellen kann man z.B. auf dem Parkplatz (Nr. 18) östlich vom markanten Bau des ehemaligen königlichen Forsthauses, das heute unter anderem Ferienwohnungen beherbergt. ▶ ***Rund 400 Meter westlich davon führt ein Forstweg in den Wald***, dessen Beginn deutlich durch die Richard-Wagner-Gedenktafel des König-Ludwig-Clubs München gekennzeichnet ist. Damit ist schon verraten, auf wessen majestätischen Spuren wir diesmal wandeln: König Ludwig II. hatte eine besondere Vorliebe für dieses abgeschiedene Fleckchen Bergwald und verbrachte unzählige einsame Stunden auf dem Gipfel des Altlacher Hochkopfs (1.328 hm). Sein Vater König Max II. hatte um 1850 eine Jagdhütte am schönsten Platz des Berges errichten lassen. Diese wartet bis heute darauf, auch den gemeinen Wanderer an der herrlichen Aussicht von ihrer Terrasse aus teilhaben zu lassen.

Wir folgen den ▶ ***vielfältigen Schildern rund um den Gedenkstein***, die unsere Schritte nach Süden lenken. Erst geht es flach, dann langsam ansteigend dahin. Bald schon begleitet uns die Altlach mit anfangs sehr sprödem Charme, dann mit immer kunstvoller von der Natur angelegten Bachläufen, die zu mehrstöckigen Kaskaden und kleinen Wasserfällen anwachsen. Es rauscht und plätschert munter vor sich hin und im Sommer laden die grüngelben Gumpen dazu ein, die warmen Wadeln in kühles Nass zu tauchen.

Nach etwa einer Viertelstunde Fußmarsch biegt die ▶ ***Forststraße leicht nach rechts den Berg hinauf*** und wir wechseln ▶ ***geradeaus weiter auf einen Pfad***, der sich nun, gut ausgeschildert, am Zachengraben nach oben schlängelt. Viele der uralten Holzbal-

Schon Ludwig II. soll auf diesem Weg unterwegs gewesen sein.

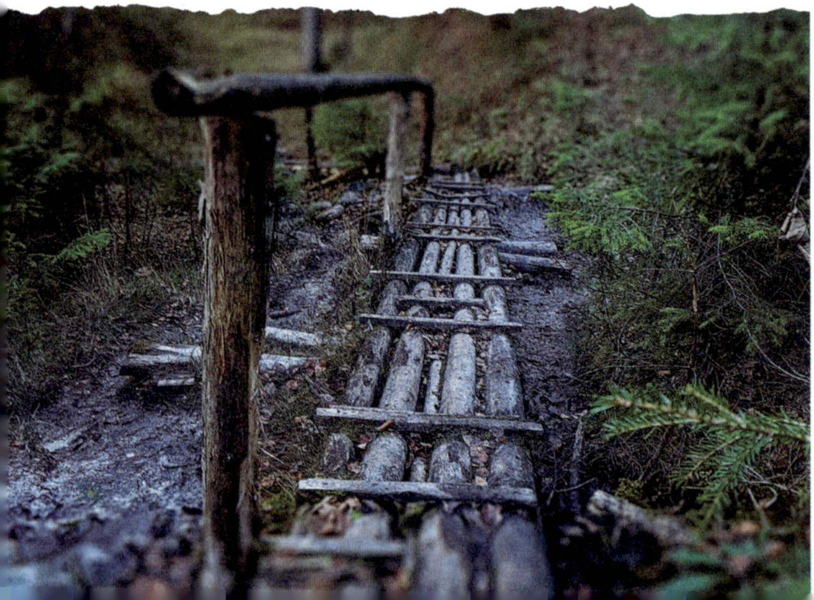

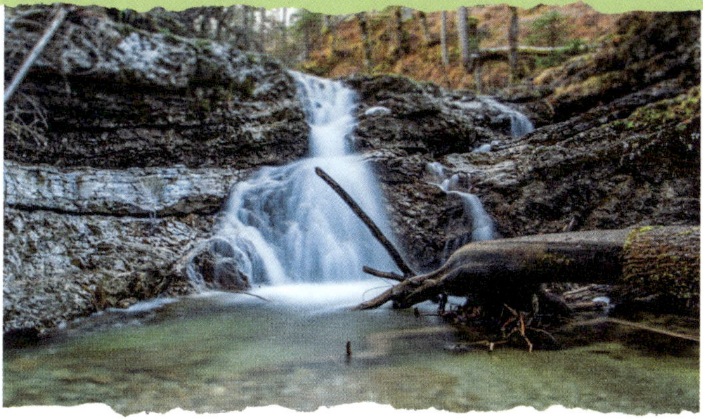

Kaskaden und kleine Wasserfälle plätschern wildromantisch ins Tal.

ken, die diesen Weg einst befestigt haben, sind inzwischen im Kies versunken oder überwachsen. So mutet der ein oder andere verbliebene Holzsteg an sumpfigen Stellen eher abenteuerlich an und es ist ratsam, die ausgetretenen Pfade daneben zu benutzen. So mancher Trailfahrer hat diesen Steig auch für sich entdeckt und tiefe Reifenspuren hinterlassen, was in Kombination mit regnerischen Sturzbächen so manches Wegstück tief ausgehöhlt oder gar weggerissen hat. Trotzdem ist der Weg gut begehbar und soll in absehbarer Zeit auch wieder besser befestigt werden.

Die Alpenvereinssektion Vierseenland hat die inzwischen denkmalgeschützte Hochkopfhütte seit 2001 für ihre Mitglieder gepachtet, mit viel Engagement hergerichtet und versucht, nach ihren Möglichkeiten die Wege instand zu halten. Im Zuge der Renovierung werden wohl auch zahlreiche der alten Holzbohlen weichen müssen, auf dem ein scharfes Auge noch Spuren entdeckt, die Ludwig II. mit seinem extra für die Ausflüge in die Berge angefertigten zweirädrigen Pferdewagen hinterlassen hat.

Etwa eine Dreiviertelstunde lang hat uns die kühle Schlucht beherbergt, bevor es jetzt über ein paar Steine im Bachbett in den lichten Bergwald geht. Ein ▸ ***blaues „H" auf braunem Grund*** schickt uns buchstäblich über Stock und Stein den Weg hinan, der auf etwa 1.100 Höhenmetern auf eine Forststraße stößt. Nun geht es ▸ ***links bergab, bis rechts – jeweils gut ausgeschildert – zwei Abkürzer die Straßenstrecke angenehm verringern***.

Auf knapp 1.200 Höhenmetern dreht sich der Forstweg in einem scharfen Knick nach rechts. Verschiedene Schilder lassen uns sofort wissen, dass wir uns stattdessen ▶ ***nach links auf einen kleinen Waldpfad*** wenden, der uns in leichten Schwüngen und mit ersten herrlichen Ausblicken hinauf zur ▶ ***Hochkopfhütte*** (1.299 m) führt, die zwar nicht bewirtschaftet ist, aber Gipfelblick-Gourmets auf ihrer herrlichen Sonnenterrasse durchaus bedient.

In wahrhaft königlicher Anmut liegen nun die schönsten nächsten Wanderziele als Panorama vor uns: das Estergebirge mit Krottenkopf und Simetsberg im Nordwesten, dann das Wettersteingebirge mit Zugspitze und Schachen und darunter der Isartalboden mit Wallgau, Barmsee, Krün und Mittenwald bis zum Soierngebirge.

Wen wundert es bei diesem fantastischen Ausblick, dass Ludwig II. auch seinen Freund, den Komponisten Richard Wagner, gern auf seine Hütte eingeladen hat, wenngleich dieser wohl mit dem Wetter weniger Glück hatte **Geschichte S. 38**. Zu damaliger Zeit jedenfalls standen hier oben noch weitere Wirtschaftsgebäude, von deren Existenz nur noch einige überwucherte Mauerreste erzählen. Ludwig II. liebte es, hier seine freie Zeit zu verbringen. Dabei führte ihn einst ein fast einstündiger Panoramaweg um den Gipfel des Hochkopfs, gesäumt von Bänken und Parapluis zum Schutz gegen die Sonne. Wer etwas findig ist, wird einen ▶ ***Abzweig nordöstlich von der Hütte*** entdecken und kann versuchen, seiner inzwischen zugewachsenen Route zu folgen.

Wir wandern ebenfalls in diese Richtung, ▶ ***ausgeschildert mit „Niedernach"***, wollen aber noch den eigentlichen Berggipfel erreichen und nehmen dazu den ▶ ***Pfad, der vom weiterführenden Wanderweg nach nur 100 Metern etwas versteckt rechts abzweigt***. Das ehemals orange Schild hoch droben im Baum fällt inzwischen mit seiner dunkelbraunen Farbe kaum mehr ins Auge.

Knapp fünf Minuten später stehen wir schon auf der ▶ ***bewaldeten Gipfelkuppe***. Ein einfaches Holzkreuz markiert den höchsten Punkt, Bänke laden zum Rasten ein und am südlichen Hang genießt man den beschaulichen Blick aufs Karwendelgebirge und ins Tal. Die Weite der Sicht von der Hochkopfhütte aus war freilich beeindruckender als hier, doch hat gerade an heißen Sommertagen der Schatten der Bäume auch seinen Reiz. Nicht zuletzt wegen einer faszinierend gewachsenen Buche, die gleich zwei außergewöhnliche Sitzplätze auf ihrem quer gebogenen Stamm zum Ausruhen zur Verfügung stellt. An diesem mystischen Kraftplatz kann man nicht nur die Beine, sondern auch die Seele nach Herzenslust baumeln lassen.

Für den Abstieg bieten sich nun zwei Möglichkeiten an: Der landschaftlich abwechslungsreichere ist sicherlich der Weg zurück über den Aufstieg. Hier halten gerade bei großer Hitze die eiskalten Gumpen wieder eine willkommene Abkühlung bereit. Im Frühling oder Herbst lockt aber auch der weitere ▶ ***Weg in Richtung Nordost***. Er führt gut zehn Minuten ▶ ***auf dem schmalen Karrenweg bergab***. Dann kommt ▶ ***links ein Forstweg*** in den Blick, zu dem man die wenigen Meter hinüberwechselt. Auf ihm geht es nun ▶ ***nach rechts bergab***. Zuerst führt die Straße nach Norden, dann in großen Bögen den Berg hinunter mit immer neuen Ausblicken auf Heimgarten, Herzogstand, Jochberg und die Halbinsel Zwergern samt Walchensee natürlich.

Jetzt bietet es sich an, der schaurig-schönen Sagenwelt des Walchensees einen Besuch abzustatten – mit einer kleinen Rast am Wegesrand, hier oder auch am Ende der Tour auf einer der Bänke am Seeufer **Geschichte S. 40**. Wer gerne noch einen Sprung ins kühle Nass wagen will, dem sei die gruselige Geschichte vom Taucher im Walchensee allerdings erst hinterher empfohlen **Geschichte S. 41**.

Aufmerksame Wanderer können im Verlauf des weiteren Rückwegs übrigens eine lange Straßenkehre nach Osten mit einem ▶ ***kleinen Pfad abkürzen, der an einer breiten Rechtskurve links nach Südwesten abzweigt***. Ansonsten führt

Einer der Lieblingsplätze der bayerischen Könige: die Aussicht der Atlacher Hochkopf-Hütte

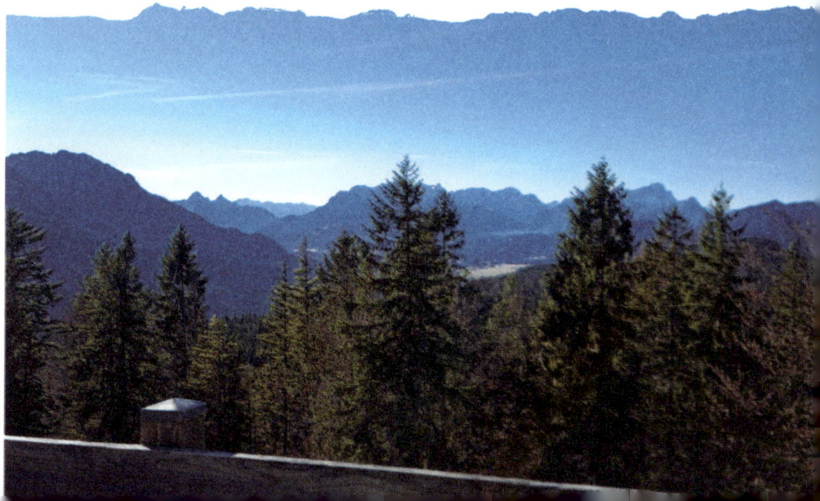

Altlacher Hochkopf

3:45 h Gehzeit | 11 km Länge | 510 hm | mittel

Ausgangspunkt in 83676 Jachenau:

Altlach 58, z.B. Parkplatz 18

Weg:

Nur bei Schneefreiheit möglich (späte Schmelze wegen Nordseite beachten), überwiegend schattig, nach Regen besondere Trittsicherheit erforderlich, gelbe Schilder mit blauem Punkt zum Hochkopf, Abstieg wie Aufstieg oder mit gutem Orientierungssinn nach Karte

Besonderheiten:

- Kaskaden und kleine Wasserfälle
- Sonnenterrasse bei Altlacher Hochkopfhütte, einst Domizil von König Ludwig II.
- Ausblick ins Werdenfelser Land
- Bademöglichkeit am Walchensee

Einkehr:

- Vielfältige Gastronomie am Walchensee (mit Auto erreichbar)

Zuganfahrt:

Bahnhof Kochel am See, dann Bus 9608 Richtung „Bahnhof Garmisch-Partenkirchen", Ausstieg „Einsiedl", Fußweg am Seeufer Richtung Osten bis zum Startpunkt (40 min)

Tipps:

- Kirche St. Margareth (Zwergern 5) und Klösterl Walchensee (Zwergern 1) auf der Halbinsel Zwergern

Tourist-Info:

Walchensee
Ringstraße 1
82432 Walchensee
Tel.: 08858-411
E-Mail: info@walchensee.de
www.walchensee.de

Jachenau
Dorf 51 1/2
83676 Jachenau
Tel.: 08043-919891
E-Mail: info@jachenau.de
www.jachenau.de

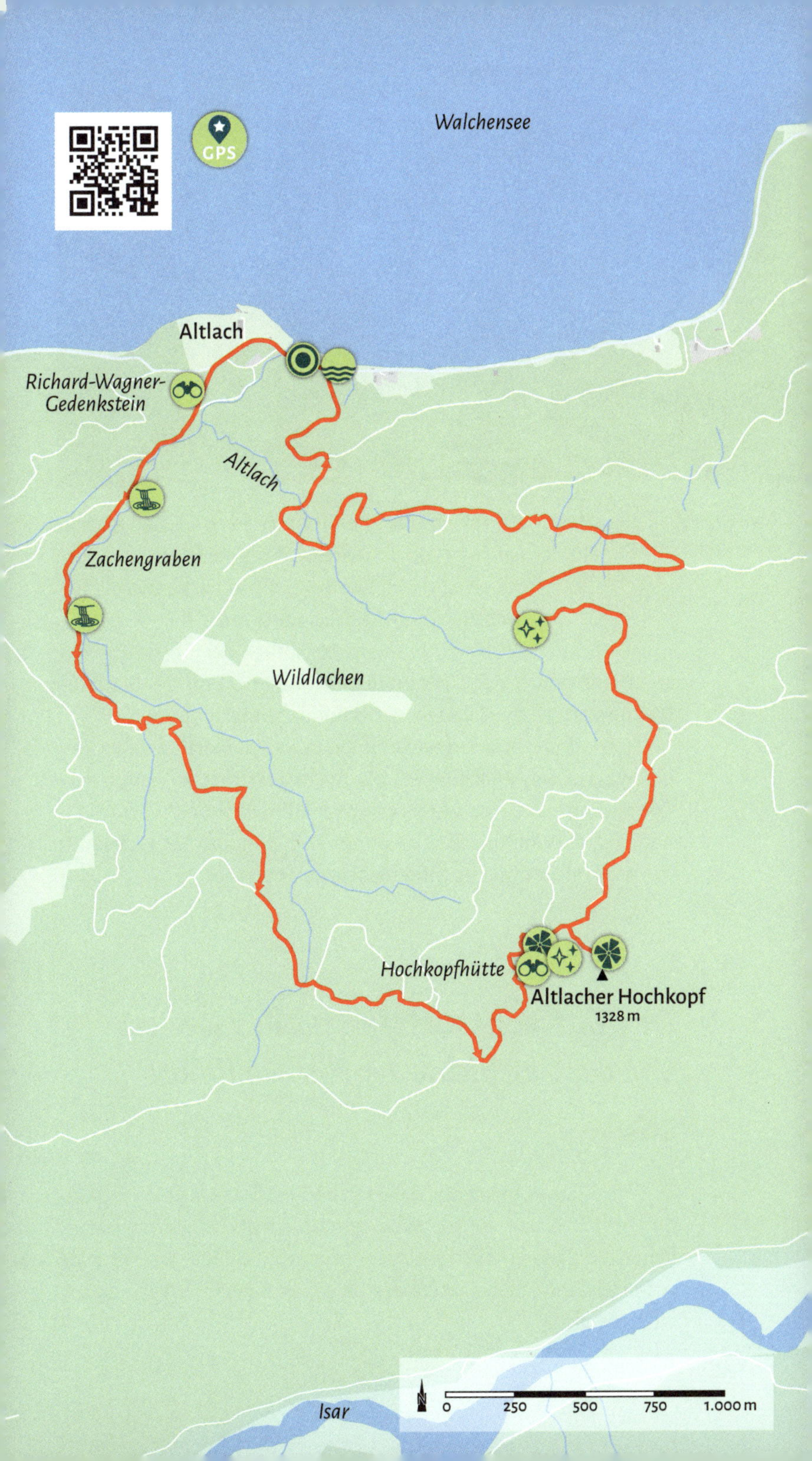

GPS
Walchensee
Altlach
Richard-Wagner-
Gedenkstein
Altlach
Zachengraben
Wildlachen
Hochkopfhütte
Altlacher Hochkopf
1328 m
Isar
0
250
500
750
1.000 m

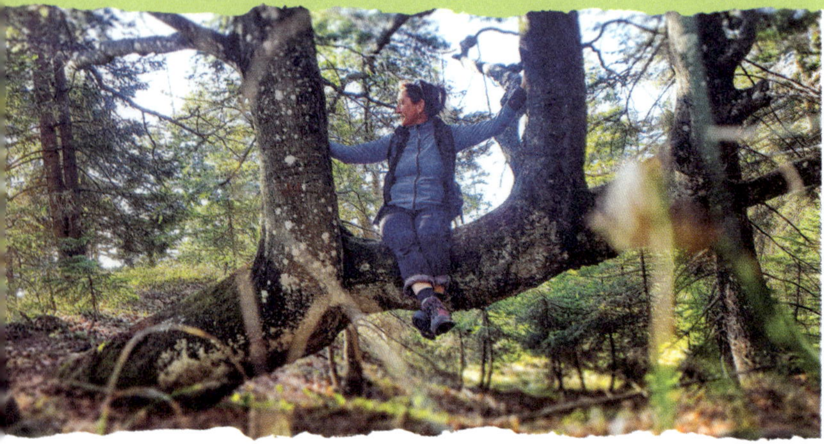

Ein besonderer Ort nahe der Hochkopfhütte: Eine schräg gewachsene Buche lädt zum Verweilen ein.

die ***Forststraße*** eher unbeschildert ins Tal. ▶ ***Links halten*** ist von Vorteil, erst nach einer 180 Grad-Kehre bei etwa 910 Höhenmetern und nach etwa eineinhalb Stunden Abstieg sollte man den ▶ ***rechten Abzweig*** nehmen, der weiter bergab führt. Hier empfiehlt es sich, der Karte zu folgen oder über eine der digitalen Wanderkarten bzw. GPS seinen Standort zu überprüfen.

Unten angekommen erwartet einen das maximal 20 Grad warme Wasser des Walchensees als buchstäblich atemberaubende Erfrischung – und wenige Meter weiter links, Richtung Westen, das Auto auf dem Parkplatz zu einer hoffentlich staufreien Heimfahrt von dem im Sommer hochfrequentierten Bergsee.

Der Zufluchtsort geistvoller Genies

Von der Geschichte der Hochkopfhütte

ab 6 Jahren

Eine kleine, unscheinbare Hütte ist es, die vom Hochkopf hinunter ins Isartal blickt. Wüsste man nichts von ihrer königlichen Vergangenheit, käme man nie auf die Idee, sie mit zwei außergewöhnlichen Genies des 19. Jahrhunderts in Verbindung zu bringen.

König Max II. hatte das Häuserl um 1850 für seine Jagdausflüge errichten lassen. Vier kleine Räume fanden sich in dem mit Holzschindeln verkleideten Gebäude: ein königliches Schlafzimmer, ein Salon, ein Gäste- und ein Lakaienzimmer. Es gab sogar schon eine Toilette. Von den Nebengebäuden sind heute nur noch die Fundamente erhalten, nämlich die der Küchengebäude, der Arbeiterhütte, der Jagdgehilfenwohnung und des Pferdestalls. Dieses Arrangement lässt erahnen, dass sich hier jemand ein kleines, aber feines Refugium eingerichtet hatte: Ludwig II. hatte die Jagdhütte geerbt, sich sofort in sie verliebt und sie nach seinen Bedürfnissen vervollständigen lassen.

Zwei Herzen schlugen wohl in des Königs Brust. Eines pochte laut bei der Planung und dem Bau prunkvoller, bis ins Detail geplanter Schlösser, während sich das andere nach Einfachheit und der Nähe zur Natur sehnte. Ein zu Ludwigs II. Gebirgsausflügen verpflichteter Hofkoch jedenfalls beurteilte die Ausstattung dort oben mit „mehr als armselig". Der König empfand es ganz anders: „Warum diese stille, einfache Hütte mir werth und theuer ist und zwar werther als alle Schlösser mit ihrem Glanz und hohlen Prunk, brauche ich dem Theuren [Wagner] wohl kaum zu sagen; denn die traute Stätte war ja auch ihm ein Zufluchtsort ..."

Vom 9. bis 21. August 1865 schrieb Richard Wagner auf Einladung des Königs in der Hochkopfhütte an seinem neuesten Werk, ob an „Parsifal" oder „Siegfried", da gehen die Meinungen auseinander. Die Abgeschiedenheit der Hütte sollte ihm dabei als Inspiration dienen. Ein Klavier wurde eigens dafür mithilfe spezieller Gurte auf den Berg transportiert.

Leider war das Wetter dem ausgewählten Gast nicht allzu gewogen. „ Auf der Höhe des Hochkopfes, der gerade im Mai so wonnig schön ist und den Sie leider i. J. 65 in so trauervoller Stimmung und überdieß bei heftigem Sturm und Regen kennenlernten, hier also feierte ich Ihr theures Geburtsfest ...", schrieb Ludwig II. dem von ihm so hochverehrten Komponisten in einem der etwa 600 Briefe, die die beiden miteinander wechselten.

Nur wenigen Menschen zeigte Ludwig II. seine so empfindsame Seite: „Gestern begab ich mich nach dem geräuschvoll unruhigen Treiben des Tages [Fronleichnam] hierher nach dem abgeschiedenen, trauten Hochkopf, wo ich auflebe in wonniger

Einsamkeit, fern der Welt, die mich stets verkennt und mit der auch ich mich nie und nimmer befreunden kann und will."

Eine tiefgreifende Erfahrung des Friedens, die bestimmt auch heute noch viele Bergfreunde mit ihm teilen – wenn man sich nach mühsamem Aufstieg in der Einfachheit und Weite des Gipfels wiederfindet und dabei dem Wesentlichen des Lebens näher fühlt als im überreichen Alltag.

Der Waller vom Walchensee

Von ungeheuerlichen Tiefen

ab 6 Jahren

Wie tief mag er wohl sein? Und was lauert in seinem dunklen Abgrund? Der Walchensee ist wahrscheinlich der älteste See Bayerns und seit jeher ein Ort schauriger Fantasien und Ungeheuerlichkeiten. Was lag also für die Menschen früher näher, als ihm auch ein wahres Ungeheuer zuzuschreiben?

Es hieß, dass ein riesiger Waller auf dem Grund des Sees hausen musste. Ein schreckliches Monster aus der Vorzeit, das den Kesselberg, der nördlich des Sees aufragt, mit seinem Leib umspannt. Den eigenen Schwanz habe es in sein Maul geklemmt, um den Berg zu halten und das Oberland vor einer Katastrophe zu bewahren.

Denn wenn einmal das Verderbnis der Münchner, der üblen Städter, die sich längst dem Laster ergeben hatten, überhandnähme, würde wohl auch der Waller auslassen und der Kesselberg zerspringen. Dann ergössen sich gewaltige Wassermassen über das Land – bis weit über die Isarstadt hinaus, da der Walchensee mit den Weltmeeren in Verbindung stehe, was durch ein Erdbeben im Jahre 1755 einwandfrei bewiesen sei: Damals hatte die Katastrophe weite Teile von Portugal getroffen und Lissabon fast vollständig verwüstet. Auch der Walchensee habe in diesen Tagen wild gebrandet, sodass für die Menschen ein unterirdischer Kontakt bewiesen schien. Bis heute wird ein ebenfalls damals abgerutschter Berghang bei Benediktbeuern „Lissabona" genannt.

Um das monströse Untier bei Laune zu halten, wurden bis ins 18. Jahrhundert hinein in der Gruftkirche in München eigens Heilige Messen gelesen und einmal im Jahr ein Ring aus Isargold dem See geopfert – in einer feierlichen Prozession am Sonntag vor der Sommersonnwende, die auf vorchristliche Rituale zurückgehen dürfte.

Für die Menschen früherer Zeiten war außerdem klar, dass die oft dunklen Streifen auf dem Wasser des Walchensees Blut des Riesenwallers sein mussten, das nach oben trat, wenn er seinen strengen Biss einmal kurz lockerte. Dieser Glaube reichte bis ins 20. Jahrhundert. Als das Walchenseekraftwerk 1918 gebaut wurde, gab es mancherorts noch die Befürchtung, damit den Zorn des tausendjährigen Ungetüms auf sich zu ziehen.

Erkennt man im Waller jedoch ein Symbol für das Zusammenspiel der gewaltigen Naturkräfte von Berg und Wasser, dann führt es auf die eigentlich zu klärende Frage hin – und zwar wie viel Eingriff des Menschen die ausbalancierte Natur verkraften mag. Und diese Natur ist durchaus bestaunenswert, wenn man bedenkt, dass der Walchensee mit seinen heute bekannten etwa 190 Metern Tiefe innerhalb des Berges fast bis an die Oberfläche des Kochelsees zu reichen vermag!

Tollkühn und todesmutig
Vom Taucher im Walchensee

ab 8 Jahren

Schon so viele hatten es versucht, die Tiefe des Walchensees auszuloten und herauszufinden, ob es den riesigen Waller an seinem Grund wirklich gab. Doch selbst schier endlose Seile mit Gewichten daran brachten kein Ergebnis. Das unheimliche Gewässer schien unergründlich zu sein.

Das reizte schließlich einen todesmutigen Burschen, der einen kühnen Plan fasste: Freunde sollten mit ihm hinaus auf den See rudern, dort wollte er sich ins glasklare Wasser abseilen lassen. Eine entsprechend genähte Ochsenhaut sollte ihn vor der Kälte in der Tiefe schützen.

Gesagt, getan. Bald war alles vorbereitet und seine Freunde brachten ihn mit einem Ruderboot in die Mitte des Sees. An einem dicken Seil ließen sie ihn langsam hinunter. Ein schmales Seil lief nebendran. Sein unteres Ende hielt der Taucher in der Hand, um oben am Boot im Notfall eine Glocke läuten zu können.

Und die bimmelte schon nach wenigen Sekunden wie wild. Erschrocken zogen die Helfer ihren Freund wieder an die Oberfläche. Doch der war völlig von Sinnen. Ein Monster sei vor ihm aufgetaucht! Mit Augen wie Feuerrädern und Zähnen wie spitzen Dolchen und einem riesigen Rachen, der ihn zu verschlingen drohte …

Die Männer brachten ihren Kameraden erst einmal an Land und es dauerte ein paar Wochen, bis der sich wieder von dem Schock erholt hatte – nur leider nicht von dem unwiderstehlichen Verlangen, die unergründliche Tiefe zu erfassen. Vergeblich warnten ihn seine Freunde und malten ihm die Schrecken seines Vorhabens in den düstersten Farben aus. Als würde er sein eigenes Verderben regelrecht suchen, bekniete er seine Gefährten so lange, bis sie ihn noch einmal auf den See hinausbrachten.

Wieder hatte er sich in eine Ochsenhaut einnähen lassen, wieder hielt er das Seil der Glocke in der Hand, als er tiefer und tiefer glitt.

Ein Meter, zwei, drei … dann zehn, fünfzehn … längst war der Taucher den furchtsamen Blicken seiner Freunde entschwunden. Nichts war mehr von ihm zu hören oder zu sehen. Nur das Seil wand sich immer weiter in die Schwärze des Sees.

Und schließlich, als die Nerven der Männer bis zum Zerreißen gespannt waren, rührte sich etwas. Ein schauriges Grollen stieg aus dem Wasser auf und eine dunkle Stimme erhob sich: „Willst du mich gründen, so werd ich dich schlünden!"

In panischem Grauen zogen die Männer das Seil wieder zurück ins Boot. Doch zu spät. Am Ende hing nur noch ein letzter Fetzen Ochsenhaut. Von ihrem Freund aber fehlte jede Spur und es ward auch nie wieder etwas von ihm gefunden …

Ob es nun eine Beruhigung ist oder nicht, dass es ganz ähnliche Geschichten auch zu anderen Bergseen im Alpenland gibt – in jedem Fall: Viel Spaß beim Baden im Walchensee!

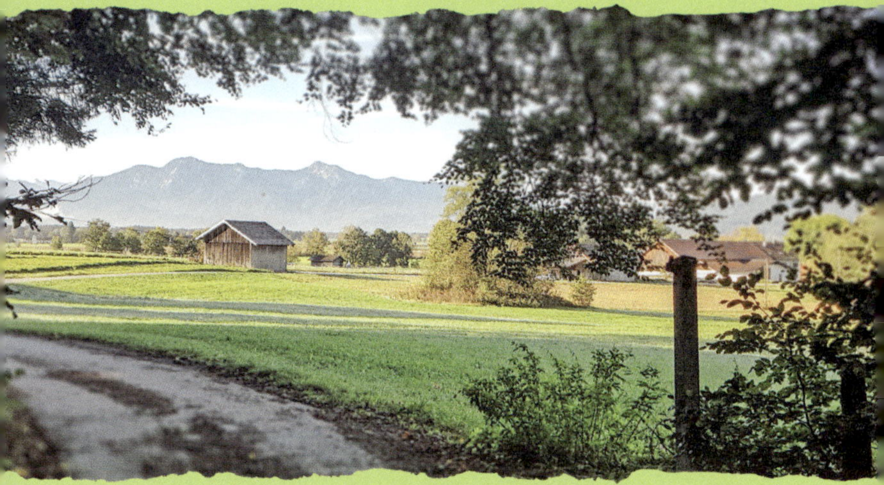

Loisach-Kochelsee-Moor 04

Im Reich der Wiesenbrüter und der Geisterfrau

2:20 h Gehzeit
9,3 km Länge
34 hm leicht

Wundervolle Ausblicke ins Karwendel- und Wettersteingebirge: das Loisachmoor

Stets etwas unheimlich schienen sie den Menschen früher, die geheimnisvollen Moore. Insbesondere, wenn sich im Herbst der Nebel lautlos über die braunen Wiesen legte und Büsche und Bäume verschluckte, wie es unsere Sage von der grausligen Nebelfrau erzählt. Unheimlich sind Moore heute immer noch – jedoch auf eine ganz andere Art: unheimlich reich nämlich an seltenen Pflanzen, Blumen und Tieren. Und in unserem Fall auch noch an einer fantastischen Aussicht in die Berge!

Schon am ► ***Parkplatz kurz nach der Abzweigung nach Sankt Johannisrain*** nimmt uns der 180-Grad-Blick von der Benediktenwand bis zum Ettaler Mandl in Empfang. Die kleine, wenig befahrene Straße in der Nähe von Penzberg schickt uns auf den ► ***Weg nach Westen***, zuerst zum winzigen Weiler Edenhof mit seinen alten Gehöften und dann nach Sankt Johannisrain mit zwei perfekt vor dem Ortseingang platzierten Holzbänken zum Innehalten. Ein wahres Kleinod liegt dort wie vom Himmel gefallen mitten in den Wiesen oberhalb des Moores, umrahmt von den mächtigen Gipfelketten des Karwendels und des Wettersteingebirges: Die katholische ▶ ***Filialkirche St. Johann*** stammt eigentlich aus der gotischen Zeit, wurde aber, wie so viele Kirchen, im 18. Jahrhundert barockisiert. Behutsam renoviert erstrahlt sie heute schöner denn je mit ihrem achteckigen Chorflankenturm und ihren pastellfarbenen, filigranen Fresken.

Wenn an kühlen Herbsttagen der letzte Frühnebel durchs Moor zieht, lässt sich auch gut erahnen, wie einst die vielen Sagen um Nebelfrauen und Irrlichter entstanden sind. In ganz Europa findet man diese Erzählungen, denn was liegt näher, als den tückischen, unerklärlichen Wetterphänomenen menschliche Gestalt zu verleihen – wie bei der Sage von der „Nebelfrau im Loisachmoor" **Geschichte S. 49**.

Wir wandern ▶ ***weiter westwärts*** und verlassen kurz nach Sankt Johannisrain die Straße, um geradeaus dem ▶ ***Forstweg Richtung Sindelsdorf*** zu folgen. Vorbei an dicken Eichen und Buchen, unter denen eine Bank zum Rasten einlädt. Übrigens die letzte auf dieser Tour; zumindest wenn man die Runde von unserem Ausgangspunkt aus startet, was bei dem grandiosen Panorama einfach am schönsten ist.

Kurz verschwindet die herrliche Aussicht hinter einem kleinen Waldstreifen, bevor unser Weg ▶ ***zum Riederner Weiher nach Südwesten*** abbiegt – und der majestätische Anblick der Zugspitze hat uns wieder. An einem Stadel linkerhand erläutert uns eine Info-Tafel Wichtiges zu diesem Wiesenbrütergebiet und gewährt uns auch einen Blick auf sämtliche Wanderwege durchs Loisach-Kochelsee-Moor. Es gehört mit seinen über 4.000 Hektar zu den größten zusammenhängenden Feuchtgebieten Deutschlands und bietet als geschütztes Nieder- und Hochmoor eine außergewöhnliche Artendiversität. Mehr als 200 Vogelarten rasten oder brüten hier, darunter das inzwischen stark gefährdete Braunkehlchen. Weshalb es natürlich selbstverständlich ist, seinen Hund nah bei sich zu führen, am besten an der Leine. Denn allzu viele Verführungen locken hier den Begleiter, sich in die Büsche oder in die Auen- und Moorwälder zu schlagen. Wer eine gute Nase hat, riecht auch als Zweibeiner die

Ecken, an denen ein Fuchs entlang geschnürt ist und seine Markierung hinterlassen hat: ein ranziger, würziger Geruch, der ein bisschen an Rucola erinnert. Immer wieder durchziehen Wildwechsel die Moorwiesen und aufgeschreckte Enten oder andere Vögel versetzen nicht nur den Hund in überraschte Aufregung.

So gehen wir weiter, biegen ► ***bei Unterriedern nach dem Bauernhof links Richtung Süden*** ab und folgen der Straße, bis sie von einem Feldweg gekreuzt wird. Hier müssen wir uns auf unseren eigenen Orientierungssinn verlassen, denn Schilder leiten uns keine mehr: Der ► ***linke Abzweig*** ist der richtige. Entlang eines Entwässerungsgrabens geht es ► ***nach Südost*** – umschwirrt von unzähligen Raben, die hier die Gelege der Wiesenbrüter plündern, und des Öfteren sogar begleitet von Fischreihern, die nach einer gehaltvollen Mahlzeit Ausschau halten. Wen auch der Hunger drückt, der kann hier übrigens einen kleinen Umweg nach Süden zum Urthalerhof in Kauf nehmen und dort nach einer Einkehr den gleichen Weg wieder an diese Abzweigung hierher zurücknehmen

Bald haben wir etwa die Hälfte der Tour hinter uns und wechseln in den Dschungel des Loisachufers. Der Feldweg würde nach rechts zur Bundesstraße abbiegen, deshalb wählen wir den ► ***kleinen Trampelpfad, der zu unserer Linken im Gebüsch verschwindet***.

Jetzt wird es spannend. Durch dichte Sträucher und Bäume windet sich der schmale Weg,

Liegt wie vom Himmel gefallen inmitten des Moors: die Kirche St. Johann

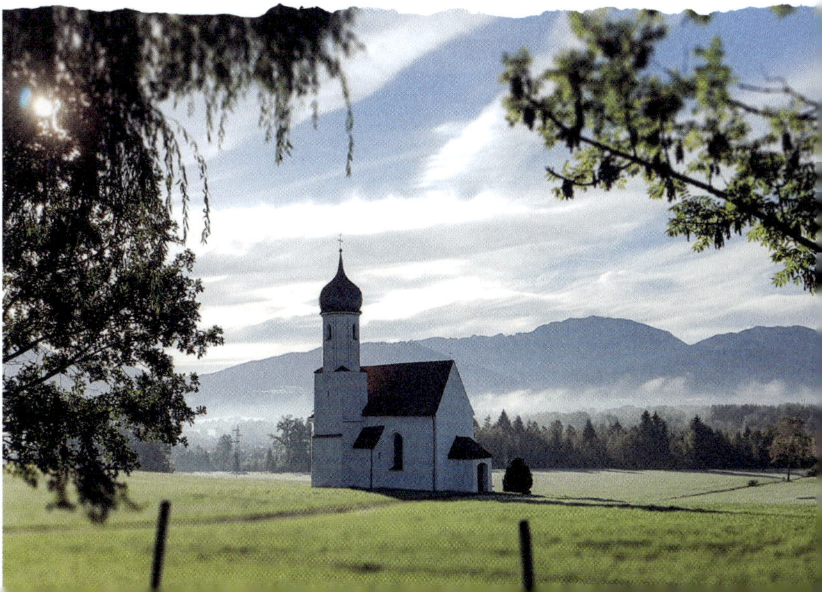

Loisach-Kochelsee-Moor

2:20 h Gehzeit | 9,3 km Länge | 34 hm | leicht

Ausgangspunkt in 82377 Penzberg:

Edenhof, Parkplatz noch vor dem Weiler, gleich nach Bahnüberführung rechts

Weg:

Ganzjährig möglich, wenn schneefrei, überwiegend sonnig, bei Regen nicht empfehlenswert, Matschgefahr nach längeren Regenfällen, teilweise ausgeschildert

Besonderheiten:

- 180-Grad-Blick von der Benediktenwand bis zum Ettaler Mandl
- Barockes Kirchlein St. Johann
- Biberburgen
- Im Frühling zahlreiche Orchideen und andere seltene Moorblumen

Einkehr:

- Gasthof Urthalerhof, Urthal 4, Sindelsdorf: www.urthalerhof.de
- Gastronomie Penzberg und Bichl

Zuganfahrt:

Fahrt mit Regionalbahn nach Bichl, Bus 9613 nach Penzberg, Ausstieg „Schönmühl“, Fußweg (ca. 15 min) nach Westen durch Schönmühl; Beginn der Tour dort

Tipps:

- Museum Penzberg, Sammlung Campendonk, Am Museum 1: www.museum-penzberg.de

Tourist-Info:

Karlstraße 25
82377 Penzberg
Tel.: 08856-8130
E-Mail: poststelle@penzberg.de
www.penzberg.d

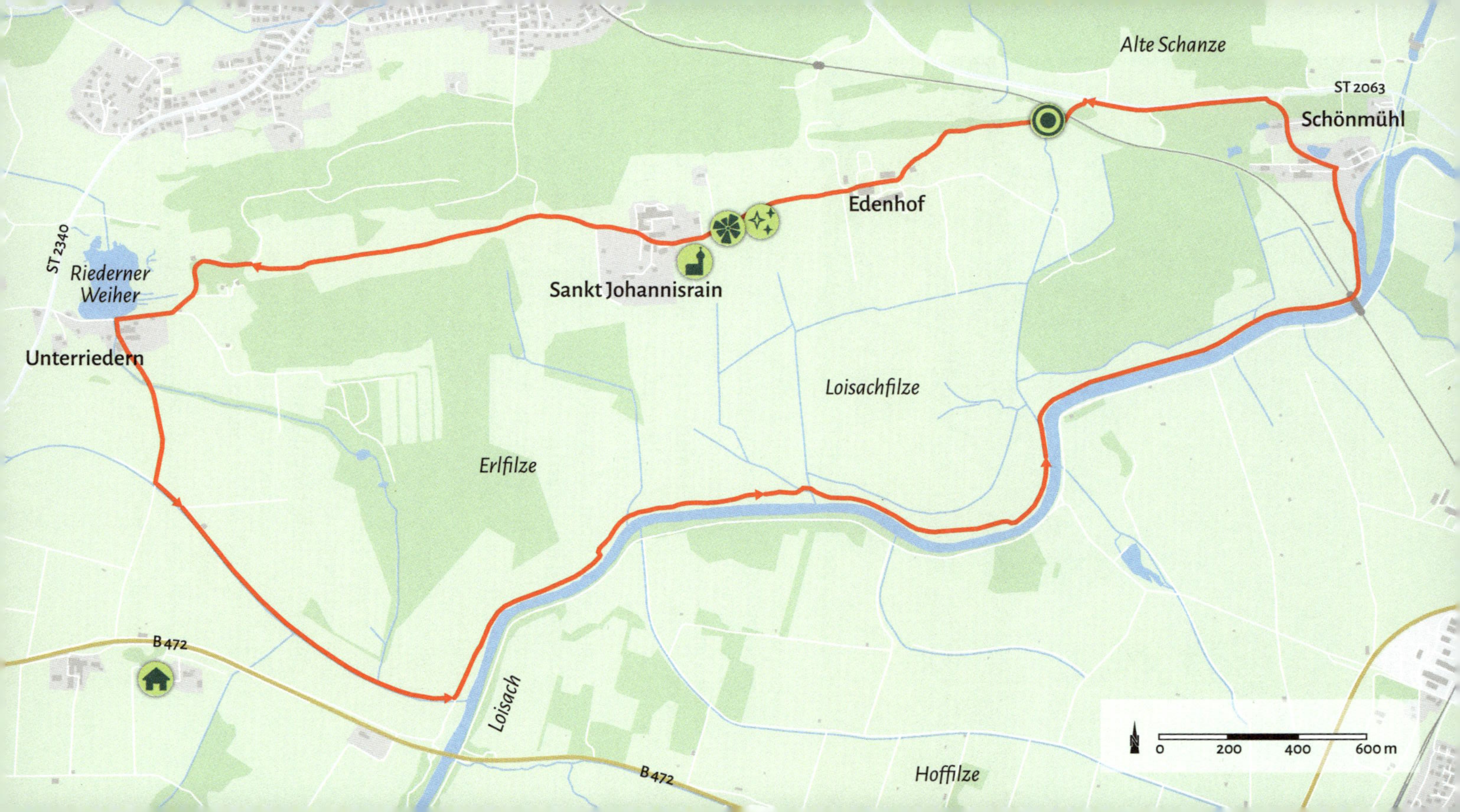
Alte Schanze
ST 2063
Schönmühl
Edenhof
Sankt Johannisrain
ST 2340
Riederner Weiher
Unterriedern
Loisachfilze
Erlfilze
B 472
Loisach
B 472
Hoffilze
0
200
400
600 m

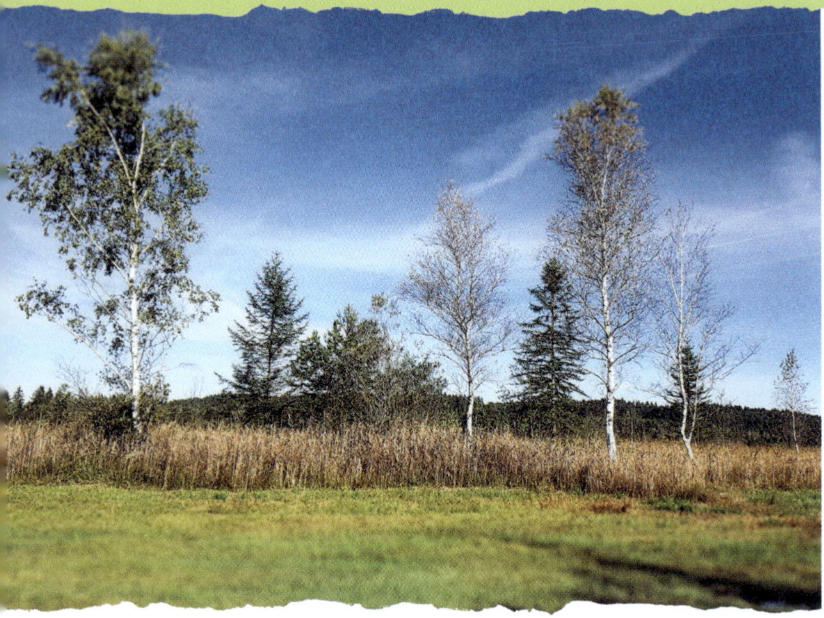

Federnder Moorboden, würziges Heidekraut, aromatische Gehölze – das Loisachufer ist eine ganz eigene Welt.

oftmals unterbrochen von großen Pfützen, die es zu überspringen gilt, oder mit sumpfigen Abschnitten, in denen die Schuhe mit einem lauten Schmatzen einsinken. Aufpassen ist angesagt, dass kein Fuß zu tief stecken bleibt! Rechts von uns fließt mit einem leisen Gurgeln die Loisach dahin. Wildenten schrecken hoch, Kormorane fliegen über uns hinweg. Auf einmal versperrt ein frisch gefällter Birkenstamm den Weg: Ein Biber hat die Beute für seine Burg kurzerhand liegen gelassen, als er uns nahen hörte. Immer wieder tauchen nun rechts und links Verbissstellen und Biberrutschen zur Loisach hin auf, wo sich die inzwischen eher ungeliebten Nagetiere ins Wasser gleiten lassen.

So neugierig die vielen Spuren einen auch machen, es empfiehlt sich trotzdem, auf dem Weg zu bleiben. Zum einen, weil die Böschung zum Fluss sehr abschüssig und glitschig ist. Zum anderen, weil gerade an Sonnentagen auch Schlangen, wie die heimische Kreuzotter, das warme Ufergras lieben – unerwünschte Besucher jedoch weniger.

Wir ziehen weiter den Pfad an der Loisach entlang, der uns bald wieder offeneres Gebiet erschließt. Im Frühsommer sind hier wundervolle Blüten zu bewundern, allen voran der Stengellose Enzian, Mehlprimeln und Knabenkraut. Unter einer Eisenbahnbrücke biegt unser Pfad, der inzwischen zur Feldwegbreite angewachsen ist, ▶ ***nach links in Richtung Schönmühl*** ab. Das historische Wirtshaus mit seiner urigen Stube, das hier über 300 Jahre lang seine Gäste erfreute, gibt es leider nicht mehr.

So wenden wir uns von Schönmühl aus ▶ ***westlich zur Straße hinauf*** zum einzigen Wermutstropfen der Tour. Etwa fünf Minuten muss man hier auf einem Rad- und Fußweg neben der Bundesstraße überbrücken, um wieder zum Ausgangspunkt unserer abwechslungsreichen Runde zu kommen. Diese lärmigen 550 Meter sind jedoch schnell wieder vergessen, wenn uns zum Abschied noch einmal das weite Bergpanorama eindrucksvoll winkt …

In den Fängen geisterhafter Schleier

Von der Nebelfrau im Loisachmoor

ab 6 Jahren

Wer hat nicht schon erlebt, wie unberechenbar Nebel sein kann? Aus dem Nichts taucht er auf und lässt mit einem Mal alle Markierungen in grauweißen Schwaden verschwinden. Für die Menschen war dies früher eine große Herausforderung. Denn oft mussten sie zu Fuß und ohne Licht durch die Dunkelheit wandern, um zu ihrem Ziel zu gelangen. Wehe dem, der dann in einem nebligen Moor die Orientierung verlor.

Denn dort, so erzählte man, ging die geisterhafte Nebelfrau um und verwirrte einem die Sinne. Bis zum Christfest dürfe sie ihr Unwesen treiben und müsse danach bis zum Herbst des nächsten Jahres wieder verschwinden.

Vor langer Zeit war einmal ein Mann abends von Kochel aus durchs Moor unterwegs. Er kannte jeden Baum und jeden Bach und so fürchtete er sich nicht, als es allmählich dunkel wurde. Doch mit jedem Schritt, den er weiter ins Moor hineinging, wurde es unheimlicher um ihn herum. Eine nasse Kühle empfing ihn und feine, helle Schleier wehten auf ihn zu, legten sich um seine Schultern. Bald konnten seine Augen kaum mehr den Weg erkennen, seine Ohren kein einziges Geräusch mehr wahrnehmen. Das musste die Nebelfrau sein!

„Ich kenn dich. Verschwinde!“, rief der Mann laut in die Nacht hinaus. Er versuchte, die weißen Gespinste mit den Händen beiseite zu schieben. Doch sie wurden daraufhin nur noch dichter.

Anstatt stehen zu bleiben und zu warten, bis die Geisterfrau den Spaß an ihrem heimtückischen Spiel verlor, ging der Mann unbeirrt weiter. Bald schon strauchelte er jedoch über Wurzeln und blieb an Ästen hängen, die in seinen Weg ragten.

„Lass mich in Ruhe, du arglistiges Geisterweib!“, schrie er schließlich wütend. „Du wirst mich nicht verwirren! Ich find meinen Weg trotzdem heim.“

Dichter und dichter legten sich daraufhin die weißen Schwaden auf seinen Mantel, seine Arme, seine Beine, als würde eine riesige Spinne ihr Netz unaufhaltsam um ihn weben. Kalt und klamm durchdrang die Feuchte des Nebels seine Kleider und er begann, furchtbar zu zittern. Ob wegen der frostigen Luft oder des inneren Schauderns – er hätte es nicht zu sagen vermocht.

Stunde um Stunde stolperte er hilflos durch die undurchdringliche, neblige Dunkelheit und war zuletzt drauf und dran aufzugeben und sich kraftlos ins Moor zu stürzen. Die Nebelfrau hatte ihm allen Mut genommen.

Doch da drang ganz aus der Ferne ein leises Glockengeläut zu ihm – und der böse Zauber war aufgehoben.

Es war früher Morgen und am Horizont begann die Dämmerung. Die Nebelfrau verlor zusehends an Kraft. Ihre Schleier lichteten sich und lösten sich schließlich ganz auf. Und endlich erkannte der Mann, dass er ganz in der Nähe des Weges umhergeirrt war. Völlig erschöpft, aber wohlbehalten kam er so endlich nach Hause.

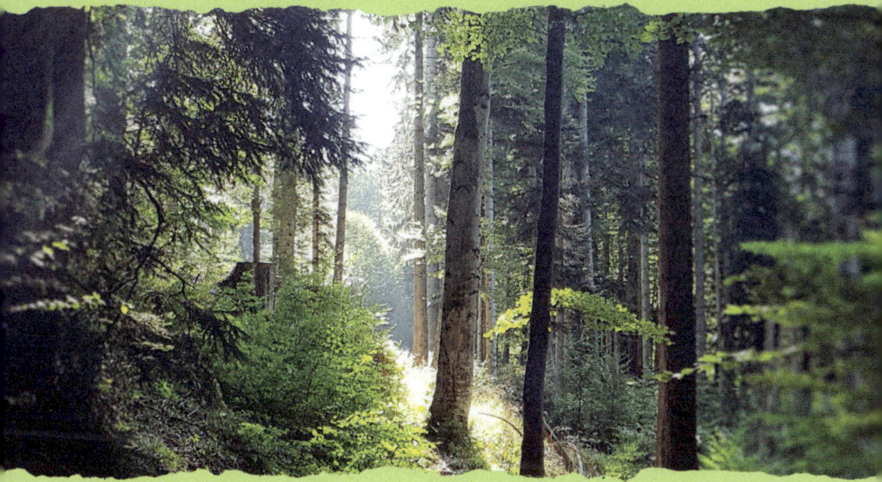

Stallauer Eck-/ Enzenauer Kopf-Runde

05

Eine Reise durch die Heilkräfte der Natur

4:00 h Gehzeit
10,2 km Länge
725 hm
schwer

GPS

Eine stille Tour für Fans des Waldes: vom Stallauer Eck zum Enzenauer Kopf

Vier Gipfel warten bei dieser hübschen Bergtour auf uns. Allerdings sind es nicht etwa atemberaubende Aussichten, die diese Runde so interessant machen, sondern drei Naturschätze: Kräuter, Pilze und eine Quelle, die unserem Ausgangspunkt ihren Namen gab, nämlich Bad Heilbrunn. Wie in einen Dornröschenschlaf versunken erscheint das Örtchen am nordwestlichen Rand der Vorberge und hat doch so vieles zu bieten. Seine exponierte Lage mit Blick hinüber zum Hohenpeißenberg lässt erahnen, dass es sich hier bereits in keltischer Zeit um einen besonderen Ort gehandelt hat.

Vom ▸ ***Parkplatz beim Kursaal*** aus machen wir uns auf den Weg ▸ ***in südwestlicher Richtung***, hinein in leuchtendes Grün. Rechts und links zwinkern die farbenfrohen Blüten des ▸ ***Kräuter- und Erlebnisparks*** herüber. Für alle Pflanzenfreunde ein absolutes Muss! Es lohnt sich unbedingt, am Ende der Tour vor der Heimfahrt noch

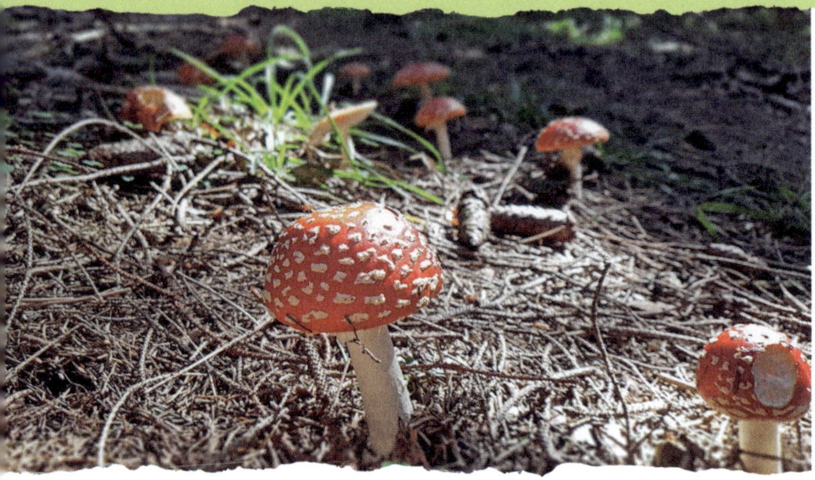

Frech reckt sie ihre bunten Köpfe hervor: eine Fliegenpilz-Familie

zwischen den alten Bäumen hindurch zu schlendern und die Nase in die über 400 Wild- und Heilkräuter zu stecken, die dort so wunderschön angepflanzt wurden. Aber erst liegen vier Stunden Fußmarsch vor uns.

Wir folgen der ▶ ***Birkenallee nach Südost*** und wenden uns ▶ ***an ihrem Ende nach links***, um zu einer ▶ ***Unterführung*** zu gelangen, die uns auf der anderen Seite der Bundesstraße auf den ▶ ***Bierhäuslweg*** bringt. Dort hilft uns das – übrigens sehr empfehlenswerte – Ristorante „Da Luca", unseren ▶ ***Abzweig aufs Stallauer Eck*** nicht zu verpassen: Kurz nach dem Gasthaus stielt sich klammheimlich ▶ ***ein schmales Wegerl rechts davon***, dessen ▶ ***grüne Hinweisschilder „Marienbild – Stallauer Eck – Zwiesel"*** man nur allzu schnell übersieht. Zwar scheint es so, als würde man durch einen privaten Garten marschieren, aber nur Mut, wir sind hier richtig. Der schmale Weg zwischen Brennholz und Hausmauer führt nach wenigen Metern in den Wald hinein.

Der Stallauer Bach plätschert zur Linken und schon bald umfängt uns die feuchte Kühle der Bäume – und der würzige Duft von Pilzen, insbesondere wenn man das Vergnügen hat, diese Tour im Spätsommer zu gehen. Hexenröhrlinge, Reizker, Boviste und unzählige andere Pilzarten sind über den weichen Waldboden ausgestreut, dass es eine wahre Freude ist. Die kleinen, verwunschen wirkenden Lebewesen, die übrigens weder so recht zu den Pflanzen noch zu den Tieren gehören, locken uns Stück für Stück weiter den Weg hinauf, sodass man alsbald Raum und Zeit vergisst ... An einem ▶ ***Marienbild am Wegesrand*** halten wir kurz inne. An dem ausgeschilderten ▶ ***Aussichtspunkt*** knapp dahinter genießen wir einen der wenigen Blicke in die Ferne – doch schon hat uns die wundersame Welt der Pilze wieder. Neben den faszinierenden, bunten Käppchen ragen Felsen auf, moosbewachsene Brocken sind um sie verstreut und kleine Steinmanndln, die wirken, als wären auch sie dort von Zauberhand gewachsen.

Eines sehr irdischen Ursprungs sind übrigens die matschigen Fahrrinnen, die den Steig an manch flachen Stellen in große Pfützen verwandeln. Trail-Radler benutzen den wurzeligen Weg für ihr Vergnügen. Leider nicht immer mit Rücksicht auf den Waldboden, wie die ausgefahrenen Abschneider und Rinnen deutlich zu erkennen geben. Insofern lohnt es sich bei dieser Runde doppelt, früh dran zu sein, um den Steig in schönster Waldesruhe für sich zu haben.

Moosbewachsene Steine und dichtes Blätterwerk im verwunschen schönen Bergwald.

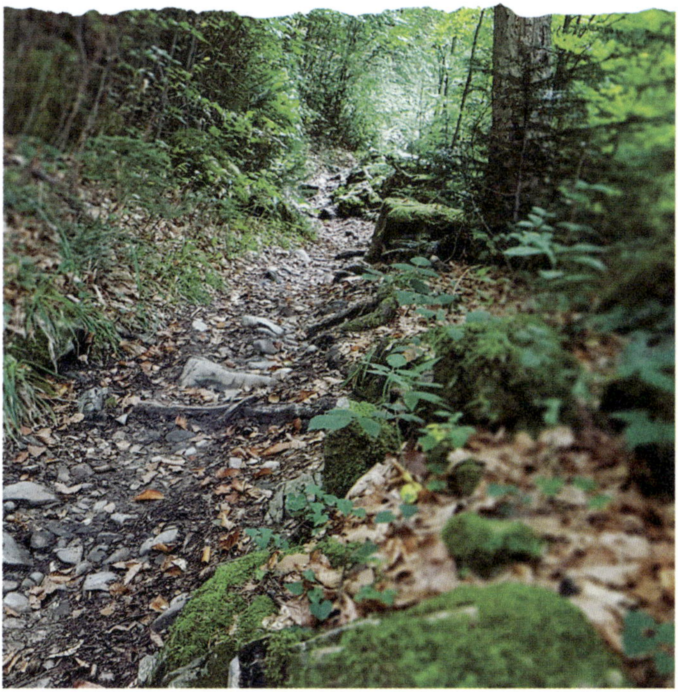

Nach etwa einer Stunde verlassen wir für wenige Minuten den schmalen Pfad und biegen ▸ ***links auf einen Forstweg*** ein. Schon nach etwa 200 Metern lenkt uns die ▸ ***grün-weiße Markierung wieder rechts in den Wald hinein*** und wir steigen erneut einen Trampelpfad bergan. Hier überwiegen die Nadelbäume und schon ist die Stimmung eine ganz andere. Steil geht es nun zirka eine halbe Stunde durch den Nutzwald hinauf, der nach Westen hin abfällt und schließlich nach Norden den letzten Anstieg zum Stallauer Eck nimmt: Nach einer Linkskurve wird der Weg breiter, der Wald lichter und unser ▸ ***Fußweg zweigt noch einmal links ab***, den Berg hinauf. Hier empfiehlt es sich, der ▸ ***rechten der zahlreichen Spuren*** zu folgen, denn kurz darauf haben wir wieder die Wahl und nehmen den ▸ ***rechts abzweigenden Pfad*** in das Dickicht einer Schonung hinein.

Nun geht es erst durch einen engen, düsteren Fichtenhain und dann durch ein Viehgatter auf eine kleine Almwiese, an deren höchster Stelle das erste, aber auch einzige ▸ ***Gipfelkreuz*** dieser Tour zur Rast einlädt. Die Wipfel der hochgewachsenen Bäume versperren zwar einiges von der Sicht, doch bleiben noch Ausgucke auf den Starnberger See, auf das Wetterstein- und das Ammergebirge. Nicht nur hier oben warten übrigens zwei Bänke auf müde Wanderer, der gesamte Aufstieg in Richtung Zwiesel ist mit zahlreichen Rastmöglichkeiten gesäumt. Das ändert sich erst bei unserem weiteren Weg über den Angerlkopf. Wer also gerne auf Bänken verweilt, sollte dies während des ersten Teils der Runde ausgiebig nutzen …

Was liegt näher, als auch eine kleine alpenländische Sage hier oben zu verorten? In zahllosen Varianten erzählen uralte Geschichten von Begegnungen mit zauberkundigen Wesen im Bergwald. Oft sind es weise Hexen und Kräuterfrauen, die für außergewöhnliche Überraschungen sorgen und Belohnungen stiften, wie in unserer Erzählung vom „Birkenreis" **Geschichte S. 61**.

Nach dieser kleinen Stärkung ziehen wir weiter ▸ ***nach Süden den Wiesenkamm hinunter***, um durch ein Viehgatter in den Wald zurückzukehren. Etwa eine halbe Stunde und rund 150 Höhenmeter später erreichen wir den ▸ ***Stallauer Kopf***, eine winzige Lichtung, auf der wir wachsam sein müssen, den ▸ ***Abzweig nach rechts Richtung Angerl- und Enzenauer Kopf*** nicht zu verpassen. An einer großen Fichte versteckt sich der ▸ ***kleine grüne Wegweiser*** – allerdings auf der Ostseite des Baumes zum Berg Zwiesel hin, der sich

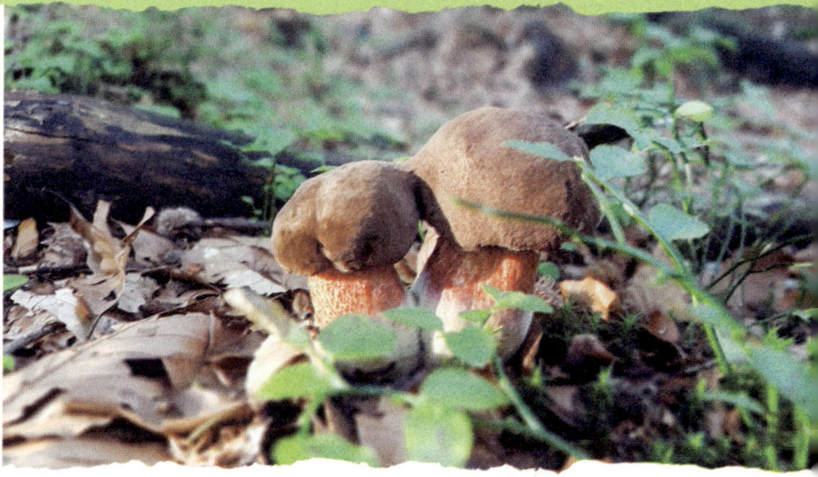

Der Hexenröhrling tarnt sich gerne als Steinpilz und ist nur gegart eine feine Speise!

übrigens als kleiner zusätzlicher Gipfelausflug durchaus anbietet.

Ein winziger Waldpfad windet sich nun nach Westen, gesäumt von Steinpilzen, Maronen und einigen delikaten Parasol. Dahinter duckt sich immer wieder eine kleine Familie von Fliegenpilzen unter die Zweige am Wegesrand. So märchenhaft gestaltet lockt uns der Weg über eine kleine Lichtung, dann wieder in dichten Baumbestand. Vor einer Viehweide gabelt er sich schließlich. Man kann ruhig dem ▸ ***linken, trockeneren Pfad am Zaun entlang folgen*** und muss nur darauf achten, wieder durch einen Durchlass zurück auf die Weide zu gelangen, bevor der Weg im Wald in einer Sackgasse mündet.

Dann geht es lustig über eine große Wiesenfläche, links an einer alten Almhütte vorbei und hinauf auf den ▸ ***Angerlkopf***, unseren dritten Höhepunkt der Tour. Ein Gipfelkreuz gibt es hier ebenso wenig wie auf dem Enzenauer Kopf, den wir – ▸ ***dem höchstgelegenen Weg nach Westen folgend*** – zuvor noch überschreiten.

Dazu geht es vom Angerlkopf hinunter ▸ ***auf einen schmalen Waldweg***, der nach Nordwest erst in eine kleine Senke hinab und dann auf die Waldwiese des Enzenauer Kopfs wieder hinaufsteigt. Von dort aus geht es schließlich ▸ ***nach Norden talwärts***. Besonders dieser Teil ist nach starkem Regen sehr sumpfig und es empfiehlt sich, hohe Bergstiefel zu tragen. Bei einem hölzernen Übertritt beginnt ein ▸ ***steiler Pfad bergab*** durch lichten Wald bis in dichtes Gebüsch. Kurz folgen wir dann einem ▸ ***Forstweg nach rechts***, um

Stallauer Eck-/ Enzenauer Kopf-Runde

4:00 h Gehzeit | 10,2 km Länge | 725 hm | schwer

Ausgangspunkt in 83670 Bad Heilbrunn:
Kursaal, Wörnerweg 6

Weg:
Nur im Sommerhalbjahr gangbar, überwiegend schattig, nach Regen Wege teilweise sehr matschig, unterschiedlich ausgeschildert

Besonderheiten:
- Im Frühjahr Bärlauch, im Spätsommer Pilze
- Jodheilquelle
- Pfarrkirche St. Kilian
- riesiger Kräuterpark
- Geobiologischer Lehrpfad

Einkehr:
- Bierhäusl Ristorante „Da Luca", Bierhäuslweg 11, Bad Heilbrunn: www.da-luca-im-bierhaeusl.de
- Bistro am Kräuterpark, Wörnerweg 4, Bad Heilbrunn: www.dasbistrocafe.de
- Café Restaurant Park Villa, Badstraße 1, Bad Heilbrunn: www.restaurant-parkvilla.de

Zuganfahrt:
Zug nach Kochel, dann Bus 9591 nach „Kirche, Bad Heilbrunn", Ausstieg „Gästeinfo/Fachklinik Bad Heilbrunn"

Variationen:
Verkürzung möglich durch Rückkehr vom Stallauer Eck. Verlängerung durch einen Abstecher zum Zwiesel bzw. Blomberghaus.

Tipps:
- Zauberkabinett, Hotel und Erlebnisrestaurant, Im Fuchswinkel 1, Bad Heilbrunn: www.zauberkabinett.com
- Klettergarten Bad Heilbrunn: www.klettergarten-bad-heilbrunn.de

Tourist-Info:
Wörnerweg 4
83670 Bad Heilbrunn
Tel.: 08046-323
E-Mail: info@bad-heilbrunn.de
www.bad-heilbrunn.de

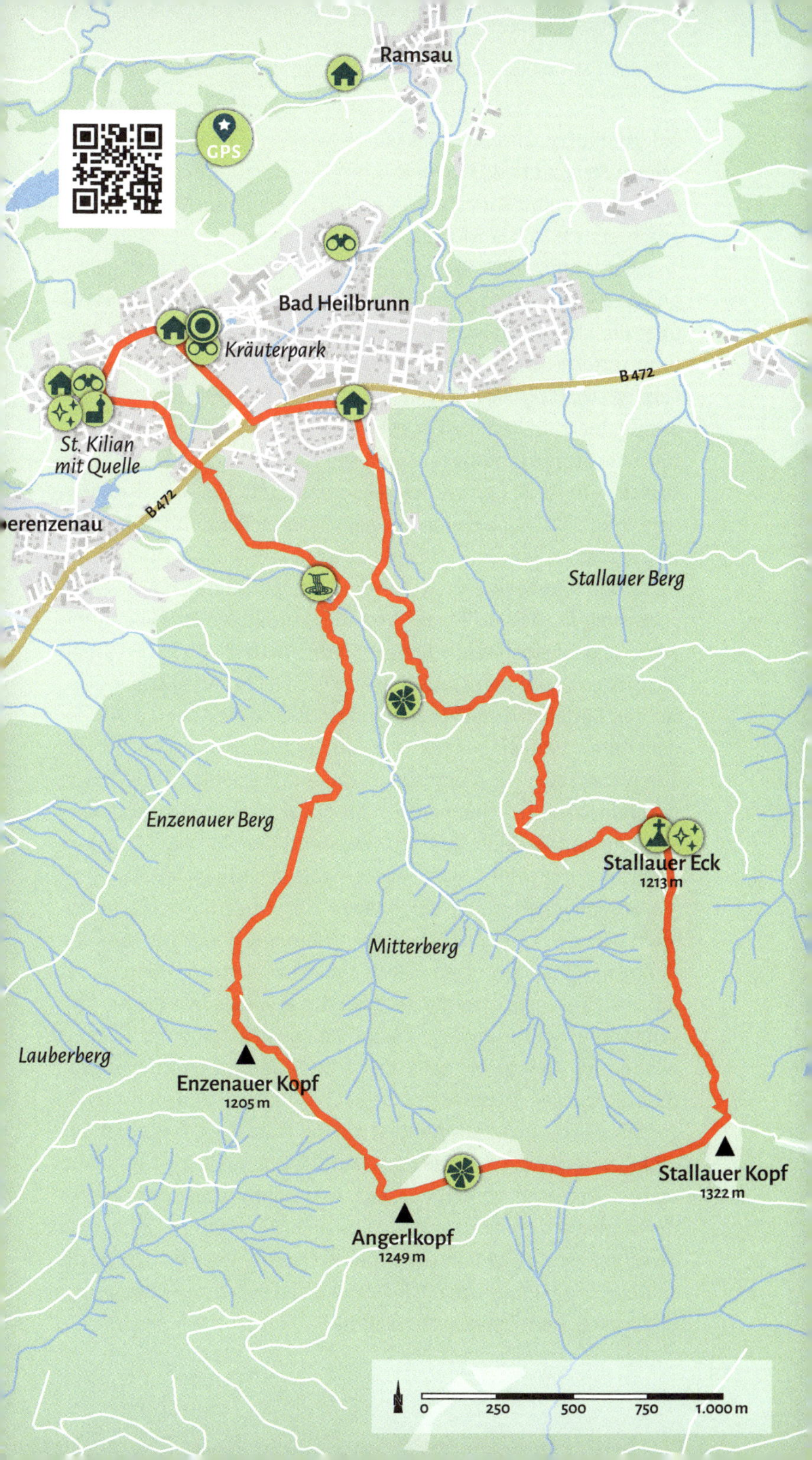

Ramsau
GPS
Bad Heilbrunn
Kräuterpark
B 472
St. Kilian
mit Quelle
B 472
erenzenau
Stallauer Berg
Enzenauer Berg
Stallauer Eck
1213 m
Mitterberg
Lauberberg
Enzenauer Kopf
1205 m
Stallauer Kopf
1322 m
Angerlkopf
1249 m
0
250
500
750
1.000 m

bald darauf, nach einer Linkskurve, wieder ▶ ***hangabwärts einen kleinen Steig*** zu bewältigen. Er führt uns rasch in die Tiefe, überquert dabei eine Forststraße und landet schließlich bei der neu errichteten ▶ ***Holzbrücke über den Schellenbach***.

Hier lohnt es sich, kurz am Bachlauf entlang bergab zu gehen und das Plätschern zu genießen, während das klare Wasser anmutig über die kleinen Steintreppen springt. Ausgehend von der Brücke führt unser ▶ ***Weg nach Norden*** weiter, bis wir auf den ▶ ***Forstweg nach Westen Richtung Bad Heilbrunn*** abzweigen. Wenn dieser in eine Straße übergeht, hat man zwei Möglichkeiten: Der schnellere Weg führt die Straße hinunter zur Unterführung und den gleichen Weg zurück zum Auto, den wir hergekommen sind. Der ausschweifendere Weg biegt noch einmal ▶ ***links durch den Wald***, führt als Forstweg weiter an die Bundesstraße, die man ohne Hilfe überqueren muss, dann dort weiter zwischen den Häusern hindurch ▶ ***Richtung „Lindenhügel – Bad Heilbrunn“***. Wer hier im zeitigen Frühling unterwegs ist, wird einen sehr würzigen Geruch in der Nase haben. Denn die ganzen Waldränder und Auen um Bad Heilbrunn sind eine Oase für den Bärlauch und die Gemeinde lädt zu dieser Zeit zu den sogenannten „Ramstagen“ ein mit allerlei Programm rund um die „Hexenzwiebel“. Ab März wächst das nach Knoblauch duftende, gesunde Kraut in dichten grünen Büscheln und kann von kundigen Kennern vor der Blüte gepflückt werden. Aber Achtung: Eine Verwechslung mit wilden Maiglöckchen wäre lebensgefährlich!

Wir gelangen weiter durch einen kleinen Park mit mächtigen alten Bäumen zum gleichnamigen ▶ ***Parkweg*** und lassen uns von ihm zur ▶ ***Ortsmitte*** lotsen. Gleich zwei Besonderheiten warten hier auf uns, zunächst der runde Bau über der ▶ ***Adelheid-Quelle***, der aufgrund ihres Jod- und Salzgehaltes vielerlei Heilkräfte nachgesagt werden **Geschichte S. 63**. Keltische Zeugnisse erzählen davon, dass die Quelle bereits in der Frühzeit bekannt war und als Kultplatz verehrt wurde. Im 9. Jahrhundert soll sie jedoch aus Angst vor den einfallenden Hunnen – oder durch die Hunnen selbst – zugeschüttet und vergessen worden sein. Erst im 12. Jahrhundert wird sie wieder urkundlich erwähnt und mit einem dazugehörigen Gotteshaus versehen. Heute wacht auf dem kleinen Hügel neben der Quelle die spätbarocke ▶ ***Pfarrkirche St. Kilian*** über den begehrten Kraftort und preist in reichem Freskenschmuck die Heilkraft des Wassers.

Uns führt nun der ▶ ***Sankt-Kilians-Platz wieder nordwärts*** zurück zu unserem Ausgangspunkt der Wanderung. Wir folgen der Straße, die schließlich in die ▶ ***Badstraße*** übergeht und uns wieder zum Kräuterpark bringt, auf dessen Westseite unser Auto steht.

Einen ganz anderen Einblick in die Wirkung von Wasser, nicht nur dem heilkräftigen, hält hier übrigens der ▶ ***Geobiologische Lehrpfad*** von Dieter Kugler bereit. Bei ihm gibt es nicht nur die Möglichkeit, die Handhabung einer Wünschelrute auszuprobieren und die Einflüsse von unterirdischen Wasseradern und Verwerfungen zu erspüren, der Geobiologe testet auf Wunsch auch Wohnungen auf ihre Funk-, Elektrosmog und Umweltbelastung.

Ganz in der Nähe des Kräuterparks sind außerdem noch eine große Rehaklinik und die Hersteller des bekannten „Bad Heilbrunner Tees" angesiedelt – das kleine Kurörtchen macht seinem Namen wirklich in vielfältiger Hinsicht Ehre.

Die Deckenfresken von St. Kilian erzählen ihre eigenen Geschichten von der Heilkraft des Wassers.

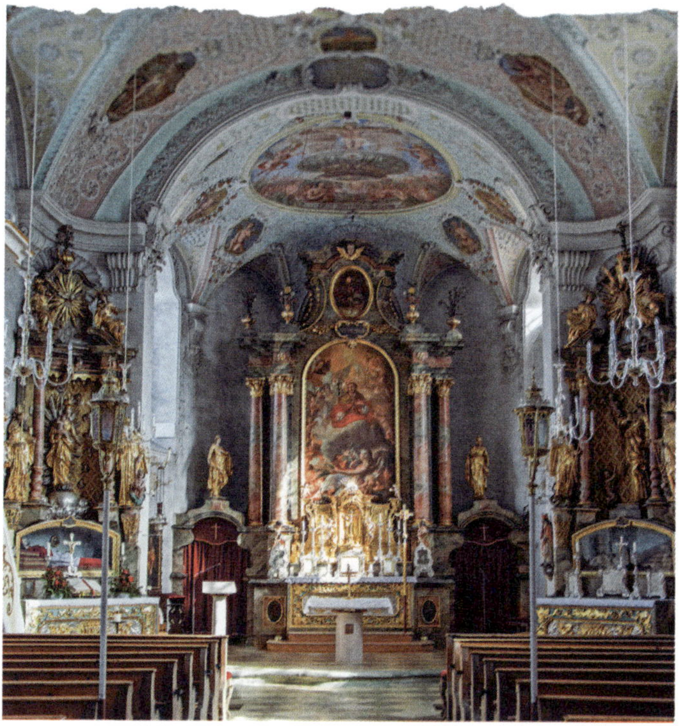

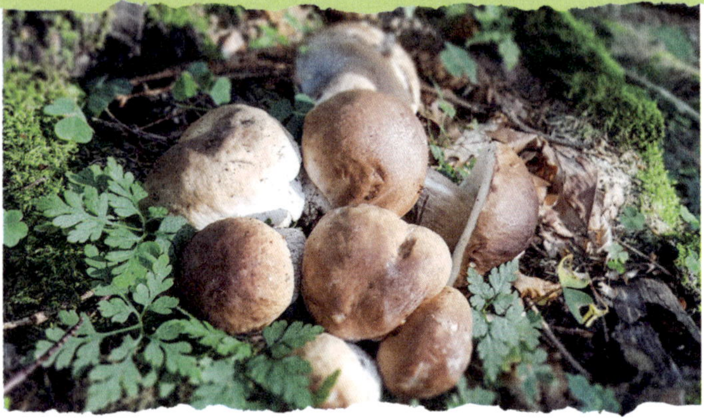

Prächtige Steinpilze warten auf den glücklichen Finder.

Fünf Tipps zum Schwammerlsuchen

Eindrucksvoll lässt sich im lichten Mischwald erleben, wie sehr Bäume und Pilze in Symbiose leben. Ein Drittel unserer heimischen Pilze bildet nämlich unterirdisch ein regelrechtes Netzwerk um die feinen Wurzeln der Bäume. Dadurch tauschen sie Nährstoffe aus, schützen sich vor Schadstoffen und stärken ihre Abwehrkräfte – eine sensibel aufeinander abgestimmte Lebensgemeinschaft, die wiederum selbst Schutz braucht. Deshalb gilt:

1. Pilze bitte nicht grob aus dem Boden reißen. Nur vorsichtig herausdrehen oder abschneiden, damit das feine Wurzelgeflecht nicht unnötig beschädigt wird.
2. Nur so viele Pilze sammeln, wie man auch essen kann; max. 2 kg pro Person sind pro Tag erlaubt.
3. Nicht alle Pilze an einem Fleck abschneiden, sodass noch einige zur Fortpflanzung stehen bleiben. Deshalb auch besonders alte und kleine Exemplare dort belassen.
4. Unbekannte Pilze nicht zerstören. Zum einen sind sie immer Teil einer wichtigen Wald-Lebensgemeinschaft, zum anderen haben andere Pilzkenner eventuell ihre Freude daran.
5. Nur die Pilze sammeln, die man auch wirklich gut kennt und sicherheitshalber nie roh verzehren. Ein einziger Giftpilz im Korb kann die ganze Sammlung ungenießbar machen!

Die Geschichte vom Birkenreis

Von den geheimnisvollen Künsten der Kräuterfrauen

ab 4 Jahren

In früheren Zeiten waren sie weit im Umland für ihre Künste bekannt – die weisen Frauen. Bestens Bescheid wussten sie um die Wirkung verschiedenster Pflanzen und um die Kraft des Mondes auf alles Lebendige.
Sehr schnell wurden sie den Menschen damit jedoch auch unheimlich. Denn oft wirkte es wie Zauberei, wenn durch eine ihrer Tinkturen eine schwere Krankheit verschwand. Und Zauberei musste schließlich mit dem Bösen im Bunde stehen, dachte man damals. So lebten die Kräuterfrauen stets gefährlich, denn schnell konnte sie jemand als „Hexe" verunglimpfen und sie damit auf den Scheiterhaufen bringen.

Übrigens: Bis ins späte Mittelalter waren die Frauen daheim nicht nur fürs Brotbacken, sondern auch fürs Bierbrauen verantwortlich. So lag es zum einen nahe, dass sich viele von ihnen mit der Erstellung von Medikamenten beschäftigten, für die man als Grundlage das keimfreie, weil abgekochte Bier verwendete. Zum anderen wurde die Hexenverfolgung gezielt eingesetzt, um erfolgreiche Privatbrauerinnen aus dem Weg zu räumen und stattdessen wirtschaftlich Mächtigen den Markt zu sichern.

Dass diese heilkundigen Kräuterfrauen meist sehr menschenfreundliche Gemüter hatten, blitzt trotz des Aberglaubens und der Furcht vor dem Unverständlichen in vielen alten Geschichten immer noch durch, zum Beispiel in diesem alpenländischen Märchen vom Birkenreis:

Vor langer, langer Zeit lebte einmal eine Frau mit ihrem kleinen Buben in einem verfallenen Häuschen am Rande des Waldes. Sie waren so arm, dass sie oft kaum wussten, was sie essen sollten. Damit sie wenigstens aus dem Gemüse des Gartens eine Suppe kochen konnten, lief der Bub jeden Tag in den Wald und brachte der Mutter ein Bündel Reisig zum Heizen des Ofens nach Hause.

Wieder einmal war er Stunden zwischen den Bäumen hin- und hergelaufen und hatte einen ganzen Arm voller dürrer Äste zusammengeklaubt.

„Da wird sich meine Mutter aber recht freuen“, dachte er glücklich bei sich und wollte sich gerade auf den Heimweg machen, als ihm ein altes Mütterlein entgegenkam. Schwer war ihr krummer Rücken unter der Last von vielen Ästen gebeugt.

„Ach, mein Lieber, dich schickt der Himmel!“, sagte sie zu dem Jungen. „Ich bin heute so schwach. Könntest du mir den Reisig zu meinem Häuserl tragen? Ich wohn nicht weit von hier.“

Der Bub zögerte, weil er an seine Mutter dachte, die doch bestimmt schon auf das Brennholz wartete. Doch als er die müde alte Frau sah, nahm er sich ein Herz und sagte ihr seine Hilfe zu.

„Es wird dein Schaden nicht sein“, versprach ihm die Alte und so legte er sein Bündel auf den Boden und lud sich ihres auf.

Er folgte ihr den schmalen Waldpfad hinein ins tiefe Dunkel des Waldes, durch enges Dickicht, über kleine Lichtungen, so weit, wie er selbst noch nie gegangen war, bis sie endlich an einem windschiefen Häuschen ankamen.

„Oh je, das Mutterl ist ja noch ärmer als wir es sind“, dachte der Junge bei diesem Anblick. Doch die Alte war ganz frohgemut: „Herzlichen Dank! Leg das Holz nur hier an die Seite. Ich will dir deinen Lohn holen.“ Mit diesen Worten verschwand sie in der schäbigen Hütte.

Als sie zurückkam, sah sie aber ganz verändert aus. Viel jünger und anmutiger. In der Hand hielt sie ein kleines Birkenreis, einen winzigen Zweig einer Birke mit drei Blättern. „Hier, das ist für dich. Als Dankeschön“, sagte sie freudestrahlend. „Verwahre es gut und du wirst reich beschenkt werden.“

Der Junge wusste nicht, ob er lachen oder weinen sollte. Ein einfaches Birkenreis als Dank?

Doch weil die Frau vor ihm so ernsthaft und glücklich war, nahm er das Zweiglein dankend an und machte sich auf den Rückweg.

Immer wieder schüttelte er den Kopf und musste über sich selber lachen, dass er für so ein Birkenreis den halben Wald durchquert hatte. Und als er schließlich wieder bei seinem Bündel angekommen war, war er so müde, dass er das Zweiglein in die Erde steckte, sich daneben der Länge nach ausstreckte und sofort einschlief.

Als er endlich erwachte, blitzte und blinkte es um ihn herum, dass er sich verwundert die Augen rieb: Ein Baum voller Gold und Silber stand direkt neben ihm!

Tatsächlich, er war aus dem kleinen Birkenreis gewachsen und breitete nun die kostbarsten Schätze über ihn. Da sammelte der Junge vergnügt so viele Blätter von edlem Metall in sein Ränzlein, wie das nur fassen konnte, und machte sich vergnügt auf den Heimweg. Seine Mutter würde wohl Augen machen, denn nun hatte ihre Not ein für alle Mal ein Ende.

Und das Bäumchen? Nun, das steht genau eine Viertelstunde hinter Weihnachten. Und alle Menschen mit freundlichem Herzen werden es wohl leichterhand finden.

Ein sprudelnder Gesundheitsquell

Von der Entstehung von Bad Heilbrunn

ab 8 Jahren

Da brodelte es in der Gerüchteküche: 1159 kamen dem Abt von Benediktbeuern nicht nur seltsame Geschichten zu Ohren, sondern auch eigenartige Gerüche in die Nase. Eine mysteriöse Heilquelle solle im damaligen Ort Steinbach – so hieß einst die Gemeinde Bad Heilbrunn – mitsamt wertvollen Kirchenschätzen verschüttet sein.

So kam es, dass an der Stelle der heutigen Jod- und Salzquelle eifrig gegraben wurde. Was einen heftigen Donnerschlag zur Folge hatte: ein helles Licht, ein lautes Krachen – die angsterfüllten Mönche glaubten ein Kreuz in strahlendem Lichterkranz gesehen zu haben, eine göttliche Eingebung!

Vermutlich hatte es eine äußerst gefährliche Gasverpuffung gegeben, die die Klosterbrüder an eine überirdische Erfahrung glauben ließ. In jedem Fall aber wurde so die Quelle als durchaus magischer und kraftvoller Ort wiederentdeckt. Immer mehr Menschen aus der Umgebung suchten von nun an hier Hilfe, ob bei Lähmungen oder Migräne. Ja sogar, um der Mäuseplage auf ihren Feldern Herr zu werden, auch da habe das Jodsalz gute Dienste getan.

Im 13. Jahrhundert wurde das erste Gotteshaus neben der Quelle erbaut, und immer größere Kreise zog die Kunde vom Heilbrunnen. In der Renaissance entstanden schon zweistöckige Badhäuser, in denen man im erwärmten Heilwasser Kuren genießen konnte. Bald darauf wurde es sogar frisch abgefüllt bis nach Frankreich und Russland verkauft.

Noch größere Berühmtheit erlangte Heilbrunn, als die Kurfürstin Henriette Adelheid von Bayern 1659 hier in Begleitung von 200 Dienern sechs Wochen lang auf Kur weilte. Sieben Jahre war sie da bereits mit dem Herrscher Bayerns, Ferdinand Maria, verheiratet und noch immer war die Ehe kinderlos. Aber schon im darauffolgenden Jahr schenkte sie dem ersehnten Thronfolger Max Emanuel das Leben.

Bis ins 20. Jahrhundert war die Jodquelle noch Ziel zahlreicher Besucher. Inzwischen jedoch ist es recht still um sie geworden. Das runde Quellhäuschen schlummert verschlossen im Schatten der erhabenen Pfarrkirche St. Kilian, in dem zumindest die kunstvollen Deckenfresken von der Heilkraft des Wassers erzählen.

Lädt am Ende der Tour ein, die Füße in eiskaltes Wasser zu tauchen: der Schellenbach

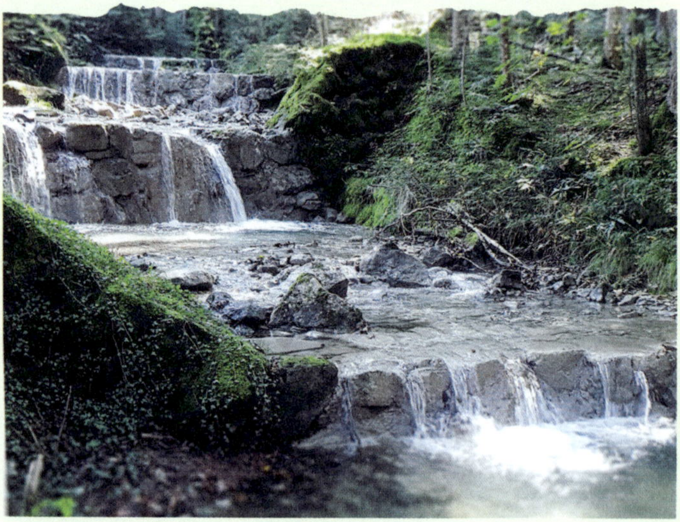

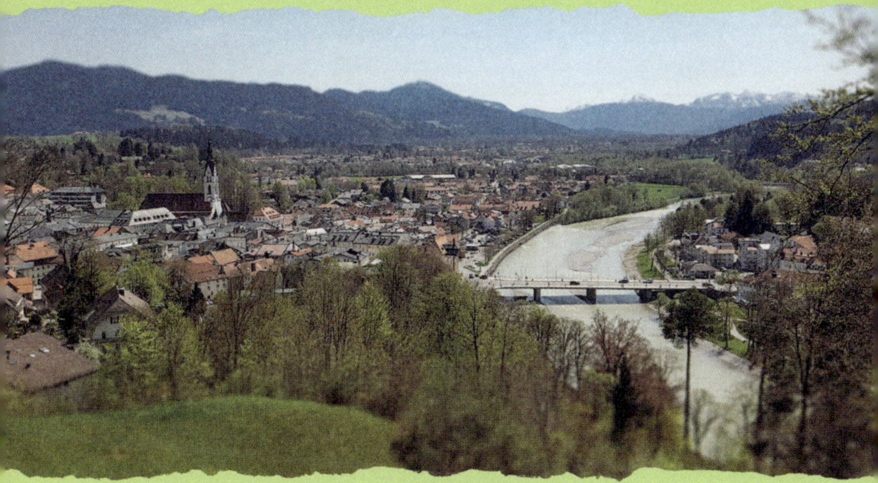

Ellbach-Isar-Kalvarienberg

06

Waldwellness, Isarlust und Gaumengenuss

3:15 h Gehzeit
12,5 km Länge
130 hm leicht

Herrliche Aus- und Einblicke in den Isarwinkel: das schmucke Städtchen Bad Tölz

„Viriditas – Heilige Grünkraft" nannte Hildegard von Bingen die allem innewohnende göttliche Energie, die sich einem in unberührter Natur am stärksten offenbart. „Shinrin Yoku – Waldbaden" bezeichnen es die Menschen in Japan, wenn sie zur Regeneration die Bewegung im Wald und die Nähe zu Bäumen empfehlen. Zu einem solchen Bad in der grünen Energie lädt diese relativ unbekannte Runde ein, die über weite Strecken auf wenig begangenen Wegen von Ellbach bei Bad Tölz an die Isar führt.

Wir starten am Parkplatz an der ▸ ***Ägypteneichenstraße in Richtung Norden***. Mit etwas Glück ziehen über unseren Köpfen zahlreiche Milane über den Wiesen ihre Kreise. Nach etwa zehn Minuten biegen wir – den ▸ ***dunkelgrünen Schildern in Richtung Bad Tölz*** folgend – vor einem Aussiedlerhof ▸ ***links*** ab und dann ▸ ***erneut links*** in den Wald auf einen einsamen Feldweg ein. Stille umfängt uns

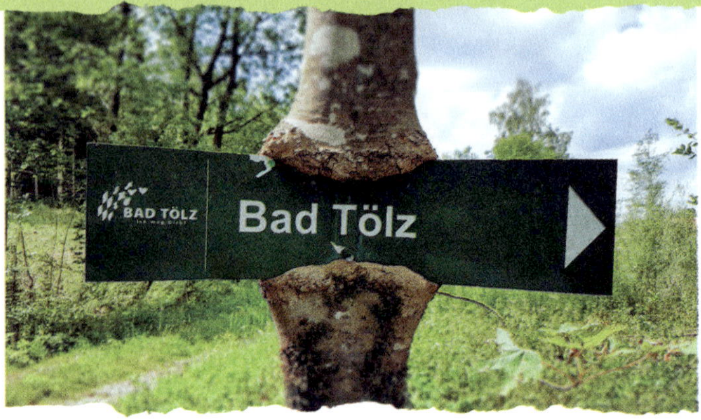

Bei dieser Runde gibt die Natur die Richtung vor.

sogleich, nur durchbrochen vom Gesang der Vögel. Nadel- und Mischwald wechselt mit kleinen Wiesenflächen. Gerade bei Regen fühlt man sich hier ganz in Grün gehüllt und davon durchdrungen …

Nach einer guten halben Stunde nähern wir uns dem ▶ *Weiler Ratzenwinkel* mit seinen wenigen Häusern – dafür umso zahlreicheren Kühen und Pferden auf den umliegenden Weiden – und folgen der ▶ *Straße nach Westen*. Hier treffen wir auf den einzigen Wermutstropfen der Tour: die ▶ *Staatsstraße 2072* zwischen Geretsried und Bad Tölz. Wir müssen an ihrer Seite rund ▶ *450 Meter nach rechts* durchhalten, bevor uns der ▶ *Forellenhof Walgerfranz* mit seinem schattigen Biergarten und der gemütlichen Stube willkommen heißt. An schönen Tagen kann man hinter dem Haus einen prachtvollen Pfau bewundern, der mit allerlei anderem Vogelgetier unter den alten Bäumen flaniert.

Weiter geht es ▶ *in südwestlicher Richtung an den Fischweihern entlang nach Bad Tölz*. Der breite Schotterweg ist dicht gesäumt vom Urwald der Isarauen und hält an seinem Rand immer wieder ein kleines Holzhäuschen parat. Auf einen Bus wartet man hier allerdings vergebens. Vielmehr bieten sie sowohl bei großer Hitze als auch bei Regen einen geschützten Platz für eine Verschnaufpause.

Am ▶ *Tölzer Stausee-Wehr* öffnet sich das grüne Blätterdach des Waldes für einen kurzen Abschnitt des Weges und lässt Blicke über Wiesen und auf die Isar frei. Wir biegen auf der Straße nicht in die ausgewiesene Richtung links nach Ellbach ab, sondern folgen dem Weg ▶ *rechts in Richtung Bad Tölz*. Dort stellt eine Schautafel zu heimischen Wasservögeln und Insekten die typischen Bewohner des

Flussufers vor. Nur das „Tutli-Pfeiferl“ ist nicht dabei, dessen geheimnisvolle Lockrufe so mancher in den Isarauen gehört haben will – und hinter dem sich, der Sage nach, die Unheil bringende Isarnixe aus Grünwald verbirgt **Geschichte S. 72**.

Von Südwesten her schaut am Lauf der Isar der Blomberg grün bewaldet herüber. Diesem Gipfel ist im Isarwinkel übrigens eine ganz eigene Redensart zu verdanken, die dem Storch als Kinderbringer ernsthafte Konkurrenz macht **Geschichte S. 74**. Eine schaurige Geschichte wird auch von den Farcheter Auen direkt gegenüber erzählt. So soll es dort einst ein Dorf gegeben haben, das aber im Dreißigjährigen Krieg bei einer großen Schlacht mit den Schweden völlig zerstört worden sei …

Weiter geht's erst durch den Wald, dann an leicht ansteigenden Weiden, ► *immer nach Süden*. Wen es nach einer erneuten Biergartenpause dürstet, der kann hier einen Abstecher zum Café Moraltalm einlegen, bevor es weiter zur Isar geht. Wenn wir auf die ► ***Straße „Isarlust“*** stoßen, die nach rechts hinunter zur Isar führt, steht eine Entscheidung an: Wer dem Rummel der Stadt aus dem Weg gehen möchte, spaziert ► ***geradeaus Richtung Kalvarienberg*** weiter und nimmt entweder den kurzen Abstecher hinauf auf den Berg mit, der direkt vor uns liegt, oder biegt gleich beim nächsten ► ***Schild nach „Ellbach“ links auf einen Pfad*** ein.

Waldbaden in seiner schönsten Form

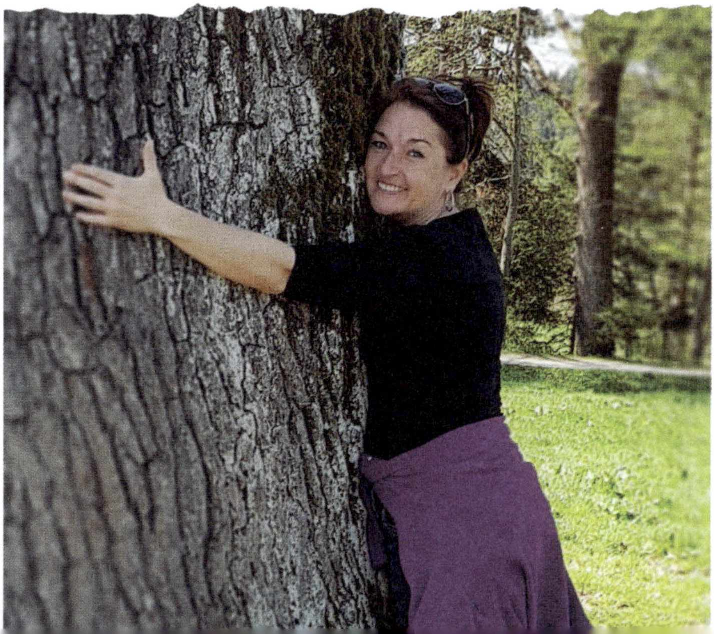

Ellbach-Isar-Kalvarienberg

3:15 h Gehzeit | 12,5 km Länge | 130 hm | leicht

Ausgangspunkt in 83646 Bad Tölz:

Parkplatz am Schützenwirt, Schützenhausstraße 11, Ellbach; alternativ Waldfriedhof, Bairawieser Straße 31, Bad Tölz

Weg:

Ganzjährig möglich, auch bei Regen und moderatem Schnee, überwiegend schattig, dunkelgrüne Schilder nach Bad Tölz, ab Moraltalm nach „Isarsteg zur Stadtmitte", in der Marktstraße bei der Altes-Rathaus-Passage Nr. 43 nach Westen, hinauf zum „Kalvarienberg", von dort Richtung „Ellbach"

Besonderheiten:

- Regensichere Wanderung durch dichte Ufer-, Misch- und Nadelwälder abseits der frequentierten Wege
- Abstecher in die Tölzer Marktstraße und auf den Kalvarienberg
- Waldfriedhof

Einkehr:

- Schützenwirt Ellbach, Schützenhausstraße 11, Bad Tölz: www.schuetzenwirt-ellbach.com
- Jägerwirt Kirchbichl, Nikolaus-Rank-Straße 1, Kirchbichl: www.jaegerwirt-kirchbichl.de/de
- Forellenhof Walgerfranz, Bairawieser Straße 43, Bad Tölz: www.forellenhof-walgerfranz.de
- Moraltalm, Walgerfranzweg 1, Bad Tölz, Tel.: 08041-7940020

Zuganfahrt:

BOB nach Bad Tölz, Fußweg über die Bahnhof- in die Marktstraße

Variationen:

Verschiedene Startmöglichkeiten (s. Ausgangspunkt u. Zuganfahrt), variabler Abstecher in die Stadt Bad Tölz. Die kleine Stadtrunde kann auch separat gegangen werden. Erweiterungen der Tour sind durch die zahlreichen von der Stadt vorgestellten und beschilderten Wege möglich, mehr Infos unter www.bad-toelz.de.

Tipps:

- Baden an der Isar oder im Naturfreibad Eichmühle: www.schwimmbad-toelz.de

Tourist-Info:

Max-Höfler-Platz 1
83646 Bad Tölz
Tel.: 08041-78670
E-Mail: info@bad-toelz.de
www.bad-toelz.de

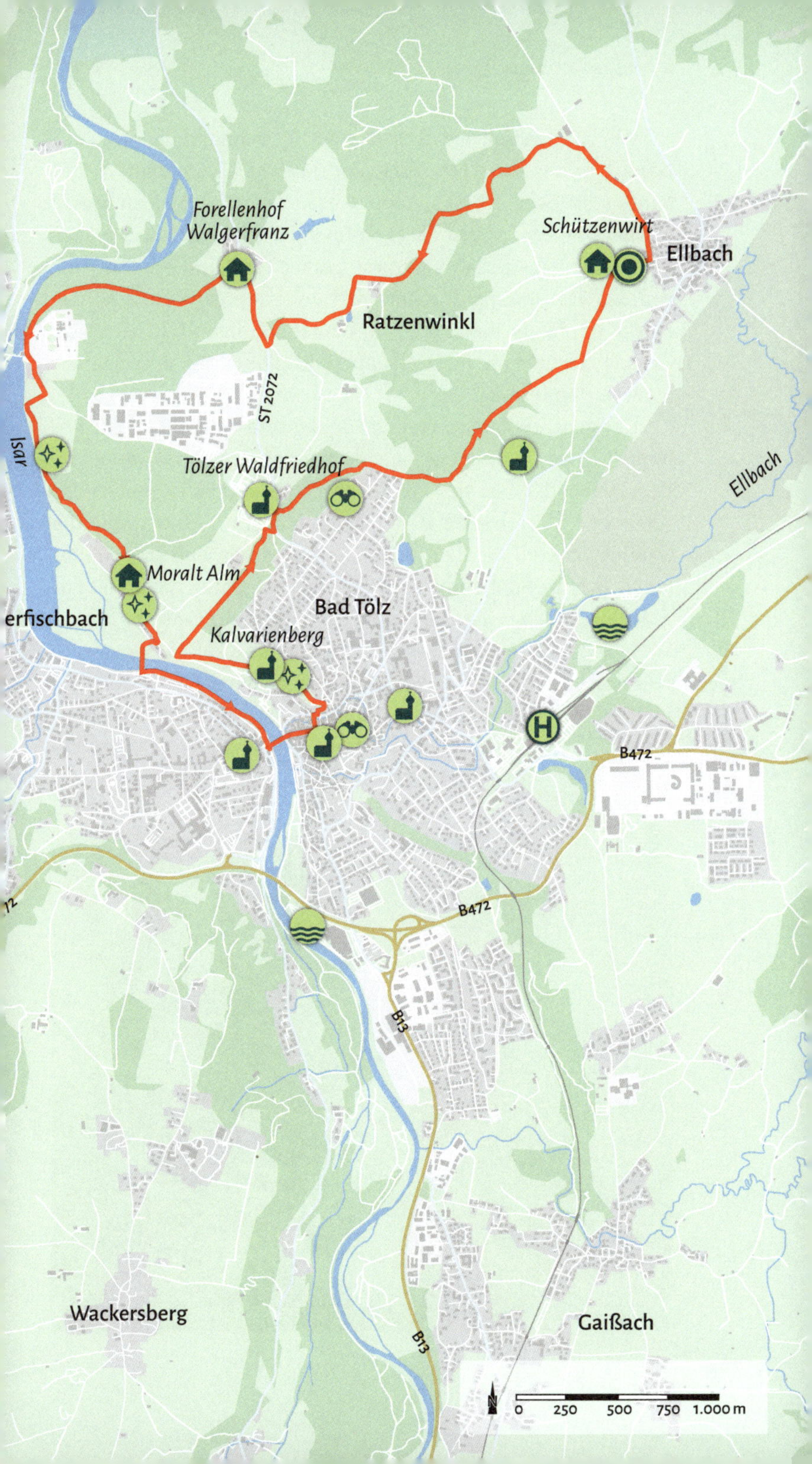

Forellenhof Walgerfranz
Schützenwirt
Ellbach
Ratzenwinkl
ST 2072
Isar
Tölzer Waldfriedhof
Ellbach
Moralt Alm
erfischbach
Bad Tölz
Kalvarienberg
B472
B472
B13
B13
Wackersberg
Gaißach
0 250 500 750 1.000 m

Wer stattdessen ein bisserl Stadtluft schnuppern mag, der wählt hier den ► ***rechten Weg zum „Isarsteg zur Stadtmitte“***: Erst geht es die Straße hinab, dann ► ***scharf rechts und gleich wieder halblinks auf den Isarsteg***. Flugs hinüber und gleich ► ***links hinunter ans Isarufer***. Flussaufwärts nimmt uns die schmucke Stadtansicht von Bad Tölz in Empfang und lotst uns zur eigentlichen ► ***Isarbrücke***. Wir folgen ihr hinauf zum kleinen, wurligen Kern der Stadt, der an jeder Ecke mit illustren Cafés und zahlreichen Wirtschaften aufzuwarten vermag.

Übrigens streifen wir hier den Geokulturpfad von Bad Tölz, der Interessantes und Kurioses aus der Vergangenheit erläutert, wie den Salzhandel und die Flößerei. Noch vielfältiger ist freilich das Angebot der Läden in der denkmalgeschützten ► ***Marktstraße***, die Gabriel von Seidl vor über 100 Jahren so ansprechend umgestaltet hat. Durch die bunt bemalten Häuserzeilen geht es hinauf bis zur ► ***Passage am alten Rathaus Nr. 43***, dann durch die Gewölbe hinunter bis zur Straße, über den Fußgängerweg, ► ***kurz rechts*** und dann gleich wieder ► ***links die Stufen hinauf***, bis uns ein ► ***Torbogen zum „Aufgang Kalvarienberg“*** willkommen heißt. Weitere Stufen klettern empor, die in eine geteerte Lin-

Lebensgroße Figuren erzählen auf dem Kalvarienberg vom Leidensweg Christi.

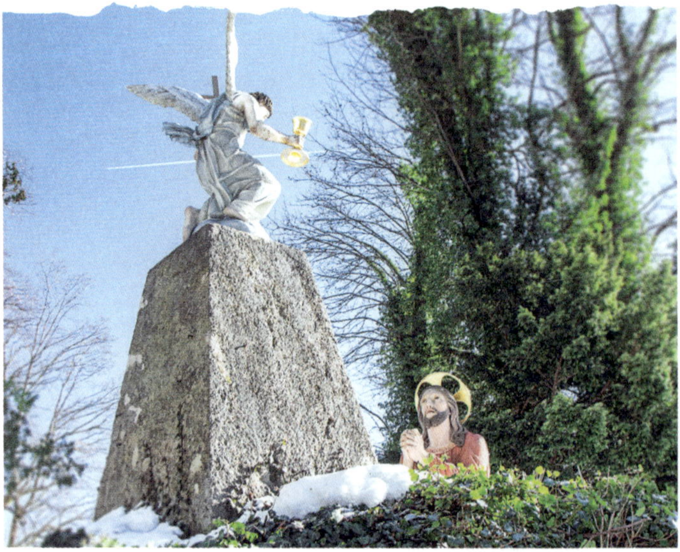

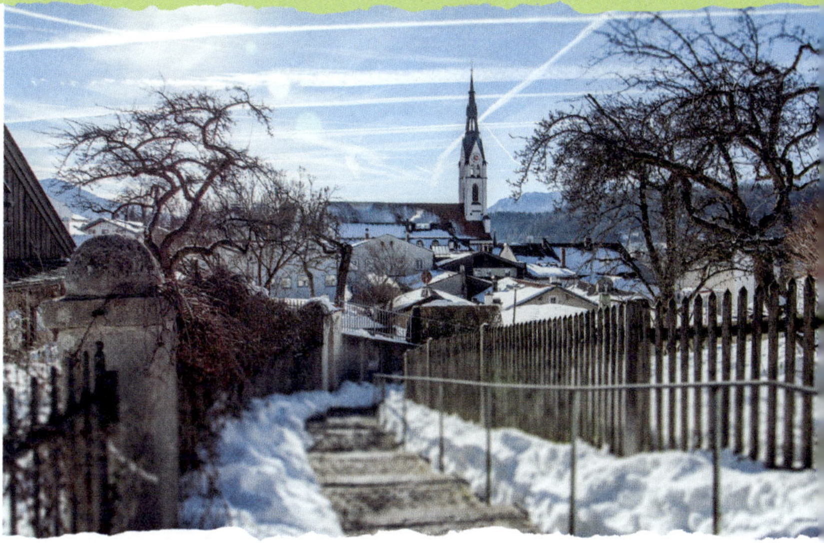

Auch im Winter beeindruckt diese Runde mit malerischen Ansichten von Bad Tölz.

denallee entlang des ▶ *Kreuzweges* übergehen. Die kleinen, zum Weg gehörigen Kapellen auf der Rechten, bewundernswerte Aussichten auf die Stadt zur Linken, erreichen wir den ▶ *Kalvarienberg* mit seinem barocken Ensemble aus Heilig-Kreuz-Doppelkirche und Leonhardskapelle. Beide Gotteshäuser stammen aus dem 18. Jahrhundert und lohnen – wie Bad Tölz selbst – mit ihren vielen Besonderheiten mehr als einen Besuch **Geschichte S. 75**.

Wir machen uns nun auf in ▶ *Richtung Westen*, wieder hinunter zum Fuß der „Galgenleite", bis uns das ▶ *Schild rechts den „Faistweg" nach Ellbach* weist. Der schmale Trampelpfad schlängelt sich im Frühling munter durch ein Meer aus Leberblümchen und Buschwindröschen durch die Bäume. Auf diesem Weg erreichen wir den ▶ *Tölzer Waldfriedhof* – ein wundervoller Ort der Ruhe, der mit seinem alten Baumbestand und seiner hübschen Anlage allemal einen beschaulichen Rundgang wert ist.

An seiner Ostseite queren wir die ▶ *Staatsstraße* und tauchen abermals in dichten Wald ein. Ein kleiner ▶ *Kiesweg führt uns einen moderaten Anstieg hinauf* an den nördlichsten Häusern von Bad Tölz entlang. Darunter ist auch, gleich zu Beginn im Hintergrund, das ehemalige Sommerhaus des Schriftstellers Thomas Mann zu sehen, das – äußerlich kaum verändert – heute ein Erholungsheim des Ordens der Armen Schulschwestern beherbergt.

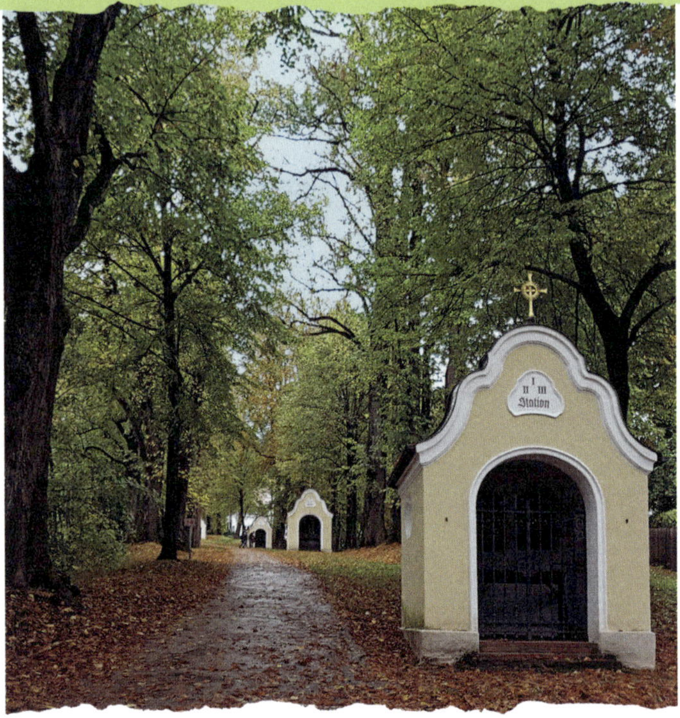

Unter alten Linden lädt der Tölzer Kreuzweg zur Besinnung ein.

Nach einer kurzen, ebenen Strecke steigt der Weg ein letztes Mal an, wendet sich nach links und endet nach einer Dreiviertelstunde an der ► ***Straße in Ellbach***. Unsere Schritte führen uns ► ***links in nördlicher Richtung*** wieder zurück zum Parkplatz und zu einem letzten schönen Ausblick weit in die Berge des Karwendel.

Das Tutli-Pfeiferl

Die Sage von der Isarnixe

ab 8 Jahren

Reißend und gefährlich bahnte sich die Isar früher ihren Lauf durch das Oberland, als es weder das Walchenseekraftwerk noch den Sylvensteinsee gab. Insbesondere die Flößer bekamen diese Naturgewalt hautnah zu spüren und zahlreiche von ihnen verloren bei der kühnen Arbeit ihr Leben. In den alten Geschichten und Sagen nahmen die Gefahren der Isar sogar menschliche Gestalt an:

Über 500 Jahre ist es her, als sich der Bayernherzog Albert IV. mit Kunigunde, der Schwester des späteren Kaisers Maximilian I., vermählte und dazu im Jahre 1487 auf die Burg in Grünwald einlud. Spielleute und Gaukler reisten an, um die Hochzeitsgesellschaft mit ihren Künsten zu erfreuen. Darunter war ein junger Musikus, der es meisterhaft verstand, seiner Sackpfeife die schönsten Melodien zu entlocken und sogar verschiedene Tier- und Vogelstimmen trefflich nachzuahmen.

Die Kunde von seinem Können machte alsbald die Runde und unter seinen vielen Zuhörern fand sich ein schönes Edelfräulein, das dem Spielmann sehr wohl gefiel und nicht mehr von seiner Seite weichen wollte.

Doch als der Herzog einmal mit seinem Gefolge einen Ausflug zum Jagdschloss Grünwald unternahm, nutzte die Schöne die Gelegenheit und traf sich mit ihrem Musikus allein.

Da wollte es das Edelfräulein genau wissen: „Dass du mich begehrst, seh ich wohl. Aber ob du auch den Mut hast, für mich dein Leben zu wagen?“

„Keine Frage!“, rief er Spielmann aus und forderte sie mit glühenden Worten auf, ihm die Gelegenheit zu geben, ihr seine Liebe zu beweisen.

Da riss sich die junge Frau in unbedachtem Übermut ihr Geschmeide vom Hals und warf es in die Isar. Ohne zu zögern, sprang der Spielmann hinterher, um in den wilden Fluten nach der Kette zu tauchen.

Doch so schnell, wie das Geschmeide in den reißenden Wassern verschwunden war, so geschah es auch dem jungen Mann. Von beiden ward nie wieder etwas gesehen.

Das Edelfräulein aber verschwand drei Tage später ebenso spurlos. Nur ein seltsamer Lockruf soll seither an der Isar zu hören sein und von jener tragischen Begebenheit erzählen: Mit ihrem schmeichelnden „Tutli-i-i-i“ versucht das gespenstische Edelfräulein, neue Opfer zu finden.

Vor allem in den Wochen des Spätsommers geisterte es als Isarnixe an den Schilfufern des Flusses entlang und stellte den

Flößern nach, die sie mit Vorliebe mit ihrem durchdringenden Gesang betört. Diese wussten jedoch um die große Gefahr und wappneten sich. Betend und mit allerhand geweihten Gegenständen ausgestattet erwehrten sie sich des bösen Fluches, um nicht – wie so manch andere aus ihrer Zunft – in der Isar ein nasses Grab zu finden.

Einem jungen Flößer aus Lenggries soll das „Tutli-Pfeiferl" gar in Gestalt seiner hübschen Braut begegnet sein. Doch konnte er den bösen Zauber noch rechtzeitig durchschauen und sich vor den Fängen der Isarnixe retten.

Kindersegen und Büchsenmacher

Die Neugeborenen vom Blomberg

ab 8 Jahren

Wenn im Isarwinkel ein Baby geboren wird, haben die Freunde der jungen Familie alle Hände voll zu tun. Soll doch bald ein aus Holz gesägter Storch samt auf einer Leine flatternder Kinderwäsche am Hauseingang allen Dorf- oder Stadtbewohnern von dem freudigen Ereignis künden.

Hat ein Mädchen das Licht der Welt erblickt, muss im Vorfeld der Geburt auch noch fleißig gesammelt werden: leere Konservendosen nämlich, die dann in langer Reihe durch die Straßen zum entsprechenden Haus führen. Ursprünglich war in den Büchsen eine kleine Spende der Nachbarn verborgen, die der Kindsvater einsammeln sollte. Denn nach altem Brauch musste er später als Brautvater die Hochzeit des erwachsenen Mädchens zahlen – und dafür konnte man gar nicht früh genug das Sparen anfangen.

Heute hat sich nur noch die äußere Tradition erhalten. „Zum Büchsenmacher" heißt es dann meist augenzwinkernd auf einem gebastelten Schild – was bei ahnungslosen Urlaubern schon zu so manchem Missverständnis geführt hat. Denn mit der „Büchse" ist kein Gewehr gemeint, es ist vielmehr eine ziemlich abschätzige Bezeichnung für ein Mädchen. Zum Ausgleich gab es in manchen Orten die Tradition, bei der Geburt eines Buben abgerissene Kleidungsstücke aufzuhängen – für den neugeborenen, kleinen „Lumpen". Die Oberbayern haben nun mal einen eher robusten Humor ...

Welchen Geschlechts der neue Erdenbürger auch immer war, die Mär vom kinderbringenden Storch jedenfalls hat im Isarwinkel früher keiner erzählt. Vielmehr hieß es, die Kinder habe die Isar angeschwommen oder auch sie würden „vom Blomberg herabgeholt". Der Hintergrund dieser Redensart liegt weit zurück:

Im Dreißigjährigen Krieg zogen die Schweden brandschatzend und mordend durch die Gegend und die kaiserlichen Truppen wüteten oft kaum weniger schlimm. Während ihre Männer im Krieg fochten, versteckten sich die schutzlosen Frauen, insbesondere die schwangeren, bei Angriffen auf dem Blomberg, manchmal sogar wochenlang. Kamen sie schließlich heim, hatten sie ihre Kinder dort oben zur Welt und eben vom Blomberg mit heruntergebracht.

Salz und Bier, Flößerei und Kurbetrieb

Höhepunkte aus der Geschichte von Tölz

ab 6 Jahren

Allerlei Sagenhaftes lässt sich auch über den exponierten Tölzer Kalvarienberg erzählen. Manchen Vermutungen zufolge war die Anhöhe ursprünglich ein heidnischer Kultplatz rund um einen heiligen Baum. Ab dem Mittelalter wurde der frühere „Höhenberg" zur Hinrichtungsstätte, wo die zum Tod am Galgen Verurteilten ihren letzten Gang antraten, während er heute als Sehenswürdigkeit Einheimische und Besucher anzieht – insbesondere an Ostern und am 6. November, zur bekannten Tölzer Leonhardifahrt.

Die beiden Gotteshäuser des Kalvarienbergs laden gleichermaßen zur Wallfahrt ein. Die Kreuzkirche beherbergt sogar drei Gebetsstätten, darunter auch die Heilige Stiege, deren 28 Stufen die Gläubigen vor allem an den österlichen Kartagen auf Knien hochbeten. Die Leonhardikapelle daneben wurde von Überlebenden der Sendlinger Bauernschlacht von 1705 erbaut und gibt mit ihren zahlreichen Votivtafeln ein anschauliches Zeugnis früheren Lebens und Glaubens im Isarwinkel.

Seit dem Beginn des 18. Jahrhunderts hat hier oben ein richtiges Kalvarienberg-Ensemble seinen Platz gefunden: Eine monumentale Kreuzigungsgruppe ragt auf dem Golgathahügel auf. Darunter liegt die Kerkerkapelle, eine dunkle Grotte, und daneben der Brunnen des Sankt Leonhard, ursprünglich als Befreier der Gefangenen verehrt. Durch eine irrtümliche Deutung der ihm symbolisch meist beigegeben Kette ist er seit Langem auch als Schutzpatron des Viehs, insbesondere der Pferde, in ganz Altbayern hochangesehen. Über die kleinen Kreuzwegkapellen neben der Kreuzigungsgruppe breiten prachtvolle alte Linden schützend ihr Blätterdach, das bis hinunter zum Ölberg mit einer lebensgroßen Jesusfigur reicht.

Der Blick nach Süden in die Berge und ins Isartal erzählt in Kürze Wesentliches aus der Vergangenheit der Stadt: von der ungebändigten Kraft des Gletscherwassers, das sich hier vor über 10.000 Jahren seinen Weg gebahnt hat. Vom Salzhandel, der die Stadt geprägt und bereichert hat. Vom Ellbach, der Tölz von Nord nach Süd durchquert, früher ganzjährig viele Schmieden, Sägen und Mühlen angetrieben hat und genau zu Füßen des Kalvarienbergs in die Isar plätschert. Von der Flößerei, die bis zum Ende des 19. Jahrhunderts zu den schnellsten und ergiebigsten Transportmitteln der damaligen Zeit gehörte. Sogar bis ans Schwarze Meer konnte man über die Donau mit den Gefährten aus verbundenen Holzstämmen reisen. Mit weit über 3.000 Flößen im Jahr belieferten die Tölzer die Münchner mit begehrter Ware aus Italien und dem Isarwinkel, nämlich mit Holz, Truhen und Schränken, dazu mit hektoliterweise Bier (Tölz hatte bisweilen über 20 Brauereien) und auch Wildbret – das allerdings nicht immer den legalen Weg aus den Isarwinkler Wäldern genommen hatte.

Schließlich erzählt der westlich der Isar liegende Teil der Stadt auch von der Zeit als Kurort, als Tölz Ende des 19. Jahrhunderts durch die Entdeckung der schwefelhaltigen Jodquellen das Prädikat „Bad“ verliehen bekam und von da an als Heilort in aller Welt bekannt wurde.

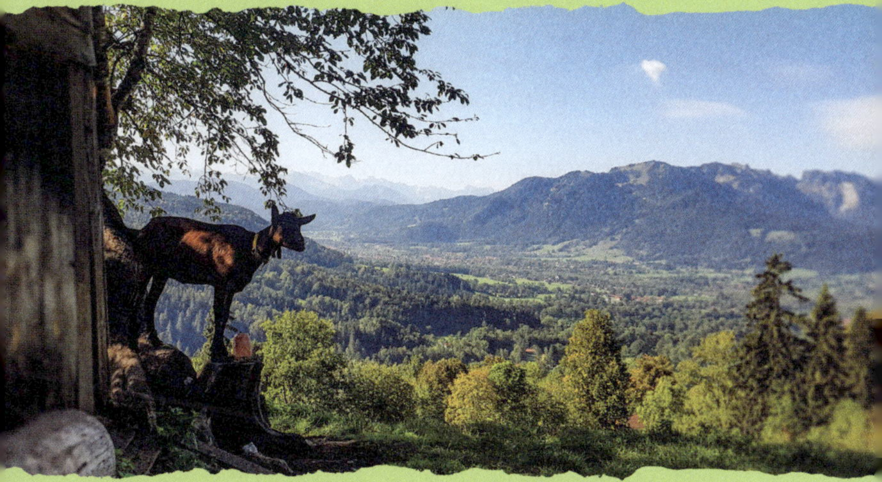

Sonntratn-Tour

07

Viele Glocken, Gräser und ein Gipfel

2:00 h Gehzeit
5 km Länge
370 hm mittel

Der kleine Bergtrip mit großer Aussicht: die Sonntratn bei Gaißach

Er gehört eigentlich zu den viel begangenen kleinen Bergtouren im Isarwinkel: der Weg auf die Sonntratn, die mit geografischem Namen Schürfenkopf heißt. Für manchen Einheimischen ist er gar eine schnelle Morgen- oder Abendrunde zum Entspannen. Und doch gibt es auf ihm so vieles zu entdecken und zu erleben, dass er für mich unbedingt in diese kleine märchenhafte Sammlung malerischer Wanderungen im bayerischen Oberland gehört. Nicht zuletzt, weil die Tour – sofern es keinen Schnee hat – wirklich bei jeder Jahreszeit wunderschöne Ausblicke bietet. Und wer die Chance hat, sie unter der Woche einzuplanen, der kann den Gipfel oftmals ungeteilt genießen.

Bei der überschaubaren Runde reicht uns das 3-Stunden-Ticket am ▸ *Parkplatz in Grundern*. In ▸ *östlicher Richtung führt links von der Straße weg ein Forstweg* über leuchtende Wiesen und sanft hinan.

Kurz nach der Scheune folgen wir ▶ ***links dem Sonntratnsteig***, der mit ▶ ***grünen Schildern*** ausgewiesen ist. Ab hier gilt: Ohren auf! Denn nach wenigen Metern gluckert rechts von uns ein kleines Bächlein und erzählt munter seine vielen Geschichten. Die Baumwipfel darüber beherbergen unzählige Vogelarten, die sogar noch im Spätherbst fröhlich vor sich hin zwitschern.

Sehr bald steigt der Forstweg steil an und lässt uns durch einige der zahlreichen Viehgatter schlüpfen. An einer markanten, dicken Linde biegen wir ▶ ***auf einen Fußweg rechts ab*** – und folgen natürlich der Bitte, auf diesem Privatgrund stets auf dem Steig zu bleiben, um die Wiesenhänge zu beiden Seiten nicht unnötig zu strapazieren. Die Gemeinde Gaißach hat den Weg vor einigen Jahren hervorragend ausgebessert, sodass er inzwischen auch nach Regen gut zu begehen ist.

Der Steig windet sich ▶ ***nach Norden*** zwischen stacheligen Brombeerbüschen den Hang hinauf und schenkt uns erste Blicke über die Heckenlandschaft des weitläufigen Dorfes Gaißach im Süden von Bad Tölz. Ein Drehkreuz schickt uns nach kurzer Strecke über knorriges Wurzelwerk und unter ausladenden Ästen ▶ ***nach Westen*** und weiter nach oben. Hier erwartet uns einer der prächtigsten Aussichtspunkte: Im Süden erstrecken sich vor uns die wie am Reißbrett gezogenen Laubbaum-Reihen von Gaißach, dahinter liegen die puppigen Häuser von Lenggries und schließlich das raue Karwendel mit seinen blassgrauen Bergspitzen. Und nördlich erhaschen wir schon einen ersten weiten Blick nach Bad Tölz und ins Hinterland.

Sanft zieht sich der ▶ ***Weg nun durch Almwiesen hinauf***, die gerade im späten Frühling ein Meer aus pastellfarbenen Tönen sind: Arnika, Hahnenfuß, Flockenblumen, Wicken, Schaumkraut, Rot- und Hornklee, Johannis- und Leimkraut, Schlangenknöterich, Spitzwegerich, Kuckucks-Lichtnelken, sogar wilde Narzissen und so viele mehr. Es ist eine wahre Pracht, wie man sie auf den Nutzwiesen im Tal kaum noch findet! Und mit etwas Glück gaukelt dazwischen ein leuchtender Schwalbenschwanz von Blüte zu Blüte.

Wir kommen schließlich zu einem kleinen ▶ ***Nadelwald, den wir auf einem weichen, federnden Pfad durchqueren***. Oben geht es noch einmal geradewegs einen steilen Stich hinauf, einige wenige Kehren sind zu schaffen und schließlich haben wir die ▶ ***Anhöhe***

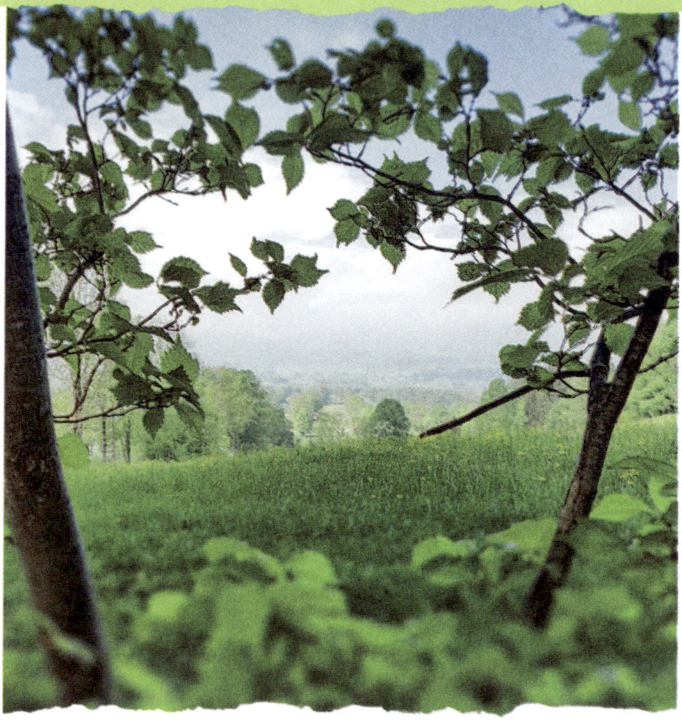

Bei zwielichtigem Wetter wechseln die unterschiedlichsten Stimmungen von einem Moment auf den anderen.

der Sonntratn erreicht und können uns auf der kleinen Holzbank oder auf dem umliegenden Grün niederlassen. Das Brauneck, die Achselköpfe und die Benediktenwand ragen mächtig vor uns auf. Dahinter blickt man bis zum Juifen auf der Südostseite, zur Zugspitze im Westen und zum Starnberger See im Nordwesten. Zuweilen kann man auch einem Gleitschirmflieger beim Starten zuschauen.

Nicht nur für flugfreudige Sportler ist es am Berg sinnvoll, stets das Wetter im Auge zu behalten. Der Blick auf die Wettervorhersage und am Berg selbst in den Himmel lohnen sich immer. Gerade im Sommer lässt sich der Niedergang eines Gewitters nur schwer vorhersagen und dem will niemand ungeschützt in Berghängen ausgesetzt sein. Die rohe Gewalt eines solchen Naturschauspiels hat die Menschen früherer Zeiten dazu veranlasst, überirdische Ursachen für diese kaum zu begreifenden Kräfte zu finden, nämlich Wetterhexen, die mit ihren Besen durch die dunklen Wolken „donnern“ und Verderben mit sich bringen sollten. Diese Vorstellung

Sonntratn

2:00 h Gehzeit | 5 km Länge | 370 hm | mittel

Ausgangspunkt in 83674 Gaißach/Grundern:

Parkplatz Sonntratn

Weg:

Ganzjährig möglich, wenn schnee- und eisfrei, überwiegend sonnig, grüne Schilder zum „Sonntratnsteig", ansonsten unbeschildert

Besonderheiten:

- Blühende Wildkirschen
- blumenreiche Almwiesen
- Brombeerhecken
- mächtiger Lindenbaum
- Apfelanbau
- Ausblick in den Isarwinkel und ins Karwendel

Einkehr:

- Draxl-Alm, Untermberg 15, Gaißach (10 min Fußweg extra): www.draxl-alm.de
- Bauernhofcafé „Zum Hansbaur", Steinbach 3, Lenggries (ca. 35 min Fußweg extra): www.hofeinkauf.de/einträge-bauernhofcafès/bauernhofcafè-zum-hansbaur-lenggries/
- Landgasthof Zachschuster, Lenggrieser Straße 48, Gaißach-Untergries (mit Auto erreichbar): www.zachschuster.de
- Gasthaus zur Mühle, Sonnwiesstraße 1, Gaißach (mit Auto erreichbar): www.muehle-gaissach.de

Zuganfahrt:

BOB nach Gaißach, Fußweg nach Grundern (ca. 45 min), Bahnhofstraße nach Süden, dann links Steinet, dann rechts in Untermbergstraße

Variationen:

Beim Abstieg gibt es mehrere Möglichkeiten, die alle zum Parkplatz zurückführen. Vom Gipfel aus kann man in nördlicher Richtung weiter zur Schwaigeralm und zum Rechelkopf wandern. Zur Draxl-Alm und zum Bauernhofcafé führt in der Ebene ein Forstweg weiter.

Tourist-Info:

Bahnhofstraße 8
83674 Gaißach
Tel.: 08041-804710
E-Mail: info@gaissach.de
www.gaissach.de

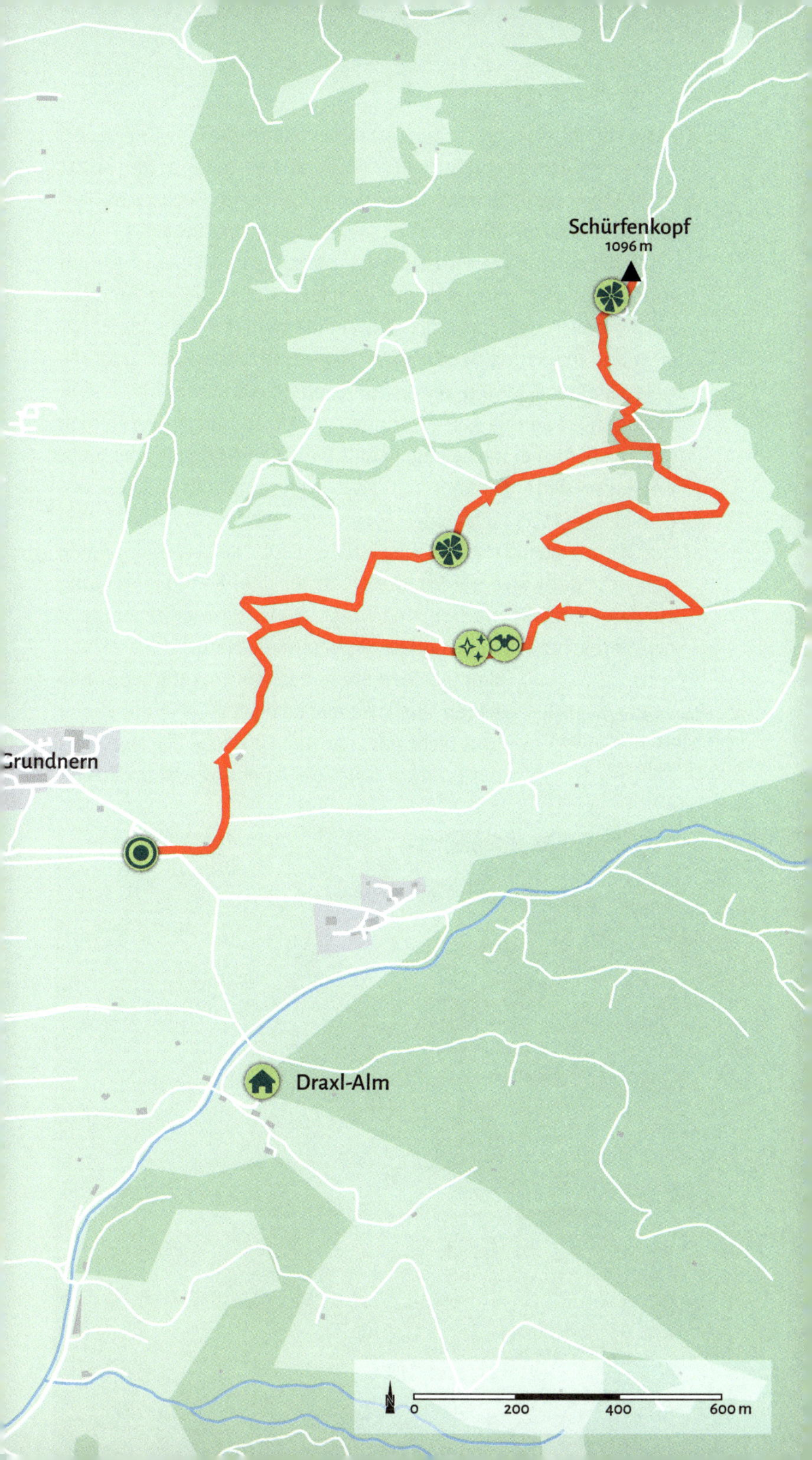

Schürfenkopf
1096 m
rundnern
Draxl-Alm
0
200
400
600 m

hatte die kuriosesten Folgen, man versuchte z.B. mit Gebet und strengem Glockengeläut gegen sie vorzugehen, ja, es gab sogar eigene Kanonen, mit denen man in die dräuenden Gewitterwolken schoss, in der Hoffnung, eine der Hexen herunterzuholen.

Bei schönem Wetter ist die Sonntratn ein beschauliches und stimmungsvolles Plätzchen, an dem eher sanfte Klänge zu hören sind, nämlich das gemütliche Kirchenläuten von Gaißach, Lenggries und manchmal sogar von Arzbach und Schlegldorf. Oder die vielen kleinen Glocken der Almtiere, die den Sommer hier in den würzigen Kräuterhängen verbringen. Und keine Angst – wenn man sich an ein paar einfache Regeln hält, ist das Durchqueren der Viehweiden auf den sogenannten „Tratten" völlig gefahrlos (s. Tipps zum Durchqueren von Viehweiden, S. 107).

Wer zur Abendzeit den Weg auf den Gipfel gefunden hat, sollte sich trotz der Kürze der Strecke spätestens bei Sonnenuntergang auf den Heimweg machen, denn das Licht verschwindet gerade in den Herbst- und Wintermonaten sehr schnell. Natürlich kann man den gleichen Steig, den wir herauf genommen haben, auch wieder absteigen. Viel interessanter und nicht ganz so steil ist der ▶ ***Sonntratnweg auf östlicher Seite***, der allerdings kaum ausge-

An jeder Wegbiegung laden neue hübsche Fleckchen zum Verweilen ein.

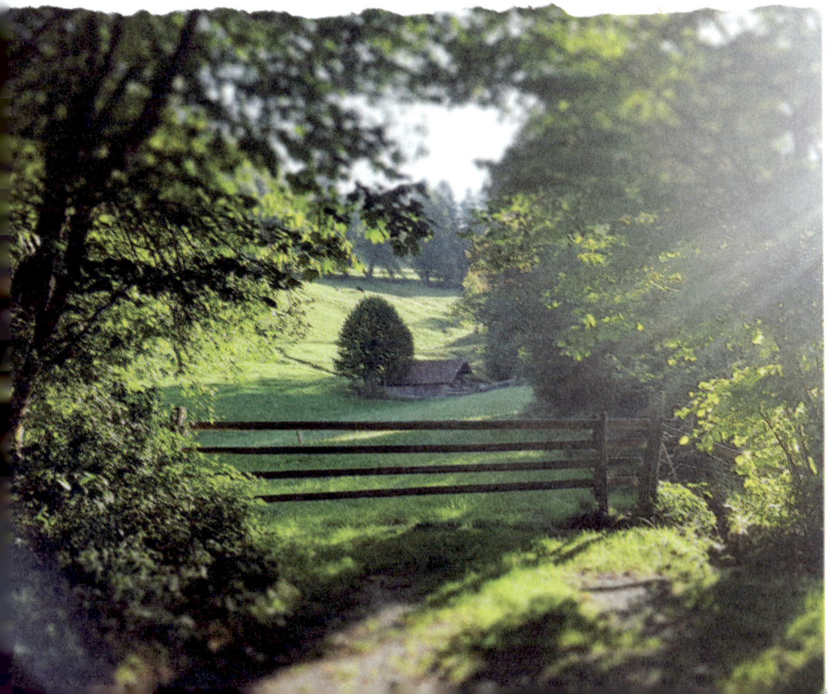

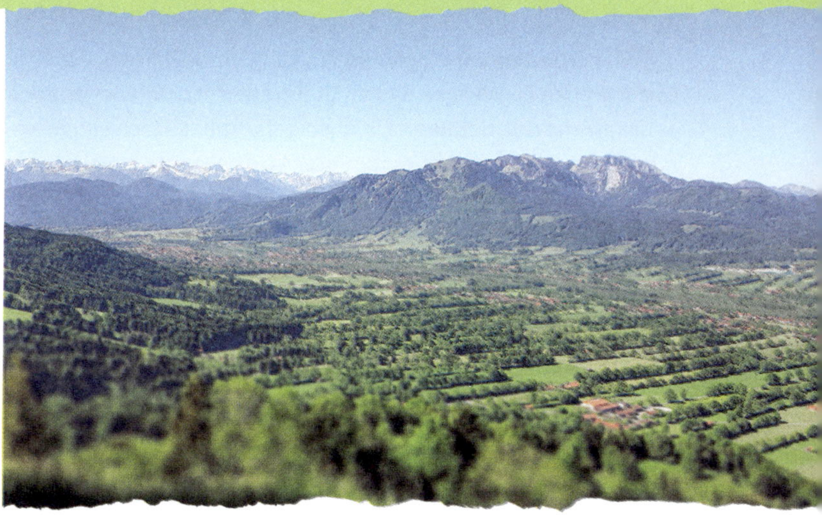

Wie auf dem Reißbrett gezogen: die denkmalgeschützte Heckenlandschaft im Tal

schildert und deshalb nur jenen zu empfehlen ist, die einen recht guten Orientierungssinn haben: Zuerst geht es wieder den ▸ *gleichen Weg hinunter*, das kleine Waldstück verlassen wir jedoch diesmal nicht nach rechts, sondern folgen einem ▸ *kleinen Pfad nach links*, bis wir unter den letzten Bäumen auf einen ▸ *Forstweg* treffen. Er führt uns ▸ *in großen Kehren erst nach Osten, dann nach Westen*.

Feines Bimmeln mischt sich unter das allgegenwärtige Geläut der Jungrinder und wir treffen auf ein paar Ziegen, die sich vor schönster Aussicht das frische Blattwerk der Südhänge schmecken lassen. Weiter unten stoßen wir auf einen ▸ *kiesigen Forstweg und biegen hier rechts ab*. Nach kurzer Zeit wird der Weg wieder schmaler und führt zum zigsten Male durch ein kleines Viehgatter schließlich auf einen breiten Fußweg.

Und nun aufgepasst, will man nicht einen der außergewöhnlichsten Plätze unserer Tour übersehen: Direkt bei einem großen Holzstadl rechts steht wenige Meter vom Weg entfernt eine ▸ *hoch aufragende Linde*, die zum Verweilen einlädt. Denn ihr Stamm ist im unteren Bereich halbrund ausgehöhlt und schmiegt sich wie ein riesiger Ohrensessel um den rastenden Wanderer. Ein berauschender Kraftplatz, zu dem die Geschichte vom „Zauberknopf" wie angegossen passt und der einen mit enormer Energie auf den weiteren Weg entlässt! **Geschichte S. 84**.

Bald erreichen wir eine Wiese, folgen dem ▸ ***Fahrweg darauf in einem großen Bogen nach Westen*** und treffen hier wieder auf den ▸ ***Sonntratnsteig***, der uns nach oben geführt hat. Noch einige wenige hundert Meter geht es hinunter. Das bekannte plätschernde Bächlein nimmt uns in Empfang und kurz darauf sind wir zurück am Ausgangspunkt. Wer mit wachen Augen die letzten Meter zum Auto schlendert, wird links die Apfelbäumchen nicht übersehen, die in Reih und Glied am Wegesrand stehen. Ab September gibt es ihre prachtvollen roten Früchte in Gaißach zu kaufen und die sind allemal einen Stopp bei der Heimfahrt wert.

Der Zauberknopf

Frei nach einer Geschichte von Heinrich Spoerl

ab 4 Jahren

Da war einmal ein junger Bursch, der war bis über beide Ohren verliebt. Darum hatte er sich mit seinem Mädel am Sonntag verabredet. Beim Zwölfuhrläuten unter der Linde vor dem Dorf. Doch weil er so verliebt war, konnte er es gar nicht erwarten und war viel zu früh da. Die Kirchturmuhr zeigte erst halb zwölf und so legte er sich unter die Linde und starrte ungeduldig in den Himmel.

Dabei sah er weder den blauen Himmel noch die hellgrünen Blätter des Baumes. Er spürte nicht die warme Sonne auf der Haut, nicht den Wind, der durch seine Haare fuhr. Und er hörte auch nicht die Bienen summen und die Vögel singen. Nein, er konnte es kaum erwarten, seine Liebste zu sehen, und deshalb sah und hörte er nichts anderes: Wenn sie doch schon da wäre!

Da blinzelte ihm auf einmal jemand zu. Eine kleine Elfe flog aus dem Baum zu ihm herab. Der junge Mann staunte nicht schlecht.

Die kleine Elfe aber sprach zu ihm: „Ach, mein Lieber, ich weiß, was dir fehlt! Du kannst es gar nicht mehr erwarten, dass deine Liebste kommt, gell?"

Der junge Mann nickte überrascht.

Da zog die Elfe einen kleinen Zauberstab aus ihrem Kleid und sagte: „Ich kann dir helfen. Schau her!"

Sie berührte mit ihrem Zauberstab einen Knopf auf der Jacke des Burschen, der daraufhin golden aufleuchtete. „Das ist jetzt ein Zauberknopf", sagte die Elfe. „Wenn du ihn nach rechts drehst, dann kannst du die Zeit vorwärts drehen!"

„Wirklich?", fragte der junge Mann erstaunt.

„Ja", antwortete die Elfe. „So musst du nicht mehr länger warten, sondern kannst die Zeit verkürzen, damit deine Liebste endlich kommt! – Aber eines noch: Verwende ihn klug, den Zauberknopf! Und jetzt: Lebe wohl!" Und schon war die Elfe in den Blättern der Linde verschwunden.

Der junge Mann aber nahm aufgeregt den Zauberknopf in die Finger. Ob er es gleich ausprobieren sollte? Und dann drehte er den Knopf ganz vorsichtig nach rechts.

Schon sah er seine Liebste den Hügel zur Linde hinaufkommen. Welche Freude! Ach, und wie schön sie war! Wenn sie beide doch bald heiraten könnten!

Und schon drehte der junge Mann den Knopf ein klein wenig weiter ... Tatsächlich, es funktionierte: Im gleichen Moment stand er mit seiner Liebsten vor dem Traualtar! Sie küssten sich – und er wünschte sich die Hochzeitsnacht herbei ...

So drehte er und drehte an seinem Zauberknopf, dass die Zeit nur noch so an ihm vorbei sprang: Hochzeitsfest, das erste Kind, das zweite, ein größerer Stall für den Bauernhof, noch ein neuer Stadel, die Kinder kamen zur Schule ...

Die bezauberndsten Schönheiten liegen oft unbeachtet am Wegesrand ...

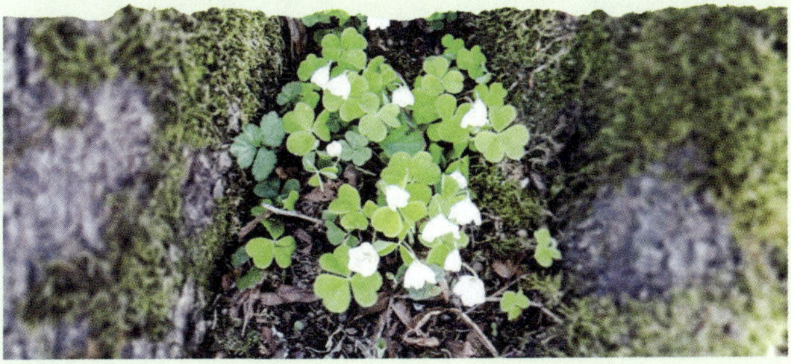

Der junge Mann drehte und drehte, dass es ihm eine Freude war. Schließlich waren die Kinder schon groß, hatten geheiratet und selbst schon Kinder.

Der Bursche drehte immer noch den Zauberknopf – und bis er sich versah, lag er alt und krank auf dem Sterbebett.

Wo war die Zeit nur geblieben? Wo waren all die schönen Jahre hin? Gerade noch hatte er sie an sich vorbeispringen sehen! Was würde er jetzt dafür geben, nur noch ein paar schöne Tage erleben zu dürfen! Wenn er die Zeit doch nur zurückdrehen könnte … nur ein Kleinbisschen!

Da kam ihm eine Idee: Was, wenn er den Zauberknopf in die andere Richtung drehte?

So nahm er mit zitternden Händen den Knopf und drehte ihn nach links …

Und wachte plötzlich auf und lag immer noch unter der Linde vor dem Dorf. Er war eingeschlafen und hatte alles nur geträumt! Denn gerade läuteten die Glocken 12 Uhr und seine Liebste kam ihm aus dem Dorf heraus entgegen.

Da war der Bursch glücklich und froh. Sein Leben war noch gar nicht am Ende, sondern lag noch vor ihm! Nun wollte er die Zeit gar nicht mehr voran drehen. Nein, vielmehr genoss er von nun an jeden Augenblick. Und auf einmal sah er den blauen Himmel und die grünen Blätter über sich. Auf einmal spürte er die Sonne auf der Haut und den Wind in den Haaren. Er hörte die Bienen summen und die Vögel singen. Ja, von diesem Moment an genoss er jede Sekunde seines Lebens, als ob es die letzte wäre.

Die Nase in die Sonne halten und einfach genießen!

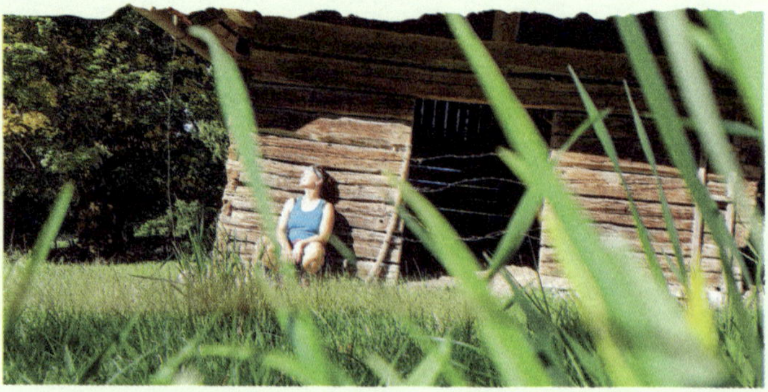

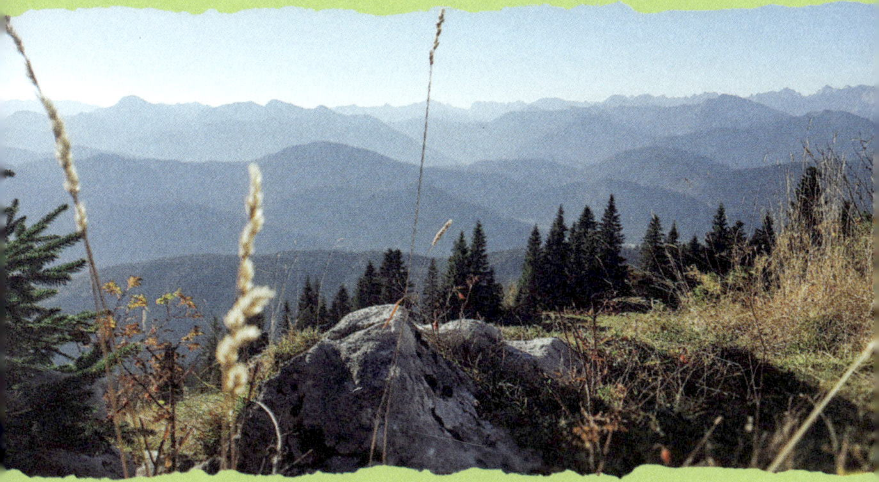

Brauneckrunde mit Höhenweg 08

Gleich drei Wege zum Glück

3 Varianten – die Schwerste: 5:40 h Gehzeit

14,6 km Länge

1.060 hm schwer

Hat in seiner Vielfalt für jeden etwas zu bieten: das Brauneck

An Bergen mit Gondelbetrieb scheiden sich oft die Geister der Bergfreunde. Wo früher einsame Almer die Blumen- und Kräuterwiesen bewirtschafteten, bringt die moderne Technik heute Menschen massenweise auf die Gipfel. Auch am Brauneck bei Lenggries ziehen an sonnigen Wochenenden regelrechte Karawanen über die Hänge, die im Winter von Ski- und Snowboardfahrern bevölkert werden. Und trotzdem: Wer es geschickt anstellt, kann zu allen Jahreszeiten die Vorteile eines solch gut erschlossenen Berges für sich nutzen, insbesondere auch mit Freunden oder kleineren Familienmitgliedern, die körperlich nicht in der Lage wären, so große Höhen zu erreichen. Schließlich wartet das Brauneck mit einem traumhaften Blick ins Karwendel auf, nämlich von der Zugspitze bis hinunter zum Großglockner und Großvenediger. Bei guter Sicht lohnt es sich auch, hinauf nach Norden bis nach München zu schauen und nach den Türmen der Frauenkirche oder dem Olympiaturm zu spähen.

Deshalb kommt auch der viel frequentierte Höhenweg auf dem Brauneck in unsere Sammlung der sehenswerten Wanderungen im Oberland: Er bietet gleich drei ganz unterschiedliche Varianten, ihn zu begehen. Ist man sehr früh dran oder hat vielleicht gleich am Berg übernachtet, dann kann man die Bergesstille sogar noch wie einer der damaligen Almer erleben.

Variante 1, leicht:

Der Höhenweg im Winter – eine Schneewanderung

Zwar wird man an schönen Wochenendtagen im Winter auch um acht Uhr morgens hier nicht mehr alleine sein, doch lohnt sich das frühe Aufstehen. Zu späterer Stunde muss man an der Gondel durchaus mal ein Stünderl anstehen, um nach 20-minütiger Fahrt den aussichtsreichen Spaziergang auf etwa 1400 Metern Höhe starten und die Nase in die kräftige Bergsonne recken zu können. ▸ ***Vom Panorama-Restaurant an der Bergstation der Gondel führt ein relativ flacher, geräumter Wanderweg nach Südwesten hinüber zur Tölzer Hütte.*** Da auch manchmal Skifahrer diese Wege nutzen, empfiehlt sich immer ein Blick nach links und rechts, um unfallfrei ans Ziel zu gelangen. Insgesamt ist diese Strecke aber gut zu gehen und beschenkt einen mit malerischer Fernsicht ins Isartal und in die Alpen. Wer möchte, kann am Rand der Piste auch noch hinüber zur Strasser Alm oder zur Stie-Alm wandern und dort einkehren.

Der ▸ ***Rückweg ist im Winter der gleiche***, da alle anderen Wege verschneit oder den Skifahrern vorbehalten sind.

Variante 2, mittel:

Der große Höhenweg (mit Übernachtung möglich)

Ist der Berg komplett schneefrei, lässt sich eine hübsche Runde um die kleinen Gipfel des Braunecks bis hin zum Latschenkopf drehen. Eine gewisse Schwindelfreiheit und Trittsicherheit sind von Vorteil, weil es manchmal nah an abfallenden Steilhängen vorbeigeht und kurze felsige Steigabschnitte dabei sind.

Die ▸ ***Ausschilderung mit gelben Tafeln*** ist nicht immer einheitlich. So hilft es, der ▸ ***Richtung Benediktenwand*** zu folgen. Am besten startet man möglichst früh an der ▸ ***Bergstation der Gondel***, hinauf

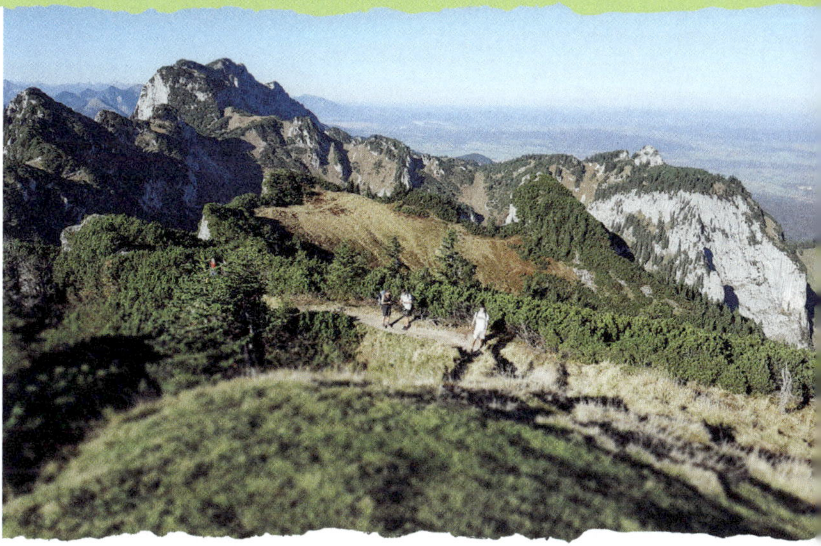

zum Gipfel des Braunecks, und wandert von dort am Startplatz der Gleitschirmflieger vorbei in ▶ *Richtung Südwesten*. Der Weg schlängelt sich immer wieder durch die Wiesen des Grates, steigt mehrere Male kurz steinig auf und nieder, um danach wieder gemächlich über die Grashänge abzufallen. Rechts und links neben dem Pfad kann man dabei buchstäblich sein blaues Wunder erleben: Mal säumen Felder aus wildem, leider hochgiftigem Eisenhut den Weg, mal kleine, hutzelige Blaubeerbüsche, mal der leuchtend schöne Schwalbenwurz-Enzian. Nicht zu vergessen die kleinen Schusternagerl und die königlich glänzenden Silberdisteln, die sich allesamt freuen, wenn man sie stehen lässt – abgesehen von den Blaubeeren natürlich.

Vom Latschenkopf aus winkt auch schon die Benediktenwand herüber.

So wandert man gemütlich ▶ ***unterhalb des Schrödelsteins (1.548 m) entlang, übers Stangeneck (1.646 m) und am Vorderen Kirchstein (1.670 m) hinüber zum Latschenkopf***, der auf 1712 Meter eine sagenhafte Rundumsicht bietet. Sogar bis hinunter nach Benediktbeuern kann man schauen, von wo die weißen Türme des Klosters heraufwinken. Erhaben thront in südwestlicher Richtung die Benediktenwand, von den Einheimischen auch „Benewand" genannt. Ihre Begehung über die Achselköpfe ist deutlich anspruchsvoller, ihre ausgesetzten und klettrigen Stellen sorgen jedes Jahr für einige Unfälle – teilweise mit tödlichem Ausgang.

Brauneckrunde mit Höhenweg

3 Varianten – die Schwerste: 5:40 h Gehzeit | 14,6 km Länge | 1.060 hm | schwer

Ausgangspunkt in 83661 Lenggries:

Wanderparkplatz Draxlhang; bei Gondelfahrt: Brauneck Bergbahn, Gilgenhöfe 28

Weg:

Trittsicherheit bei der mittleren und schweren Tour erforderlich, überwiegend sonnig, gut, aber nicht immer einheitlich ausgeschildert

Besonderheiten:

- Ausblicke über Wetterstein und Karwendel und bis München
- zahlreiche Einkehr- und Übernachtungsmöglichkeiten
- Bergbahn

Einkehr:

- Stie-Alm: www.stie-alm.de
- Quenger-Alm: www.quengeralm-brauneck.de
- viele weitere bewirtschaftete Hütten auf dem Brauneck

Zuganfahrt:

Zug nach Lenggries, Bus 9595 nach „Mühle, Jachenau", Ausstieg „Wegscheid" bzw. „Kotalm, Lenggries" – oder für Gondelfahrt: „Brauneckbahn, Lenggries"

Variationen:

Siehe unsere Tour-Varianten und schier unzählige weitere Möglichkeiten in alle Himmelsrichtungen

Tipps:

- Alter Ortskern von Lenggries mit Geschäften
- Familienbad Isarwelle, Goethestraße 22a, Lenggries: www.lenggries.de/familienbad-isarwelle-1
- Heimatmuseum, Rathausplatz 2, Lenggries: www.lenggries.de/heimatmuseum
- Hochseilgarten Isarwinkel mit Flying Fox, nordwestlich der Brauneck-Bergbahn: www.hochseilgarten-isarwinkel.de

Tipps:

Rathausplatz 2
83661 Lenggries
Tel.: 08042-5008800
E-Mail: info@lenggries.de
www.lenggries.de

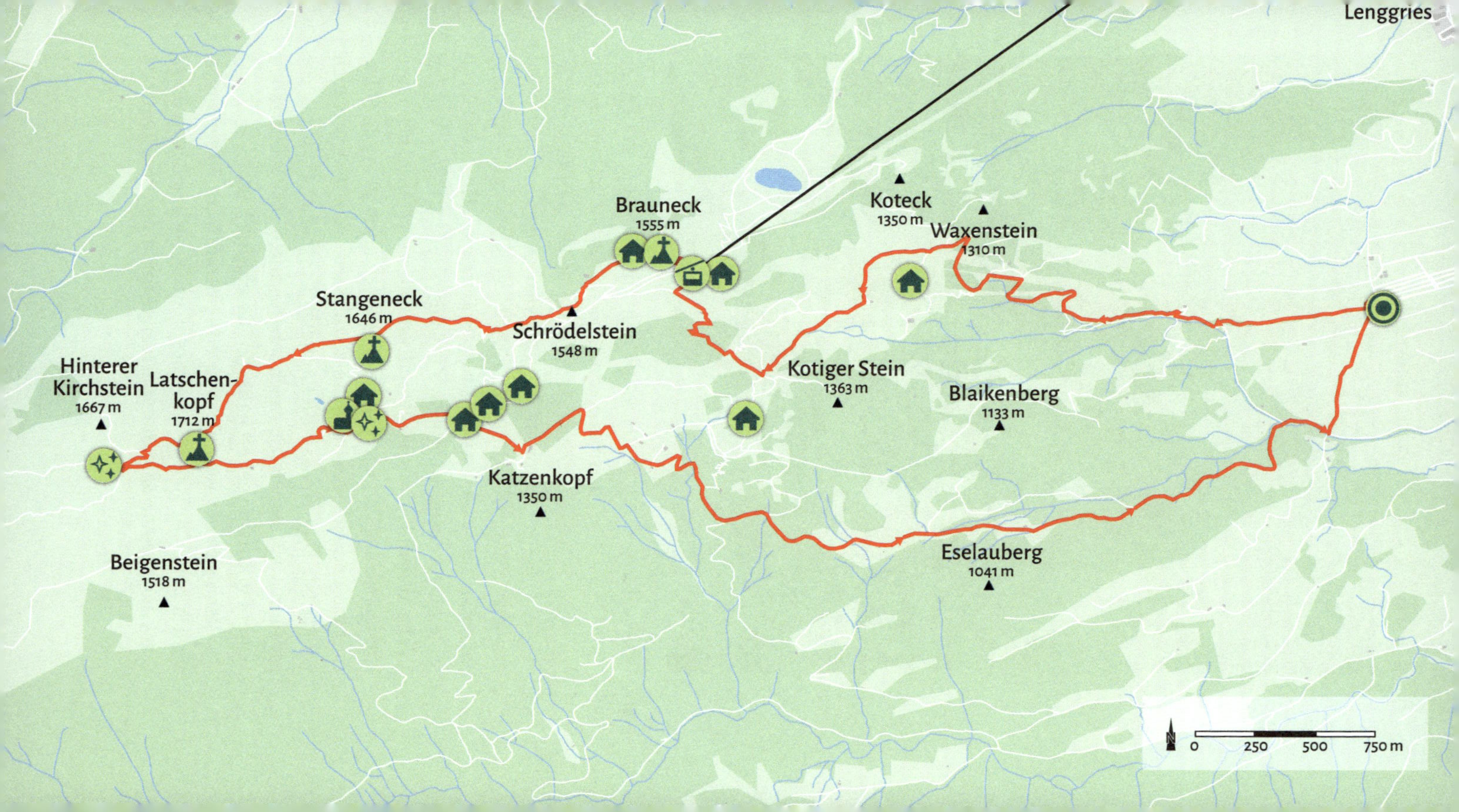
Lenggries
Brauneck
1555 m
Koteck
1350 m
Waxenstein
1310 m
Stangeneck
1646 m
Schrödelstein
1548 m
Hinterer
Kirchstein
1667 m
Latschen-
kopf
1712 m
Kotiger Stein
1363 m
Blaikenberg
1133 m
Katzenkopf
1350 m
Eselauberg
1041 m
Beigenstein
1518 m
0
250
500
750 m

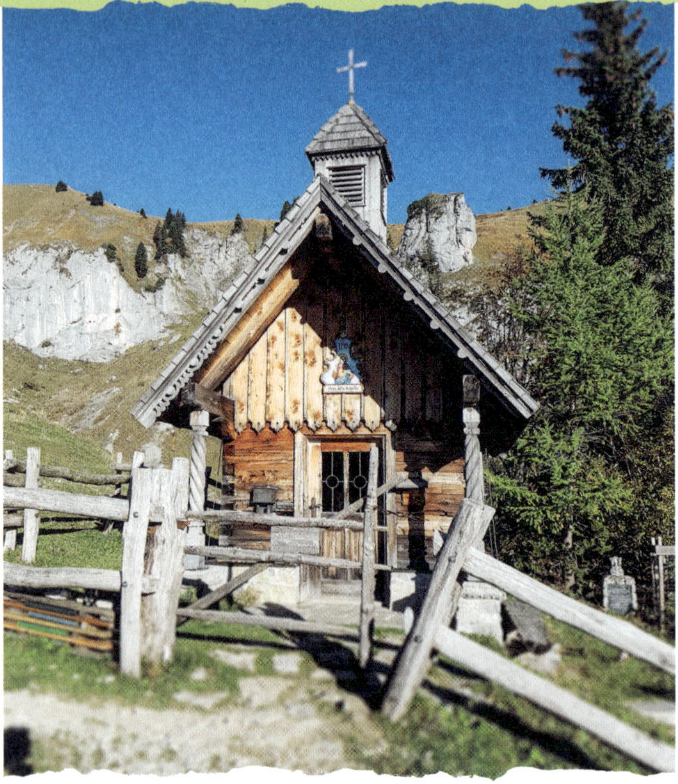

Lädt zur inneren Einkehr ein: die Kapelle bei der Stie-Alm

Wir wollen den Anspruch und die Runde diesmal noch kleiner halten und folgen deshalb der Beschilderung zur Benediktenwand nur bis zur ▸ ***großen Wegkreuzung***, an der sich der Pfad in alle vier Himmelsrichtungen aufteilt. Übrigens lädt kurz zuvor ein natürlicher Durchschlupf zwischen Felsen und Latschen ein, all seine Sorgen beim Hindurchgehen abzustreifen. Früher wurden solche Wegstellen als Heil- und Kraftplätze verehrt; bis heute können sie dazu anregen, die eigenen Gedanken genauer zu betrachten und alle Kümmernisse loszulassen. Hier lässt sich auch wunderbar eine amüsant-tiefgründige Geschichte erzählen, die ich einmal von dem in Österreich sehr bekannten Märchenerzähler Helmut Wittmann gehört habe **Geschichte S. 95**.

Wenn sich der Weg nun vierteilt – westlich zur Tölzer Hütte, südlich zu den Achselköpfen –, biegen wir ▸ ***nach links in Richtung Osten zur Stie-Alm ab***. Munter schlängelt sich der Pfad zwischen

Latschen, Felsen und Steinen hinüber zum Idealhang. Wir folgen ▶ ***der breiten Piste auf der rechten Seite*** hinunter zur letzten mit Kühen bewirtschafteten ▶ ***Sennerei des Braunecks***, auf der auch noch Käse hergestellt wird. Auf den anderen Almen weidet im Sommer nur Jungvieh, das noch nicht gemolken werden muss.

Vom Leben auf einer der früheren Almen und dem harten, aber glückbringenden Alltag als Sennerin weiß auch eine schöne Sage aus dem Lenggrieser Tal zu berichten. Im Einklang mit der Natur zu leben, war für die damaligen Menschen eine wichtige Grundregel. Und wer die guten Geister des Berges und die Tiere dort zu schätzen wusste, dem war auch das Glück der Berge hold. So zumindest erzählt es die Geschichte vom „Schlangenkönig aus Lenggries“ **Geschichte S. 97**.

Heute bietet die Stie-Alm auf dem Brauneck Besuchern ein vielfältiges Erlebnis mit ihrer kleinen Kapelle, dem Kräutergarten, dem Kneipp-Bad ... und natürlich selbstgemachten Produkten wie Käse, Schinken und Schnaps. Man kann hier griabig pausieren oder folgt dem Weg gleich weiter bis zu den kleineren Berghütten der Strasser oder Quenger Alm und, einen kurzen Anstieg hinauf, zur ▶ ***Tölzer Hütte***. Von hier ist es schließlich nicht mehr weit bis zur ▶ ***Bergstation des Braunecks***, wo es mit dem Panorama-Restaurant und dem Brauneckgipfelhaus natürlich noch einmal zünftige Einkehrmöglichkeiten gibt.

Übrigens lässt sich diese Tour auch herrlich mit einer Übernachtung am Berg kombinieren.

Hohe Berge, hoher Genuss, das ist mal eine echt tolle Aussicht!

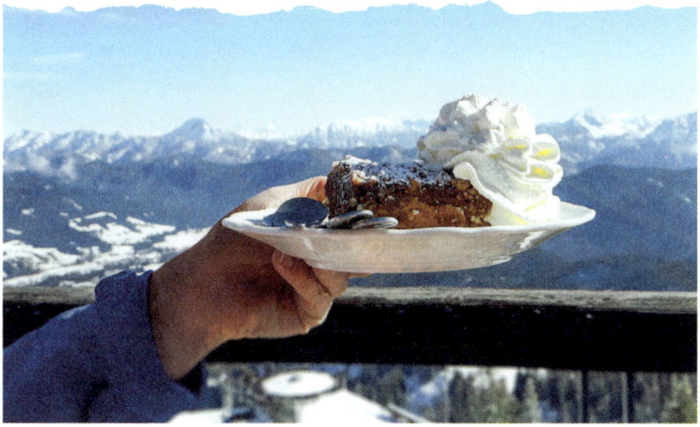

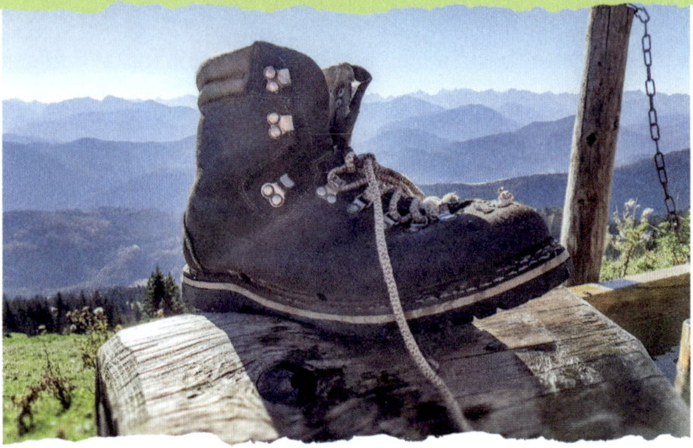

Auf Schusters Rappen oder mit der Seilbahn hinauf: das Brauneck bietet zahlreiche Möglichkeiten.

Je nach Ankunftszeit kann man den Höhenweg dann noch am gleichen Tag bis zur Berghütte gehen oder startet morgens nach dem ersten Kaffee. Unterkunft findet man z.B. im Brauneckgipfelhaus, auf der Quenger Alm, Stie-Alm und Strasser Alm (Reservierung unbedingt erforderlich). Das Besondere ist vor allem die Ruhe, die sich bei Sonnenuntergang über die nun großteils verlassenen Berghänge breitet, das Alpenglühen am Abend, das Läuten der Kuhglocken … paradiesisch mutet auch das Frühstück beim ersten Tageslicht an und mit ihm die Einfachheit des Lebens auf dem Berg und die Erhabenheit der Natur.

Sicherheitshalber sei erwähnt, dass es natürlich auch zahlreiche Gruppen gibt, die eine Übernachtung am Berg mit einer ausgiebigen Feier am Vorabend verbinden. Dann ist es mit der Stille nicht immer ganz so weit her.

Variante 3, schwer:

Bergwanderung von Lenggries aus mit Höhenweg

Wer den Höhenweg erweitern möchte, hat verschiedene Gelegenheiten dazu, die hier beschrieben oder kurz erwähnt sein sollen. Für welchen Weg man sich auch entscheidet – sie sind allesamt gut ausgeschildert:

1) Aufstieg aufs Brauneck von Wegscheid aus über die Kotalm, Rückweg gleich dem Hinweg oder über den „Seufzer“ möglich; diese Tour ist auf unserer Karte verzeichnet: Wir parken das Auto am ▸ ***Draxl-Stüberl*** und wählen den ▸ ***Kiesweg links am Haus vorbei***

in Richtung Westen. Langsam steigt der Weg an und biegt auf eine Forststraße, die uns am Milchhäusl vorbei rauf zur ▸ ***Kotalm*** bringt. Dort schicken uns die Schilder über die grünen Hänge der eigentlichen Skipiste hinauf bis zur ▸ ***Bergstation der Gondel***.

Von hier aus schließt sich der oben beschriebene ▸ ***Höhenweg*** an, den wir auf dem Rückweg bei der ▸ ***Strasser Alm*** verlassen und der Straße bergabwärts folgen. Der sogenannte ▸ ***„Seufzer“*** bringt uns als Forstweg mal steil, mal sanft auslaufend hinunter ins Tal. Wenn wir auf einen zweiten Forstweg stoßen, biegen wir ▸ ***rechts ab, um weiterhin nach Osten zu gehen***. Sobald der Wald sich lichtet und ▸ ***links ein Wiesenweg abzweigt***, wandern wir hier zwischen satten Weiden nach Norden weiter, zurück zu unserem Parkplatz am Draxl-Stüberl.

2) Aufstieg aufs Brauneck von der Talstation, Abstieg über den gleichen Weg oder per Fahrt mit der Gondel.

3) Noch weiter angelegte Bergtour über die Achselköpfe zur Benediktenwand (Trittsicherheit und Schwindelfreiheit erforderlich), Rückweg gleich dem Hinweg oder über den Westgrat hinunter zur Tölzer Hütte und auf der Nordseite wieder zurück zum Brauneck.

Der Wunschbaum

Von der Macht der Gedanken

ab 6 Jahren

War's einmal oder war's keinmal. Und wär's nicht so gewesen, dann könnte man es nicht so erzählen.

Da wanderte ein Mann auf einen Berg. Heiß war es und er kam bei der Hitze gehörig ins Schwitzen. Doch der Mann kletterte trotzdem immer höher, bis er schließlich den Gipfel erreichte. Herrlich war die Aussicht dort. Weit konnte man ins Land und in die zerklüftete Bergwelt sehen. Hier oben aber brannte die Sonne noch unbarmherziger auf den Wandersmann nieder. Da erblickte er einen Baum, der über ein paar Felsen aufragte, und ließ sich in dessen Schatten nieder. Ahhhh, das tat gut!

Was der Mann jedoch nicht wusste, war, dass dieser Baum ein besonderer Baum war, ein Wunschbaum. Jeder Wunsch, den man sich hier dachte, ging unter seinen Zweigen in Erfüllung.

Nun, als der Mann dort oben saß und den Blick in die Weite genoss, da merkte er auf einmal, dass er gehörigen Hunger hatte. „Hm, etwas zu Essen wäre jetzt halt recht", dachte er bei sich.

Brrrrrinnnnnngggg machte es und schon stand ein großer Tisch mit besten Köstlichkeiten vor ihm. Dem Mann gingen die Augen über, so viele Leckereien standen dort für ihn bereit. „Ja, das ist ja sagenhaft", dachte er sich. „Aber das schönste Essen ist nur halb so schmackhaft, wenn man es allein genießen muss. Wenn doch nur meine Liebste dabei wäre!"

Brrrrrinnnnnngggg machte es zum zweiten Male und schon stand seine Liebste vor ihm. Na, war das ein Halsen und ein Küssen. Die beiden setzten sich erfreut an den Tisch und labten sich an dessen Speisen und Getränken. So heiter war's, dass sie gar nicht merkten, wie die Sonne unterging. Erst als die ersten Sterne am Himmel erschienen, wurden sie der Dunkelheit gewahr. „Tja, so eine schöne Nacht", dachte sich der Mann. „Wenn wir nur ein Bett hier hätten, dann könnten wir sie unterm Sternenzelt verbringen!"

Brrrrrinnnnnngggg machte es zum dritten Male und schon stand ein kuscheliges Bett vor ihnen, voller weichster Daunen. Da legten sie sich hinein und genossen die Wonnen der Liebe, dass es gar nicht zu Ende gehen sollte …

Schließlich lagen sie Arm in Arm unter dem funkelnden Nachthimmel, gar selig und zufrie-

Kleine Kunstwerke der Natur …

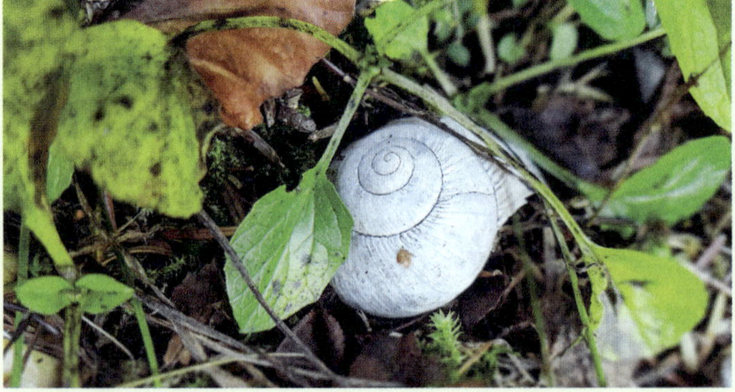

den, als den Mann ein seltsamer Gedanke überkam: „Was aber nur, wenn jetzt ein Ungeheuer käme und uns verschluckte ..."

Hier endet die Geschichte – glücklicherweise – und jedem sei es selbst überlassen, wie sie wohl weitergehen möge. In jedem Fall aber sei sie eine kleine Erinnerung daran, dass wir gut auf unsere Gedanken achtgeben, unsere Sorgen nicht mit uns herumtragen, sondern sie frohgemut ablegen und uns ganz dem Augenblick hingeben.

Das krönende Glück der kleinen Natter

Vom Schlangenkönig von Lenggries

ab 4 Jahren

Vor langer Zeit lebte einmal eine Sennerin mit ihrer Tochter auf einer der Almen rund um Lenggries. Doch dieses Mädchen war anders als all die anderen Kinder. Denn es hatte alle Tiere gern. Nicht nur die flauschigen und kuschligen, wie Hund und Katze. Nein, auch die krabbligen und glitschigen, wie Spinne und Frosch. So wunderte es niemanden, als das Mädchen bald eine außergewöhnliche Freundin hatte: eine kleine Schlange.

Wenn das Kind morgens vor der Almhütte seine Milch aus einer Schüssel löffelte, dann dauerte es nicht lange und die kleine Natter kam, vom Klappern angelockt, zu ihr gekrochen. Das Mädchen lachte stets erfreut und stellte der Schlange die restliche Milch hin, die sie dankbar ausschlürfte. Ihrer Mutter war die Sache nicht ganz geheuer und sie wollte das seltsame Tier vertreiben. Doch das Mädchen beschützte ihre kleine Freundin.

„Dann wird die Schlange eben verschwinden, wenn wir im Herbst ins Tal ziehen", dachte sich die Mutter erleichtert.

Weit gefehlt. Als das Mädchen im Herbst auf der Hausbank des großen Bauernhofs ihr Schüsserl Milch leerte, wer kam da um die Hausecke: die kleine Natter. Erst wollte die Mutter sie nun endgültig verjagen, doch dann hielt sie inne und sann nach. Ihr fiel auf, dass sie kein Unglück mehr erfahren hatten, weder auf der Alm noch auf dem Hof, seit die Schlange bei ihnen war. Ob das ein Zufall sein konnte?

Die Jahre gingen ins Land. Das Mädchen wurde erwachsen und fand schließlich einen jungen Mann, den sie heiraten wollte.

Alles wurde geplant und vorbereitet, als die Braut ihrem Bräutigam auf einmal mit sorgenvoller Miene begegnete: „Hast du einen Augenblick Zeit für mich? Ich muss dir etwas sagen ..."

Verwundert setzte sich der Bursch zu ihr und hörte ihr noch ungläubiger zu, als sie erzählte: „Seit ich denken kann, wohnt eine kleine Schlange bei uns am Hof. Jeden Tag kommt sie morgens zu mir, wenn ich frühstücke. Und ich glaube, wenn ich Hochzeit feiere, dann wird sie wohl auch dabei sein wollen."

Da lachte ihr Liebster: „Nun, wenn du so einen ungewöhnlichen Gast bei deiner Hochzeit haben sollst, dann wird ihr ein Extrateller mit feiner Milch gewiss sein!" Wirklich geglaubt hat er allerdings nicht an ihre Prophezeiung.

Doch als die Feiernden beim Wirt zusammensaßen, da öffnete sich auf einmal die Türe einen Spalt und die kleine Natter schlängelte sich herein. Prachtvoll glänzte sie und hatte ein goldenes Krönlein auf dem Haupt.

Die Hochzeitsgäste schraken zurück und sahen erstaunt zu, wie die Natter erst auf den Stuhl und dann auf den Tisch der Braut kletterte und ihr die Goldkrone in den Teller fallen ließ.

„Von Herzen Dank, meine liebe Freundin! Für dich soll an unserem Hof immer ein Plätzchen sein", rief die junge Frau erfreut und ließ der Schlange einen Teller voller Milch servieren.

Zeitlebens aber hatten die Bauersleut viel Glück und Segen auf ihrem Hof und im Stall. So erzählte man es sich schon früher und so erzählt man es sich bis heute.

Almblumen freuen sich, wenn man sie stehen lässt: so wie die geschützte Silberdistel.

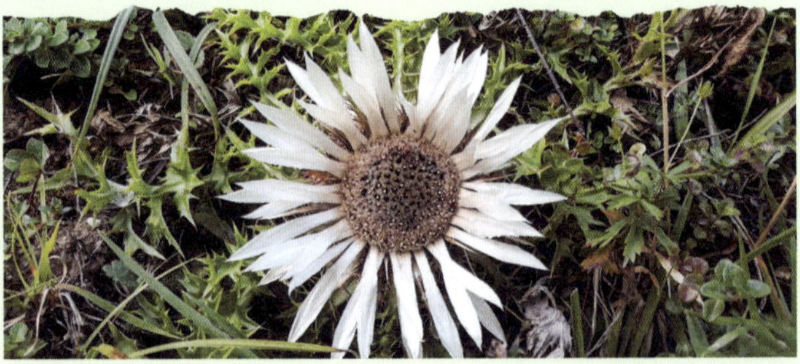

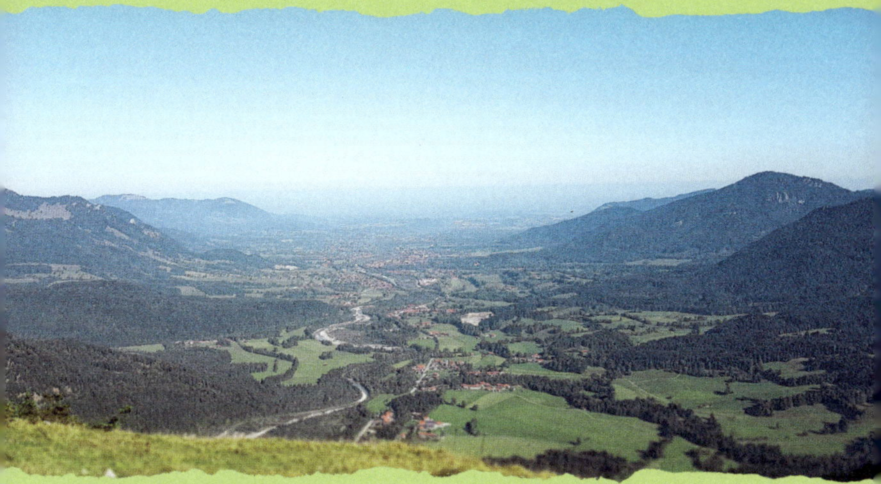

Hochalm

Goldene Hänge, goldene Gumpen und goldene Schätze

09

3:15 h Gehzeit
7,7 km Länge
660 hm schwer

Weit schweift der Blick von der Hochalm durch den Isarwinkel nach Norden.

Aus längst vergangenen Zeiten stammen die Überbleibsel der Hochalm, die bis heute auf dem ausladenden Gipfel des Schergenwieser Bergs nördlich vom Sylvensteinspeicher zu finden sind. Bis ins 16. Jahrhundert reichen die Aufzeichnungen zu beiden Gebäuden der Alm zurück, von denen heute nur noch verfallene Mauerreste künden. Umso geheimnisvoller erscheint vor dieser Kulisse die Sage von der Schönalm, wenn uns der verwunschen-schöne Weg am lichten Waldhang hinaufführt. Doch mehr davon, wenn wir den 1428 Meter hohen Berg tatsächlich erklommen haben. Nicht zuletzt wartet dann – freilich gut versteckt – auch ein sagenhafter Goldschatz auf uns …

Der Parkplatz, von dem aus wir unsere Tour starten, liegt ► ***ca. 4 km hinter der Dammbrücke des Sylvensteinspeichers*** (in östlicher Richtung nach Achensee) auf der linken Seite. Ein ► ***Wegweiser*** *gibt uns Schwarz auf Weiß, später Schwarz auf Gelb*, die Richtung vor und wir folgen einem Kiesweg in einen lichten Wald hinein. Nach ca. 15 Minuten queren wir die ▸ ***Brücke*** über einen gurgelnden Gebirgsbach, in dem sich das Wasser aus den umliegenden Berghängen sammelt und der für uns am Ende der Tour noch eine erfrischende Überraschung bereithalten wird.

Nun geht es aber zuerst einmal steil bergauf. Statt dem tief vom Regen ausgespülten Weg linkerhand zu folgen, biegen wir kurz nach der Brücke ▸ ***rechts in einen schmalen Pfad*** ein. Hier zeigt sich bereits, dass ein wenig Trittsicherheit und Schwindelfreiheit für diese Tour hilfreich sind. Zwar bleiben die Anforderungen moderat, doch fallen die Hänge neben den Wegen großteils steil ab.

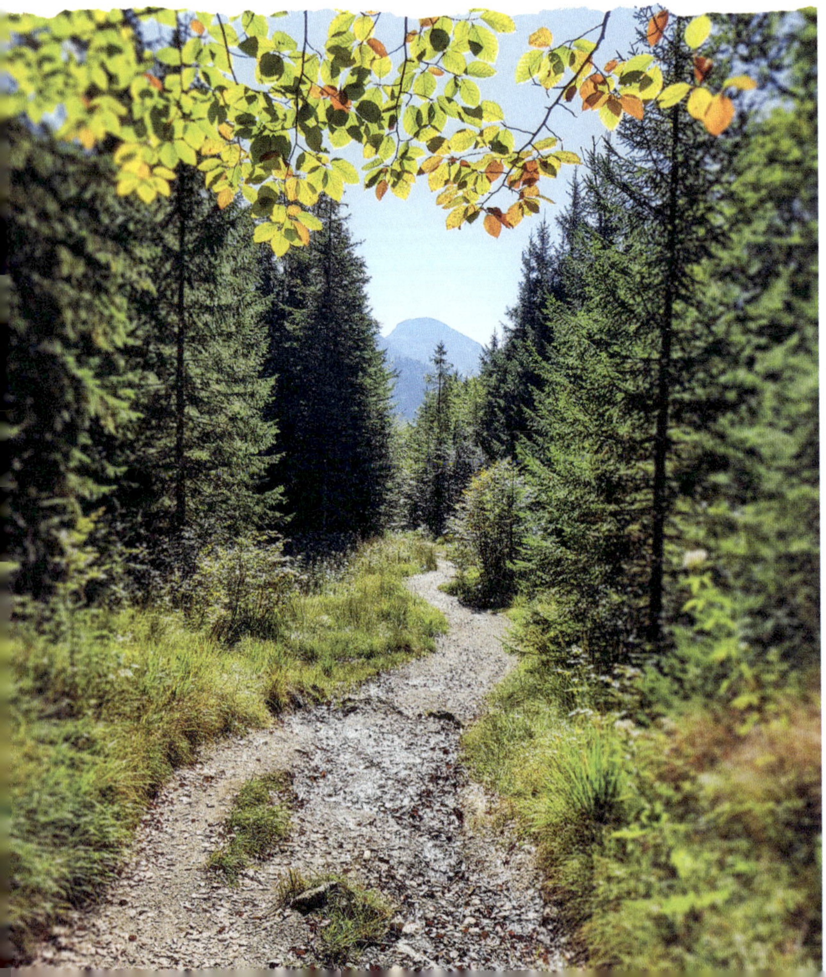

Die Wege wechseln munter durch dichte Wälder und lichte Hänge.

Wunderbar sind die wechselnden Wald- und Wiesenlandschaften, durch die uns unsere Bergwanderung führt: golden leuchtende Hänge, dunkler Forst, dann wieder sonnendurchfluteter Mischwald und schließlich grüne Almwiesen. Ebenso verschieden gestalten sich die Pfade. Mal sehr felsig, mal von Geröll unterbrochen, mal federnd weich, mal nass und glitschig. Eine knappe Stunde lassen wir uns von diesem faszinierenden Kulissenwechsel stetig nach oben lotsen, bis wir die ▸ ***Höllei-Alm*** erreichen, die ein bisschen versteckt Richtung Osten hinter buckligen Blumenwiesen liegt. Sie ist zwar Privateigentum und nicht bewirtschaftet, lädt aber auf ihrer Südseite zu einer kleinen Rast samt entspanntem Blick auf Juifen, Demmeljoch und Richtung Wettersteingebirge ein. Von den gegenüberliegenden Talseiten kann im Spätsommer auch einmal ein dunkles, grimmiges Grollen herüberwehen. Die Hirschbrunft ist hier noch zu hören und lässt einen beeindruckt erahnen, wie kraft- und machtvoll das Leben der Wildtiere in unzugänglichen Bergtälern noch sein kann.

Die Hälfte des Aufstiegs ist geschafft und so kann es gemütlich weitergehen. ▸ ***Richtung Norden*** schmiegt sich der Pfad an den Berghang des Brunstlahnerkopfs. Immer wieder lohnt es sich, kurz stehen zu bleiben, um die mit jedem Höhenmeter prächtiger werdende Aussicht zu genießen, die schließlich bis zur Zugspitze reicht. Sterndolden, wilde Akelei und zahlreiche andere Bergblumen säumen den schmalen Weg. Im Herbst leuchten die Laubbäume mit ihrem vergoldeten Blattwerk vor dem dunkelgrünen Nadelwald. Man kann sich kaum satt sehen an den vielen schönen Aus- und Anblicken. Dazu der würzige Duft der Bergwiesen, die von zahlreichen kleinen Wasserläufen durchzogen sind.

Nach etwa einer halben Stunde lockt uns schon die nächste ▸ ***Almwiese*** – und mit ihr ein neuer herrlicher Ausblick, nämlich nach Osten – zu einer kleinen Verschnaufpause. Ross- und Buchstein wirken zum Greifen nahe, der Guffert rahmt den Blick über das Weißachtal nach Süden ein. Hier treffen übrigens zwei weitere Routen hinauf zur Hochalm auf die unsere. Sie starten unten in Stuben an der B 307 Richtung Kreuth. Wer mit den öffentlichen Verkehrsmitteln anreisen möchte, kann die Tour von dort aus begehen; sie führt durch ähnliche Landschaften, ist aber ein klein wenig kürzer.

Eine malerische Almhütte liegt nun zu unseren Füßen, die ▸ *Mitterhütte*. An manchen Tagen werden Brotzeiten angeboten. Doch ist es ratsamer, ausreichend Essen und Getränke selbst im Gepäck zu haben, denn nun geht es den ▸ ***letzten Anstieg zur Hochalm*** hinauf. Knapp 30 Minuten klettert der Weg über Gestein und Wurzelwerk noch einmal gut 140 Höhenmeter weiter, bis sich vor uns ein ▸ ***weites Plateau*** erstreckt – und damit eine gigantische Rundumsicht. Wer um das Gipfelkreuz herumschreitet, kann seinen Blick vom Isarwinkel über das Brauneck hinüber bis ins Wettersteingebirge, zum Karwendel und weiter über die Tegernseer Berge tief ins Mangfallgebirge hinein schweifen lassen.

Ein Gipfel zum Aufatmen: 360 Grad freie Sicht ringsum

Ein sagenhaftes Panorama! Zu dem sich eine sagenhafte Geschichte gesellt, die an vielen Orten im Alpenraum erzählt wird, in unserem Fall

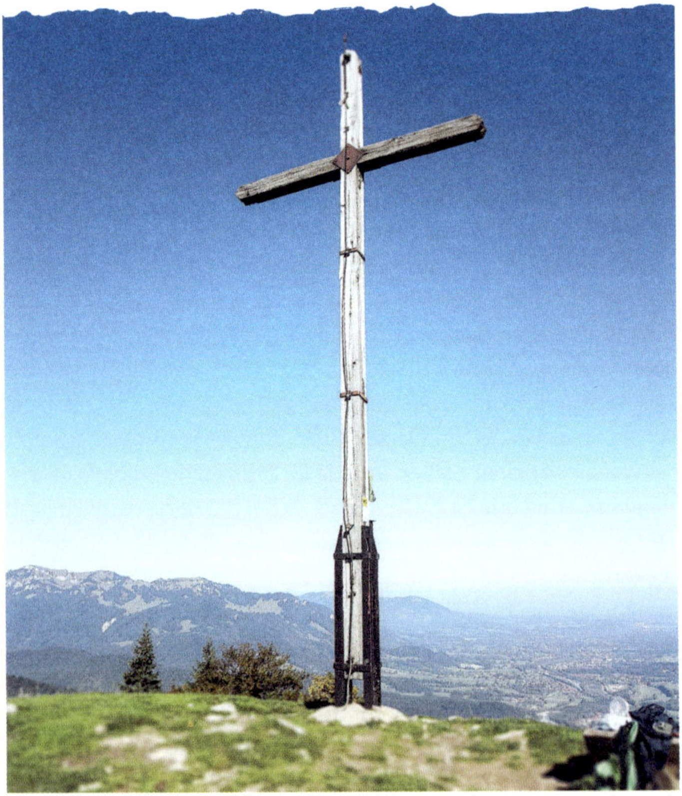

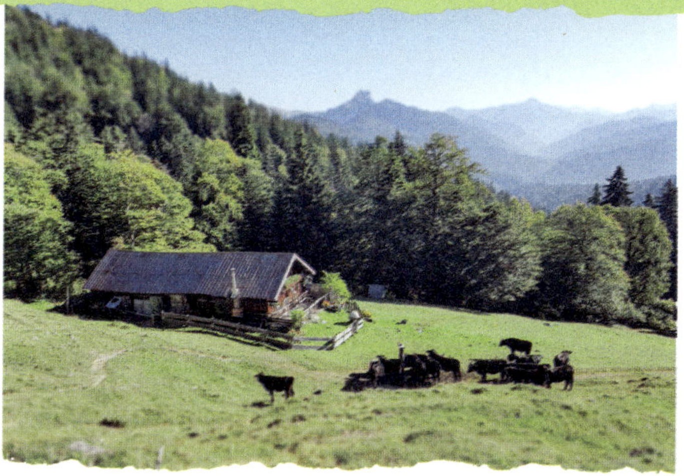

Wenn die Sennerin Zeit hat, gibt es sogar eine Brotzeit auf der Mitterhütte.

in Riß und in Lenggries: die Erzählung von der verschniebenen Alm. Einst die schönste im ganzen Oberland, wurde sie durch die Verschwendungssucht und Hartherzigkeit der Menschen einem eisigen Schicksal zugeführt **Geschichte S. 108**. Wie die meisten Erzählungen, die sich in verschiedenen Varianten in zahlreichen Regionen finden, will sie darauf aufmerksam machen, wie kostbar unser Lebensraum ist, wie herrlich die Schätze der Natur und wie wichtig Rücksicht und Freundlichkeit sind. Im Besonderen gilt das in den Bergen, wo inzwischen immer mehr Menschen mit ganz unterschiedlichen Bedürfnissen unterwegs sind: Wanderer, Bergsteiger, Mountainbiker, E-Biker, Trailfahrer, Gleitschirmflieger, usw. Da heißt es umso mehr, aufeinander Rücksicht zu nehmen, die Natur zu schonen und natürlich seine Essens- bzw. Verpackungsreste wieder mit nach unten zu tragen. Zum Brotzeitmachen gibt es hier nämlich ausgiebigst Gelegenheit! Selbst an Wochenenden, wenn sich das Gipfelplateau der Hochalm mit hinaufströmenden Besuchern füllt, ist immer noch ausreichend Platz für jeden. Glücklich, wer eine Isomatte im Gepäck hat. Dem stehen die schönsten Fleckchen zum Rasten zur Verfügung.

Wer schließlich satt ist – an Essen und Aussicht –, kann sich an den Abstieg machen, dem ▸ ***gleichen Weg ins Tal*** folgen und noch einmal das begeisternde Panorama in die verschiedenen Richtungen genießen. Westlich vom Weg liegt dabei der Gerstenrieder Kopf. Von ihm und der Höllei-Alm erzählt eine weitere Geschichte

Hochalm

3:15 h Gehzeit | 7,7 km Länge | 660 hm | schwer

Ausgangspunkt in 83661 Lenggries:

Sylvenstein 1, Kraftwerk am Sylvenstein, von dort 5,1 km nach Osten Richtung Achensee – Parkplatz in Fahrtrichtung links; alternativ bei Google Maps: B307 Parking, 6130 Schwaz, Österreich

Weg:

Ganzjährig möglich, wenn schneefrei, überwiegend sonnig, Trittsicherheit erforderlich, bei Regen nicht empfehlenswert, Beschilderung in Schwarz auf Weiß, später auf Gelb zur Hochalm

Besonderheiten:

- Sensationeller Rundblick auf dem Gipfel
- Badegumpen

Einkehr:

- Zur Almzeit im Sommer auf der Mitterhütte, aber nur, wenn Sennerin da ist
- vielfältige Gastronomie Lenggries oder Kreuth (mit dem Auto zu erreichen)

Zuganfahrt (s. auch Variationen):

BOB nach Tegernsee, Bus nach 9550 Pertisau „Karwendellift" (Österreich), Ausstieg „Stuben, Kreuth"

Variationen:

Die Umkehr ist jederzeit möglich. Wer mit den öffentlichen Verkehrsmitteln anreist, kann den etwas kürzeren Weg von Stuben (Gemeinde Kreuth) aus zur Hochalm gehen. Bei der Mitterhütte treffen sich die Wege.

Tipps:

- Baden im Sylvensteinsee, ein Speichersee und Erholungsgebiet an der B 307: www.sylvensteinsee.info/baden
- Sylvensteindamm mit kleinem Tunnel

Tourist-Infos:

Kreuth
Nördliche Hauptstraße 3
83708 Kreuth
Tel.: 08029-9979080
E-Mail: kreuth@tegernsee.com
www.tegernsee.com

Lenggries
Rathausplatz 2
83661 Lenggries
Tel.: 08042-5008800
E-Mail: info@lenggries.de
www.lenggries.de

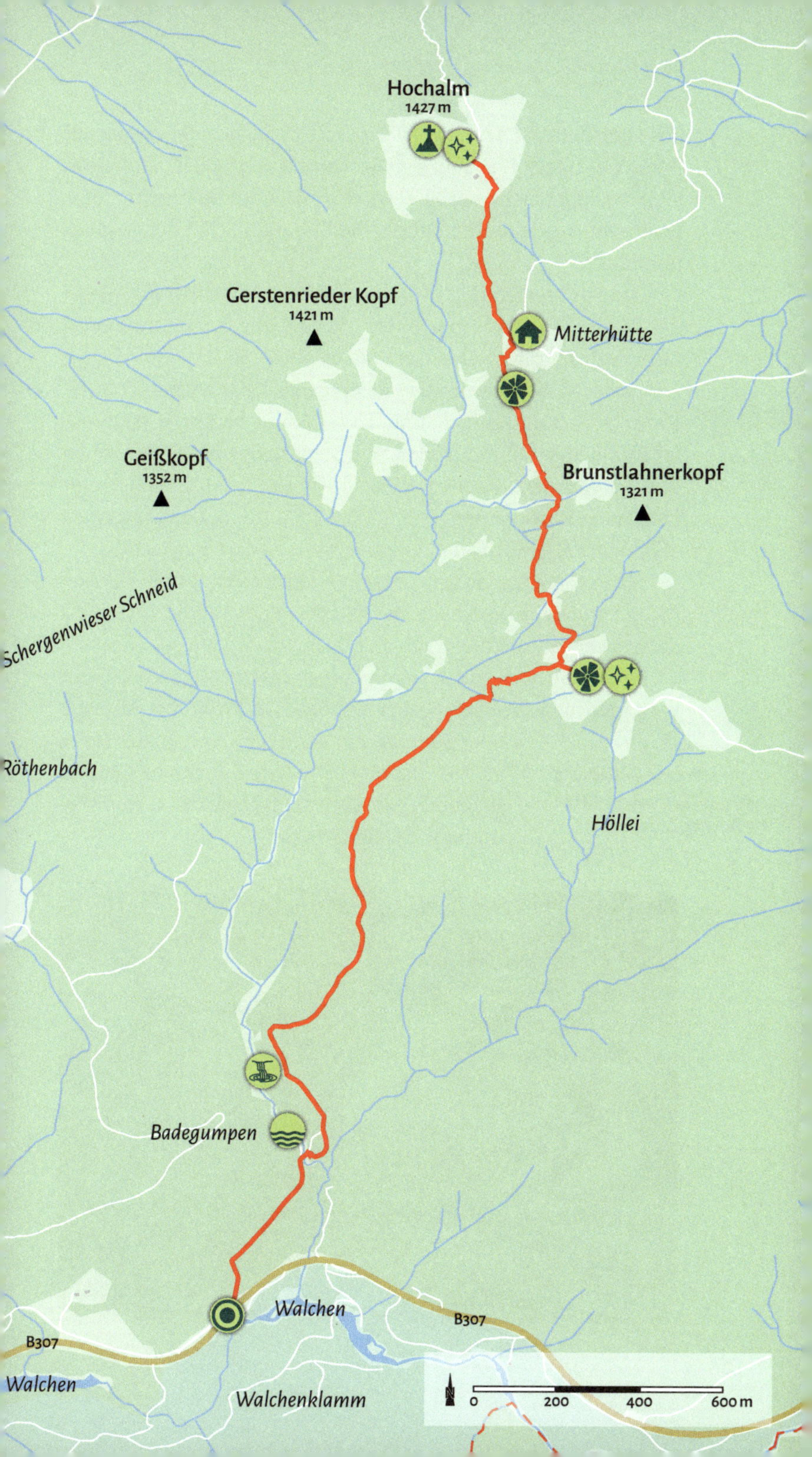

Hochalm
1427 m
Gerstenrieder Kopf
1421 m
Mitterhütte
Geißkopf
1352 m
Brunstlahnerkopf
1321 m
Schergenwieser Schneid
Röthenbach
Höllei
Badegumpen
Walchen
B307
B307
Walchen
Walchenklamm
0
200
400
600 m

aus alten Zeiten: So soll ein Hirt dort beim Suchen der Ziegen auf pures Gold gestoßen sein **Geschichte S. 109**. Ein verdrehter alter Taxenbaum, eine Eibe, sei dort ganz in der Nähe zu finden... Ob ihr ihn heute noch entdeckt, bleibt eurem Schatzsucherglück überlassen.

Ganz sicher aber findet ihr die wundervolle Erfrischung, die an der kleinen Brücke am Ende der Tour auf uns wartet: zahlreiche Gumpen voll mit goldklarem Wasser. Nicht nur im Sommer ein kraftvoller Muntermacher! Die steinernen Badewannen von Mutter Natur glitzern und gurgeln fröhlich zur Brücke herüber. Ein schmaler Trampelpfad führt an der linken Seite zu den höher gelegenen Becken. Wer wacker genug ist, kann sich von den kleinen Wasserfällen eine Massage verpassen lassen. Vor allzu mutigen Sprüngen sei allerdings gewarnt, denn sehr tief sind die Gumpen nicht.

Mit leichten Beinen geht es dann ► ***auf dem Forstweg*** die letzten Meter zurück zum Parkplatz, der gerade an den Wochenenden bis dahin sicherlich aus allen Nähten platzt.

Drum sein noch kurz angemerkt, was das Wichtigste bei dieser verständlicherweise sehr beliebten Tour ist: Wem nur Samstag oder Sonntag zur Verfügung stehen, der sollte so früh wie möglich starten. Denn die meisten Wanderer trudeln erst im Laufe des späten Vormittags aus München ein.

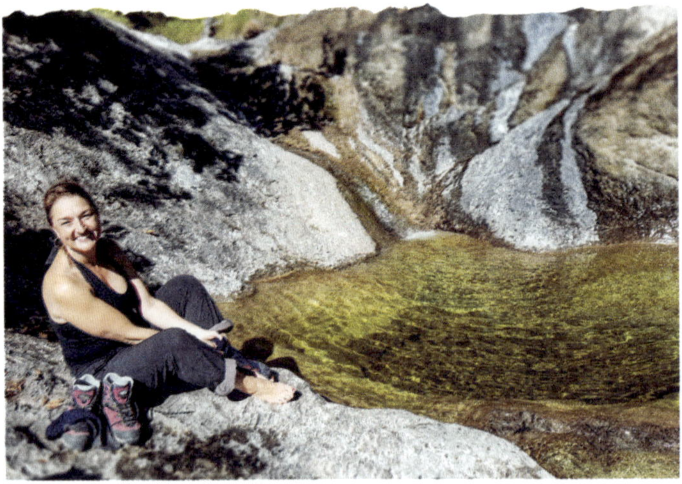

Eine schönere Erfrischung gibt es kaum, als in diesen goldenen Gumpen.

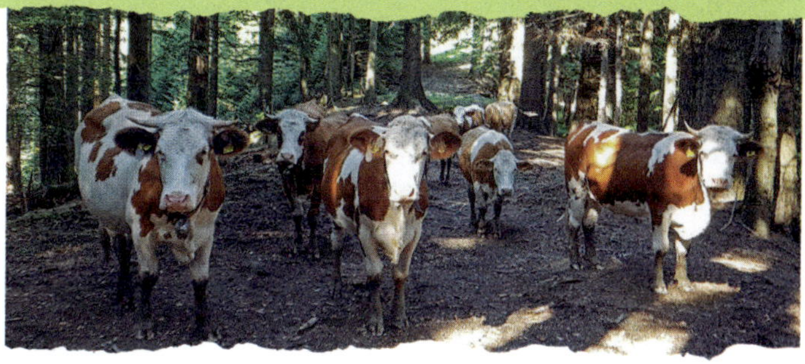

Kuhl bleiben – gewusst wie, und das Queren von Viehweiden ist kein Problem.

Fünf Tipps zum Durchqueren von Viehweiden

Durch die Vielzahl wiesenreicher Almen im Oberland haben Jungrinder und Ochsen hier oft noch das Glück, ihre Sommer auf den Bergen verbringen zu können. Seltener handelt es sich dabei um Kühe einer nahen Sennerei, auf der die Milch verarbeitet wird. Meist sind es die Jungtiere, die auf den Grünflächen grasen. Und die sind zwar grundsätzlich sehr friedlich, haben in ihrem jugendlichen Alter aber manchmal auch Flausen im Kopf. Wer also eine Viehweide durchqueren möchte, tut gut daran, Folgendes zu beachten:

1. Zuallererst: Wenn der Wanderweg nicht explizit durch die Viehweide führt, bitte außerhalb auf den Wegen bleiben.
2. Abstand halten. Die Tiere nicht streicheln und niemals füttern, auch keine Essensreste zurücklassen. Sonst lernen die Vierbeiner, dass der Mensch interessante Mitbringsel für sie dabeihat und werden aufdringlich.
3. Die Wanderstöcke ruhig halten. Nur bei drohender Gefahr können sie als Abstandshalter dienen. Sollte es so weit kommen: Die Weide möglichst ruhig, aber zügig verlassen.
4. Hunde bitte erst einmal an die Leine. Falls Rinder neugierig oder angriffslustig in Richtung Hund kommen sollten, die Leine lösen. Der Hund nimmt schon Reißaus und bringt sich in Sicherheit. Bitte nie den Hund hochnehmen oder beschützen wollen!
5. Wenn Weiden ohne Durchgang eingezäunt sind, gilt besondere Vorsicht. Es kann auch ein Stier bei den Kühen auf der Wiese stehen und der duldet keine Eindringlinge. Ähnlich ist es bei Mutterkühen, die ihre Kälber energisch verteidigen werden.

Kegel aus Butter und Herzen aus Stein

Von der verschniebenen Alm

ab 6 Jahren

Einst war sie die allerschönste der Almen weit und breit. Umgeben von saftigen Bergwiesen mit lauter würzigen Kräutern und duftenden Blumen leuchtete sie hellgrün ins Tal hinunter: die Schönalm!

Für die Sennerinnen war es ein Leichtes, dort reichlich Milch und Käse zu erwirtschaften. Denn die Kühe wurden rund und fett durch das süße, saftige Gras. Die zahlreichen Bergbäche trieben ihnen die Butterfässer an. Der Käse reifte ganz von selbst zu höchstem Genuss. Es war wie im Paradies.

Doch kitzelte alsbald der Übermut die Mädchen und Burschen und sie vergaßen, wie wertvoll diese Gottesgaben waren. Die Frauen füllten sich große Wannen mit Milch und badeten darin. Dann schütteten sie die Milch achtlos in solchen Mengen auf die Hänge, dass manche meinen, das Gletscherwasser sei bis heute noch ganz milchig davon.

Die Männer aber verfugten die Hütten mit Butter und legten die Böden mit Käsescheiben aus. Ja, sogar eine Kegelbahn aus Käse und Butter fertigten sie an.

Die Kühe bekamen Glocken aus echtem Silber und Hörner aus glänzendem Gold.

Bald mussten Musikanten und Fässer voller Wein auf den Berg und von nun an wurde Tag und Nacht gefeiert, als ob ewig Kirchweih wäre. Da ging es hoch her mit Tanzen und Springen, mit Kegeln und allerlei zweifelhaftem Zeitvertreib.

Einmal aber kam ein armer Mann vorüber, der hungrig, wie er war, um ein klein wenig Milch bat. Da lachten sie ihn höhnisch aus und eine Magd reichte ihm gar boshaft einen Stein: „Hier, beiß hinein, wenn du noch Zähne hast, alter Mann. Und jetzt verschwinde! Auf dieser prachtvollen Alm ist kein Platz für einen schäbigen Bettler wie dich!“

Beschämt wandte sich der Alte zum Gehen. Doch drehte er sich noch einmal um, warf den Stein vor ihre Füße und rief ihnen zu: „Übel wird es euch ergehen! Eure Herzen sind so hart wie dieser Stein. Ihr achtet weder, was Gott euch schenkt, noch habt ihr Mitgefühl für jene, denen es nicht so gut geht im Leben. Ihr werdet noch sehen, was ihr damit erntet!"

Kurz darauf brach ein fürchterliches Unwetter über den Berg herein. Der Himmel verfinsterte sich am helllichten Tag, als hätte die Sonne beschlossen, für immer ihr leuchtendes Auge zu schließen. Schnee und Hagel gingen tonnenweise über die Hütten nieder. Schwerer Wind zerrte Bäume und Felsen aus der Erde, die im Fallen alles mit sich rissen und unter sich begruben. Am nächsten Morgen waren statt der Wiesen und der Almhütten nur noch schneebedeckte Hänge zu sehen ...

So ist es bis heute. Selbst wenn im Sommer alle anderen Almen wieder in leuchtendem Grün erstrahlen, ist die einstige Schönalm immer noch von Schnee bedeckt.

Doch gebe es zugleich Hoffnung, erzählt die alte Sage. Denn manche Stellen scheinen allmählich aper zu werden und kleine Wieseneckerl frei zu geben. Auf dass irgendwann wieder neue Almen dort entstehen, die von klugen und freundlichen Sennerinnen und Sennern bewirtschaftet werden, die die Geschenke der Natur zu schätzen wissen.

Der Schatz beim Druidenbaum

Von Goldsuchern auf der Hochalm

ab 4 Jahren

Knorrig und wild verwachsen stand er einst ganz in der Nähe der Höllei-Alm: ein Taxenbaum, eine uralte Eibe, die in früheren Zeiten als heiliger Baum der Druiden verehrt wurde. Zum einen wachsen solche Taxenbäume unglaublich langsam und sind besonders biegsam. Zum anderen sind sie äußerst giftig und halten für Wissende dadurch seltene Heilmittel bereit.

So ein Taxenbaum nun stand auf dem Gerstenrieder Kopf – wohl auf einem außergewöhnlichen Kraftplatz, vielleicht einer Wasserader oder Verwerfung. Denn seine Äste ragten sonderbar verwirbelt, aber kerzengrad nach unten. Ein mystischer Platz musste es also sein, das war jedem auf den ersten Blick klar.

So war es dem Hirten der Höllei-Alm ungewöhnlich zumute, als ihm einmal seine Ziegen entlaufen waren und er sie genau in jenem Berghang vermutete. Vorsichtig hangelte er sich an den steilen Wiesenhängen entlang. Aber auf einmal hielt er inne, weil ihn etwas sonderbar blendete. Er rieb sich die Augen, kletterte näher heran – und verharrte ungläubig. Konnte das sein?

Ein Fels aus Gold! Ein ganzer Fels aus purem Gold ragte da glitzernd vor ihm auf!

Er versuchte, etwas davon abzubrechen, loszuschlagen. Aber vergeblich. Der Stein war unerbittlich hart. Mit seinem kleinen Hirtenhackl konnte er da nichts ausrichten. So merkte er sich die Stelle genau und stieg zurück zur Höllei-Alm, um mit einem eisernen Pickel wiederzukommen.

Doch als er wenig später wieder in den Hängen des Gerstenrieder Kopfes umherstreifte, war von dem goldenen Schatz keine Spur mehr zu sehen. Nicht ein einziges Blinken, nicht ein einziger Lichtstrahl. Nur harter, grauer Fels.

Lange noch hat der Hirte immer wieder nach dem goldenen Felsen Ausschau gehalten, doch vergeblich. Etwas später ist ihm allerdings die Kunde von einem Tiroler zu Ohren gekommen: Der hätte wohl mehr Glück gehabt und am Gerstenrieder Kopf einen ganzen Sack voll Gold eingepackt und mitgenommen.

Wohlschmeckende Bergkräuter wie dieser wilde Thymian zieren den Wegesrand.

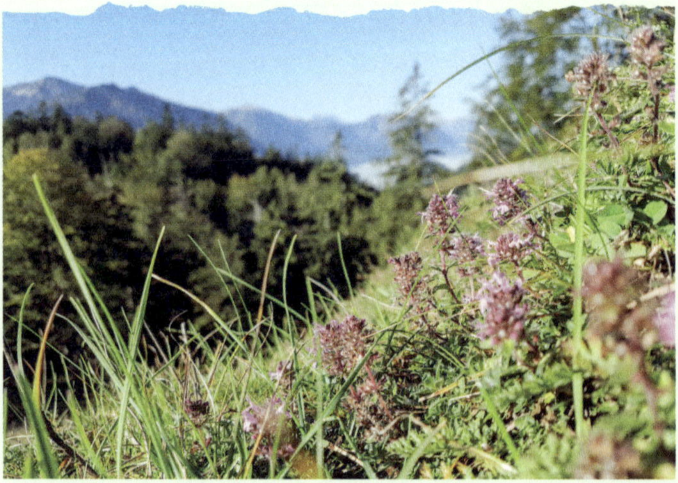

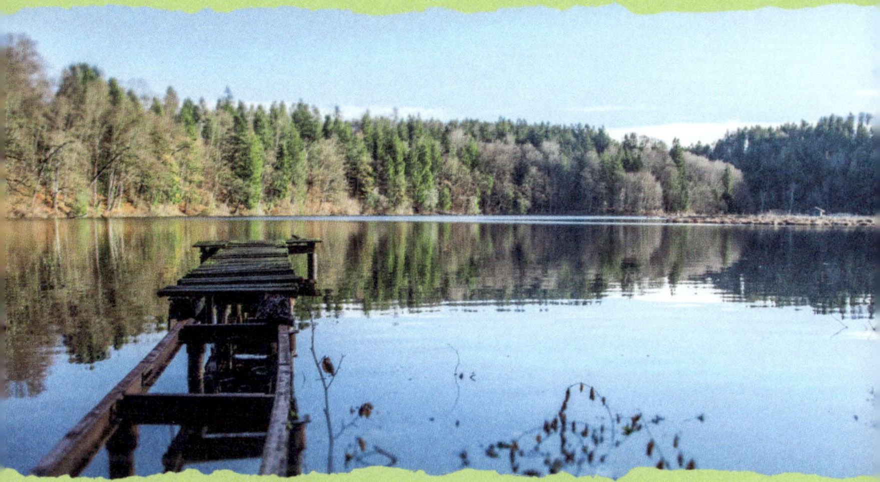

Hackensee-Teufelsgraben

10

Verwunschene Waldweiher und zauberhafte Wesen

2:30 h Gehzeit
9,5 km Länge
155 hm leicht

GPS

Zu jeder Jahreszeit eine Runde wert: der Hackensee

Geheimnisvoll und gefährlich schien der Wald früher – und war für die Menschen des jüngeren Mittelalters ein durchaus beängstigender Ort. Erst als im Laufe der Jahrhunderte die vorher undurchdringlichen Urwälder gerodet und nutzbar gemacht wurden, verschwand diese Angst. Und in der Romantik wurde der Wald gar zum Ort der Sehnsucht. In den Märchen aber blieb er stets beides: besinnlich und bedrohlich, Heiligtum und Hölle – vor allem aber ein Ort, an dem der Held sein Leben zum Guten wenden kann. Die nun vorgestellte Wanderung durch den Dietramszeller Wald hat auch von beidem etwas: wunderbar inspirierende Pflanzenenergie und die nicht zu unterschätzende Herausforderung, sich zurechtzufinden, wenn man buchstäblich den Wald vor lauter Bäumen nicht mehr sieht!

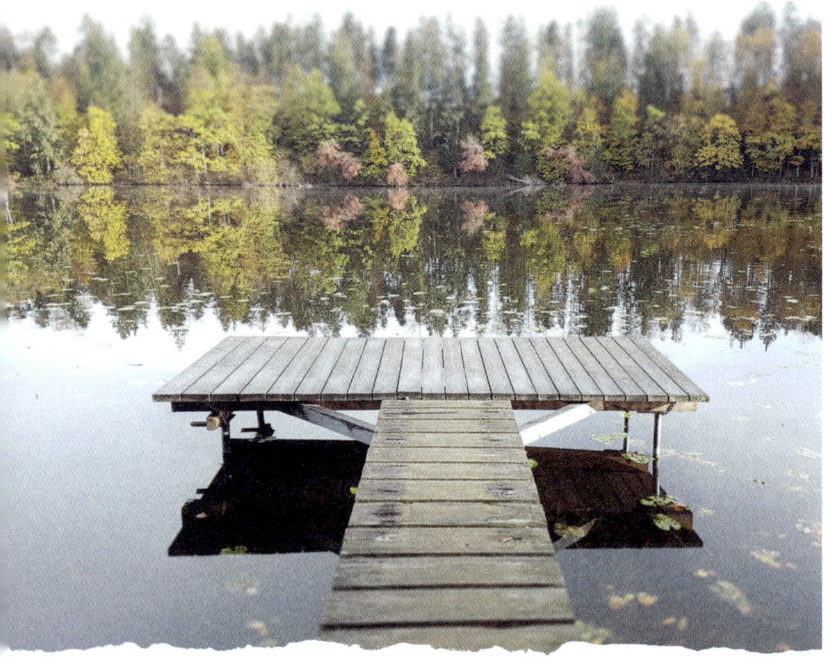

Bezaubernde Herbststimmung. Im Sommer kann man dafür einen Sprung in den Moorweiher wagen.

Doch keine Sorge, zunächst einmal ist der Weg bestens zu finden. In ▸ *Kleinhartpenning* weisen uns Schilder zum Hackensee und dem vorgelagerten ▸ *Wanderparkplatz*. Die Teerstraße verwandelt sich in einen Forstweg und führt uns sogleich hinunter ins dunkle Grün. Würziges Aroma von Moos und Fichtenharz umfängt uns, bis wir die luftige Fläche des ▸ *Hackensees* erreichen.

Die Äste der dichten Laubbäume ragen weit über die Ufer hinaus, als wollten sie ihr Spiegelbild im See betrachten. Oder Ausschau nach dem Hackenmann halten, denn von diesem unheimlichen Wassergeist geht hier die Sage – wie übrigens auch an zahllosen anderen Seen, Tümpeln und Weihern in ganz Deutschland. Dort ist er als „Hakenmann“ oder fränkischer „Hägglmoo“ bekannt und wird gern als Schreckgespenst engagiert, um Kinder gerade bei Dunkelheit von Gewässern und den damit verbundenen Gefahren fernzuhalten: Mit einem langen Haken lauere der Unhold unter der Wasseroberfläche, heißt es, und ziehe unvorsichtige Knirpse in sein nasskaltes Reich.

Die Gefährlichkeit von Seeufern ist auch ohne sagenhafte Drohgestalt keineswegs zu unterschätzen. So empfiehlt es sich, den Waldweiher je nach Wetter auf einer anderen Uferseite zu erkunden: Im Sommer und in trockenen Wetterperioden lädt ein knorriger ▶ ***Trampelpfad auf der Ostseite*** ein, unter seinem leuchtenden Blätterdach dahin zu schlendern. Dazu überquert man die kleine Brücke vor dem Häuschen der Wasserwacht und folgt dem Weg nach Nordwesten. Am Westende des Sees sollte man nicht versuchen, über ein paar morsche Baumstämme auf die andere Seite des Bächleins zu gelangen, sondern lieber rechts den Waldweg zur nächsten Forststraße nehmen.

An regnerischen Tagen oder gar bei Schnee ist es besser, den ▶ ***westlichen Weg entlang des Weihers*** zu wählen, der auf sicherem Waldboden am Hackensee entlangführt. Auf ihm kommt man auf der anderen Seite der rustikalen Baumstammbrücke vorbei und geht einfach geradeaus weiter, bis man auf einen breiten Weg stößt, zweigt erst kurz links und dann auf dem folgenden Forstweg rechts ab.

Eine große Vielfalt an Wasserpflanzen rahmt das moorige Braun des Waldweihers ein, an dessen Ufern man bis zu 25 Libellenarten begegnen kann, 15 davon stehen auf der Roten Liste bedrohter Tierarten. In der Mitte krönt eine Fischerhütte den kleinen See und ist Wahrzeichen für die vielfältige Fauna dieses

Für Fotografen ist der Hackensee ein kleines Eldorado.

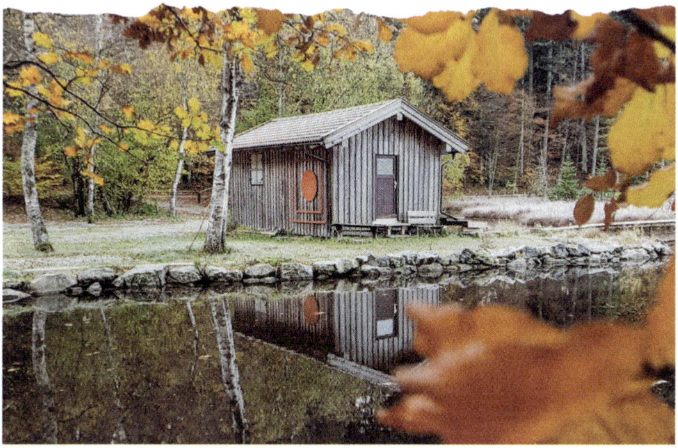

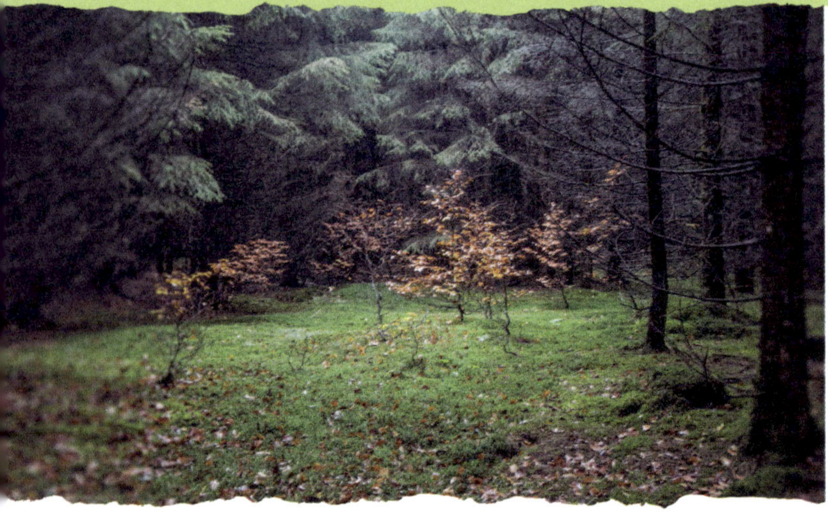

Mystische Waldwinkel locken hier und dort.

kleinen, romantischen Fleckens Erde. Zander, Karpfen und Waller gibt es zu fangen, zuweilen auch einen Wels mit über zwei Metern Länge und fast 50 Kilogramm Gewicht. Viel Spaß beim Baden also!

Übrigens: Wer den Hackensee ganz umrundet, dem wird vielleicht so manches Plätzchen bekannt vorkommen. Der Filmemacher Marcus H. Rosenmüller lässt grüßen: „Wer früher stirbt, ist länger tot" hat hier mit Drehorten rund um den Waldweiher ein Stückerl Ewigkeit geschnuppert und einige der bezaubernden Fotomotive eingefangen. Die zahlreichen Angel- und Badestege glänzen jedoch teils in eher morbidem Charme. Hier empfiehlt sich behutsame Vorsicht, wenn man nicht ein unfreiwilliges Bad im Hackensee nehmen möchte.

Egal, ob man den östlichen oder westlichen Uferweg wählt, man sollte immer am ▸ *Nordost-Zipfel von „Dem Hacken"*, einem weiter westlich gelegenen Weiher, herauskommen – einfach zu erkennen an dem kleinen Häuschen direkt am Ufer der neuen Schilfbucht. Man sieht den Forstweg Richtung Westen leicht ansteigen. Genau hier biegen wir in einen ▸ ***Waldweg ein, der rechts nach Norden abzweigt***. Spätestens jetzt bekommt unsere Tour Pfadfindergeist – oder märchenhaft ausgedrückt: Hänsel-und-Gretel-Glück. Denn etwas Orientierungssinn und eine gute Karte sind durchaus hilfreich, wenn wir aus dem vor uns liegenden Wald an der richtigen Stelle wieder herausfinden wollen.

Der Forstweg führt uns in relativ ▶ ***gerader Linie*** weiter, einen möglichen Abzweig lassen wir buchstäblich links liegen und erklimmen dann einen ▶ ***kurzen, steilen Anstieg***. Oben folgen wir einem weiteren Forstweg ▶ ***nach links***.

Und jetzt wird es spannend, denn Schilder suchen wir hier vergeblich. Außerdem sind selbst auf Karten niemals zuverlässig alle Forstwege eingezeichnet, die aus den dichten Wäldern um uns herum in den unsrigen Dietramszeller Forst münden. Wer an diesem Punkt etwa eine Dreiviertelstunde unterwegs ist und seit dem letzten Abzweig nach Westen richtig gezählt hat, müsste beim ▶ ***dritten Forstweg*** durch die Bäume schon Licht und Wiesen durchschimmern sehen. Hier ▶ ***rechts nach Norden*** abbiegen.

Konnte man sich dazu bislang an einem kleinen Holzhäuschen im Wald orientieren, muss man nun auf die nachfolgende Kreuzung warten, denn das Hütterl wurde inzwischen abgerissen. Etwa 400 Meter nach dem vorigen Abzweig sollte man auf eine ▶ ***große Wegkreuzung*** an einem riesigen Holzunterstand treffen. Nun geht es ▶ ***links durch die letzten Fichten auf einen Feldweg***, der uns über eine Wiese und an einer weiteren Scheune vorbei in Richtung Westen zum winzigen ▶ ***Weiler Reith*** führt.

Puppig liegen die beiden alten Bauerngehöfte hier beieinander, im Sommer mit blumigen Schönheiten dekoriert, im Winter malerisch verschneit. Und puppig ist auch die Mehrzahl der Bewohner, die hier ihre Geburtsstätte haben, nämlich die einzigartigen Marionetten und Figuren von Maximiliane Kiermeier: In aufwendiger, vor allem aber liebevoller und faszinierend einfallsreicher Handarbeit entstehen wundersame Wesen, deren Lebendigkeit am seidenen Faden hängt. Einmal im Jahr lädt die Künstlerin zur Ausstellung in den stilvoll renovierten Hof. Wer sich vorher telefonisch anmeldet, hat gute Chancen, auch zu anderen Zeiten einen Blick in die heiligen Hallen der Marionetten-Manufaktur werfen zu können und sogar eine dieser einzigartigen Fantasie-Figuren zu erstehen (Telefonnummer. s. „Tipps").

Uns führt der Weg nun weiter ▶ ***zwischen den beiden Bauernhäusern hindurch nach Süden***, einen Feldweg hinunter zum Waldesrand. Kurz nachdem wir ins Grün eingetaucht sind, treffen wir auf einen breiten Forstweg, auf dem wir ▶ ***linkerhand, also nach Osten*** weitergehen, vorbei an zahlreichen Abzweigungen und an einem über

Hackensee-Teufelsgraben

2:30 h Gehzeit | 9,5 km Länge | 155 hm | leicht

Ausgangspunkt in 83607 Kleinhartpenning/ Holzkirchen:

Hackenseestraße, Wanderparkplatz am westlichen Ende

Weg:

Ganzjährig möglich, auch bei moderatem Schnee, überwiegend schattig, Weghinweis bei Nässe beachten, Schilder sind so gut wie nicht vorhanden, Standortkontrolle übers Handy empfehlenswert

Besonderheiten:

- Bademöglichkeit
- Schlittschuhlaufen nach anhaltendem Frost möglich
- Sehr guter Orientierungssinn erforderlich!

Einkehr:

- Gastronomie Großhartpenning
- Bei Verlängerung der Runde nach Dietramszell: Klosterschänke, Klosterplatz 2: www.klosterschaenke-dietramszell.de
- Bei Verlängerung der Runde an den Kirchsee: Kiosk und Klosterbräustüberl Reutberg, Am Reutberg 2, Sachsenkam: www.klosterbraeustueberl.de

Zuganfahrt:

BOB nach Holzkirchen, Bus 9001 mit Ausstieg „Kleinhartpenning", Fußweg in die Hackenseestraße (ca. 10 min)

Variationen:

Zahlreiche Forstwege bieten viele Veränderungsmöglichkeiten, allerdings fast gänzlich ohne Beschilderung – für Abenteurer! Verlässlich verlängern lässt sich die Tour z. B. über den Waldweiher nach Dietramszell oder über die Pelletsmühl an den Kirchsee. Als kurze Runde bietet sich der einfache Weg um den Hackensee an.

Tipps:

- Maxi-Marionetten – Figuren-Werkstatt von Maximiliane Kiermeier, Reith 1, Dietramszell: www.maxi-marionetten.de, Besichtigung mit vorheriger Anmeldung unter Tel.: 08027-9166 oder E-Mail: www@maxi-marionetten.de

Tourist-Info:

Marktplatz 2
83607 Holzkirchen
Tel.: 08024-6420
E-Mail: info@holzkirchen.de
www.holzkirchen.de

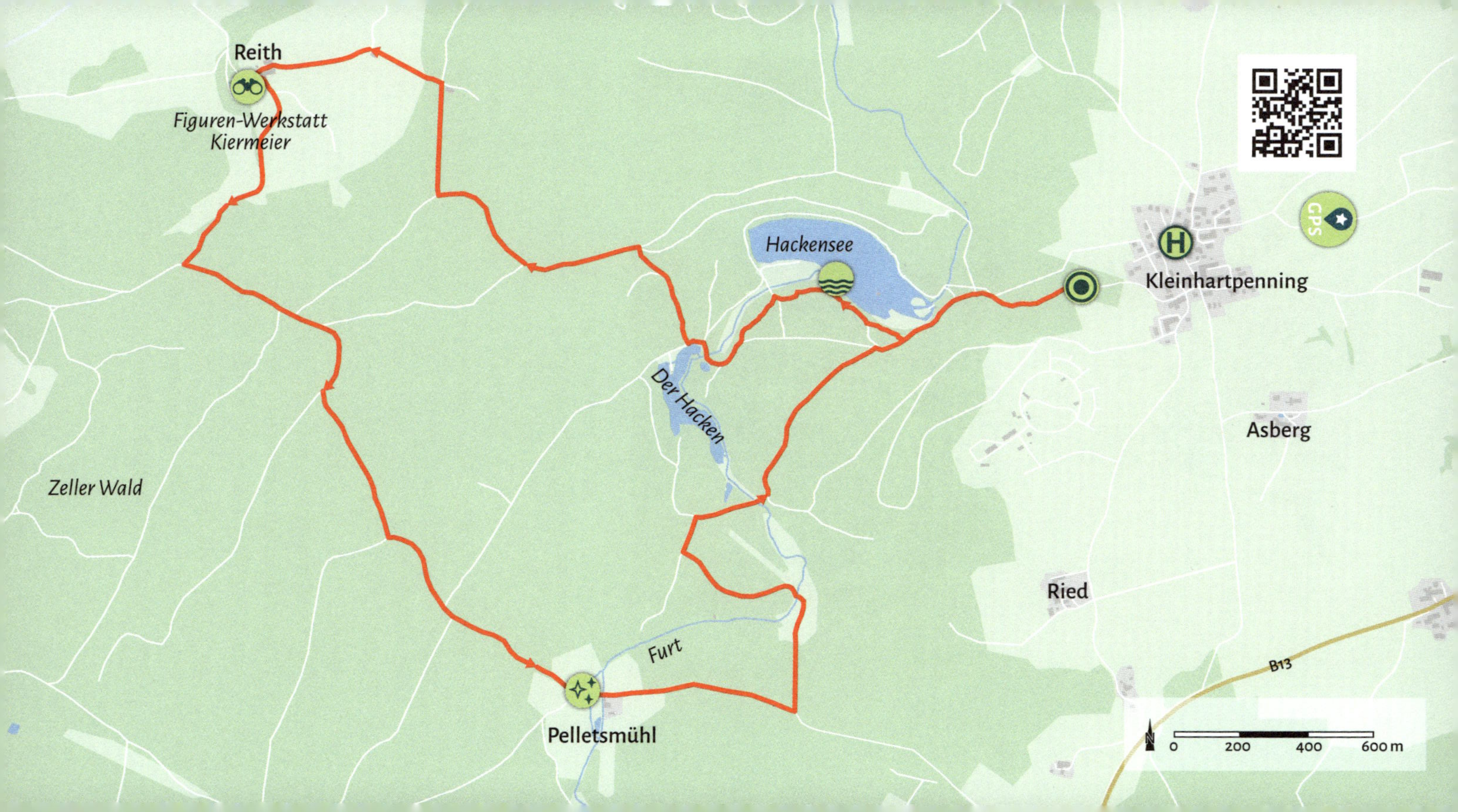
Reith
Figuren-Werkstatt
Kiermeier
Hackensee
Kleinhartpenning
GPS
Der Hacken
Asberg
Zeller Wald
Ried
Furt
Pelletsmühl
B13
0
200
400
600 m

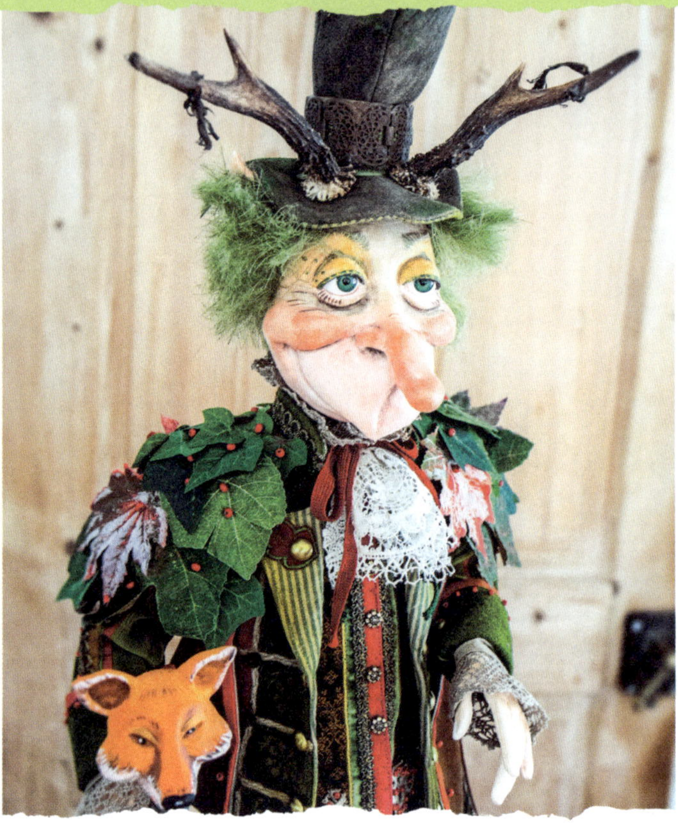

Darf ich vorstellen: der Hochzeitslader für die Waldhochzeit.

100 Jahre alten Marterl. Wenn wir am ▶ *Wegweiser „Pelletsmühl“* vorbeikommen, sind wir richtig.

Nach etwa eindreiviertel Stunden geht es leicht bergab und wir sind am Ziel unserer eigentlichen sagenhaften Geschichte. Denn der ▶ *Teufelsgraben* zieht sich genau hier durch das Land und lässt unsere Forststraße nach Osten abfallen, bis sie über eine große Lichtung zur ▶ *Pelletsmühl* führt. Vielleicht ist es ja genau diese alte, wunderschöne Mühle, von der die Sage vom Dietramszeller Teufelsgraben erzählt **Geschichte S. 121**, einer tiefen Schlucht übrigens, die noch aus der letzten Eiszeit stammt und von Schmelzwasser in den heutigen Dietramszeller Wald gespült wurde; da sich der heutige Isarlauf erst später gebildet hat, flossen die Wassermassen lange Zeit über diesen Graben bis zur Mangfall. Nördlich von Holzkirchen kann man ebenfalls in die Schlucht hinabwandern, doch ist sie an dieser Stelle düster und eintöniger. Kein Wunder, dass die diabolische Geschichte des Teufelsgrabens dort auf andere Art erzählt wird, um dieser dunkleren Stimmung Rechnung zu tragen **Geschichte S. 125**.

Wir genießen erst einmal nach der knapp zweistündigen Wanderung die Helle und Freundlichkeit des Wiesengrunds mitsamt dem immer noch rauschenden Mühlrad. Heute liefert Wasserrad „Sarah" den Strom für etwa 15 Familien im Jahr. Früher diente es der Mühle als Antrieb, um das harte Korn in Mehl zu verwandeln. Schaurig-schön holperte und schepperte die Mühle mit ihren Gestängen, ihrem Räderwerk und den unaufhaltsamen Schleifsteinen einst vor sich hin. Die oft abgelegenen Orte und nebelumwobenen Bachläufe taten ihr Übriges, dass die Menschen der damaligen Zeit, insbesondere nachts, von teuflischen Vorgängen rund um solche Müllerbetriebe argwöhnten.

Von all dem ist hier heute nichts mehr zu spüren. Das Wasserrad dreht sich lustig, während wir die ▸ ***Straße nach Osten*** weiterziehen, wo nach einem guten halben Kilometer ein ▸ ***breiter Weg links in den Wald*** abzweigt (Kennzeichen: Der Wald neben der Straße ist zuvor sehr luftig und der Weg deutlich breit gespurt). Wer kann, darf hier ruhig sein Handy als Orientierungshilfe benutzen, um nicht aus Versehen zu früh einen der wilden Wege zu wählen und den Teufelsgraben auf eigene Faust durchqueren zu müssen.

Der Waldweg führt uns in ▸ ***Richtung Norden*** sehr bald auf die nächste kleine ▸ ***Lichtung.*** Wir wandern ▸ ***auf der linken Seite weiter nördlich an einem Bachlauf*** unterhalb des Waldrands entlang, bis uns dieser Kirchseebach zu einer hübschen ▸ ***Bogenbrücke*** führt. Steht im Sommer das Gras hoch

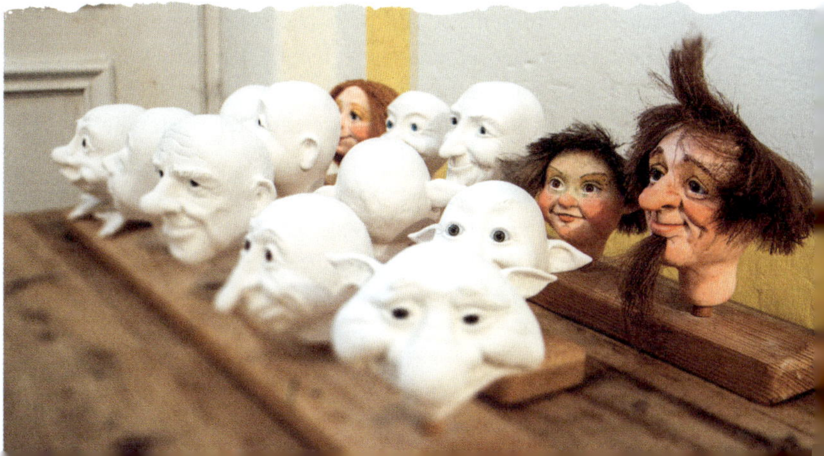

Charakterköpfe aus der Figurenwerkstatt Kiermeier

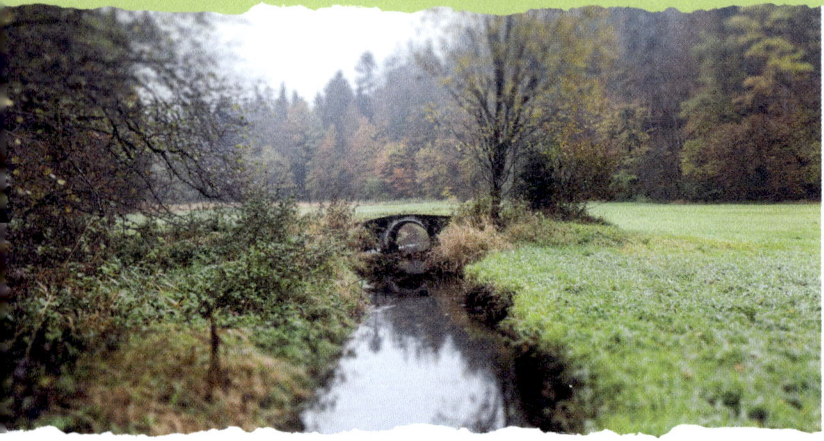

Märchenhaft und verwunschen liegt die Bogenbrücke hinter der Pelletsmühle am Waldrand.

auf, kann es sein, dass man sie nicht gleich entdeckt. Flugs geht es hinüber und – ohne erkennbaren Weg – ▸ ***pfeilgrad weiter in den Wald hinein***. Nach einem Weg sucht man auch hier erst einmal vergebens. Doch wer die wenigen Höhenmeter erklommen hat, sieht auf der oben liegenden Aufforstungsfläche ▸ ***rechter Hand einen breiten Waldweg***, der sich bald gabelt.

Wir folgen dem ▸ ***linken Zweig*** – auch der rechte würde zum Ziel führen – durch einen moosüberwachsenen Zauberwald mit Pilzen und modrigen, alten Baumriesen nach Westen, bis wir neuerlich auf einen Forstweg stoßen. Hier biegen wir ▸ ***nach rechts, also Richtung Norden*** ab und erreichen wenige Minuten später wieder eine neue Straße mitsamt einem großen Kiesplatz. Noch einmal geht es ▸ ***nach rechts*** und kurz darauf erblicken wir einen kleinen Tümpel, den südlichen Ausläufer vom Weiher „Der Hacken".

Mal schmal, mal wieder breiter läuft der ▸ ***Weg nun Richtung Nord-Nordost*** zu unserem Start- und Endpunkt, dem Hackensee, zurück. Wir zeigen uns von möglichen Abzweigungen unbeeindruckt, überqueren wieder eine kleine ▸ ***Brücke*** und stoßen endlich auf eine Forststraße – und Unmengen von Brennholz, das fein säuberlich rechts und links auf Interessenten wartet, Bestell-Telefonnummer natürlich inklusive.

Wer mag, kann sich hier noch einmal ein lauschiges Plätzchen am See suchen und die Ruhe genießen. Für alle anderen führt der ▸ ***Forstweg an der Wasserwacht-Hütte vorbei in Richtung Osten*** zurück zum Parkplatz.

Des Müllers unheiliger Handel mit dem Leibhaftigen

Vom Teufelsgraben in Dietramszell

ab 6 Jahren

Lange, lange ist es her, da gab es im dichten Dietramszeller Wald eine sagenumwobene Mühle. Sie lag genau zwischen zwei Flüssen: der Isar im Westen und der Mangfall im Osten. Vielleicht war es die Pelletsmühle, die es auch heute noch gibt, wer weiß?

Dort lebte einst ein Müller, der war einer der reichsten im ganzen Oberland. Denn ein fröhlicher Bach floss vom Kirchsee direkt an seiner Mühle vorbei und drehte sein Mühlradl so geschwind, dass es eine wahre Freude war. Die ganzen Bauern aus der Umgebung kamen zu ihm und ließen ihr Korn zu Mehl mahlen.

So wurde der Müller immer wohlhabender und sein Hof immer größer. Da gab es einen mächtigen Kuhstall, einen Schweinestall, Ziegen, unzählige Hennen und einen riesigen Gockel, ein wahres Prachtvieh. Um den machte sogar der Hofhund einen großen Bogen. Der Müller lebte wie eine Maus im Vorratskammerl vom Herrgott.

Bis zu jenem Tag, als ihm der Petrus das Wasser abdrehte: Es regnete einfach nicht mehr! Nicht nur eine Woche, nicht nur zwei oder drei, nein, monatelang blieb der Regen aus.

Und aus dem hüpfenden Bach vom Kirchsee wurde ein kleines Rinnsal. Das hölzerne Mühlrad vom Hof drehte sich noch ein Mal mit einem lauten Knarzen – und blieb dann einfach stehen. Es bewegte sich keinen Millimeter mehr. Da konnte der Müller sich mühen, wie er wollte. Nichts ging mehr!

Sehr bald ließ deshalb der Müller jede Woche in der Kirche eine Messe lesen, dass es endlich wieder einen sauberen Duscherer geben sollte. Täglich stand er vorm Herrgottswinkel in seiner Stube und betete inbrünstig um Regen – aber vergeblich.

Allmählich kamen die Bauern mit ihrem Korn zum Müller und der musste sie weiterschicken, weil er das Getreide nicht mahlen konnte. Es war ein Fiasko! Der Müller wurde ärmer und ärmer ...

Eines Tages, als er wieder einmal dringlich in seiner Stube zum Herrgott betete und sich nichts, aber auch gar nichts rührte, da rief er schließlich erzürnt: „Mei, Herrgott, wenn du mir ned huifst, dann muss mir halt da Deifi helfn!"

Kaum hatte er die Worte ausgesprochen, hat es sofort gestunken und geprasselt und der Leibhaftige stand vor dem erschrockenen Müller.

Der Teufel zog elegant seinen grünen Jägerhut zum Gruß und schnarrte im Soldatenton: „Zu Diensten, Herr Müller! Was brauchst'n?!"

Dem Müller fehlten die Worte, so überrascht war er.

„Ja, was is jetzt", murrte der Teufel gleich. „Da hab ich extra für dich meine Kundschaft stehn lassen, damit ich glei da bin, und jetzt brauchst mich gar ned?"

Allmählich fand der Müller seine Sprache wieder: „Ehm, ja ... ja, gut, dass du da bist, mein lieber Deifi! Es is nämlich a so, dass ich kein Wasser mehr hab!"

Der Müller führte den Teufel nach draußen zum vertrockneten Bach an seiner Mühle: „Nix geht mehr, scho seit Wochen! Ich hab bald kein Geld mehr und auch meine Viecher san hungrig und scho ganz faad!"

Er öffnete die Stalltüre und die Kühe muhten völlig erschöpft heraus, die Schweine quiekten hungrig und die Ziegen hatten natürlich noch mehr zu meckern. Am stillsten waren aber die Hühner, weil ihr Gockel halt gar nicht mehr der alte war ...

„Des is aber wirklich ein Trauerspiel!", rief da der Teufel aus.

„Ja, wirklich wahr!", pflichtete ihm der Müller bei. „Also sag, Deifi, kannst du da was machen?"

„Aber freilich!", lachte der. „Ich leg dir einfach einen tiefen Graben an, von der Isar zur Mangfall nüber. Der führt direkt an deinem Häusl vorbei und dann läuft dein Mühlradl wieder, da wirst du schaun! Da wirst du bald der reichste Müller in ganz Oberbayern!"

Der Müller bekam große Augen: „Wirklich wahr? Das würdst du für mich tun?"

„Aber natürlich, mein Lieber! – Da wär nur noch das Kleingedruckte, dass du mir dafür deine Seele überschreibst ..." Und dabei zog der Teufel einen weißen Zettel aus seiner Tasche.

„Wie ... was ... also, des weiß ich ned, ob ich dafür glei meine Seele ...“, stotterte der Müller völlig überrumpelt.

„Ja, wie?! Du willst jetzt doch ned? Da werd ich ja glei fuchsteufelswild. Mich erst dringend herrufen und mir ein gutes Geschäft vermasseln und jetzt nicht einschlagen wollen!“

Während der Teufel tobte, überlegte der Müller fieberhaft: Den Graben mit dem so nötig gebrauchten Wasser wollte er unbedingt. Aber seine Seele dafür hergeben, das erschien ihm ungeheuerlich. Also suchte er nach einer Lösung, wie er beides haben könnte ...

Schließlich sprach er: „Is ja scho gut, mein lieber Deifi, is ja scho gut. Was hältst davon, wenn wir eine Wette abschließen, hm?“

Der Teufel stutzte: „Eine Wette? Was für eine Wette denn?“

„Ja, dass du den Graben auch wirklich bis morgen früh zum ersten Gockelschrei fertig haben musst, damit du meine Seele kriegst!“

Der Hintergedanke vom Müller dabei war, dass es der Teufel doch unmöglich in nur einer Nacht schaffen konnte, den ganzen Graben auszuheben. Und ihm, dem Müller, würde der Bach ja bis zu seiner Mühle reichen. Dann könnte er auch seine Seele behalten und alles wäre gut.

Der Teufel lächelte den Müller ruhig an. „Was für ein Dummkopf!“, dachte er sich. „Da meint der Müller, ich wär zu schwach für den gesamten Graben. Na, des werden mir ja sehn ...“ – „Ausgmacht ist's!“, rief deshalb der Teufel. „Eine Wette is ja allerweil meine größte Freud. Hand drauf, Müller!“

Ja, und so kam es, dass der Müller an diesem Tag mit dem Teufel einen unheiligen Handel geschlossen hat.

Zuerst war der Müller darüber ganz vergnügt. Er malte sich aus, wie der Graben seine Mühle wieder flott machen und er bald in großem Reichtum versinken würde ... Als es jedoch abends dunkler wurde, da verdüsterte sich auch seine Miene: Was, wenn der Teufel es doch schaffen würde? Was, wenn er bis zum ersten Hahnenschrei den Graben von der Isar bis hinunter zur Mangfall fertig hätte? Bald drehten sich die Gedanken des Müllers wie sein Mühlradl zu seinen besten Zeiten. An Schlaf war nicht zu denken. Der Müller rannte zum Fenster und zog den Vorhang zur

Seite. Da traf ihn fast der Schlag: Hunderte von Höllengeistern waren draußen damit beschäftigt, einen tiefen Graben an seiner Mühle vorbeizuziehen. Und der reichte schon weit in den dunklen Wald hinein, ja, womöglich schon bis zur Mangfall!

Der Müller wurde kasweiß wie der Mond, der das Ganze gespenstisch beleuchtete. Er wankte in seine Stube zum Herrgottswinkel und fiel auf die Knie: „Mei, mei, Herrgott, du musst mir helfen! Ich hab an großen Blödsinn gmacht! Ich hab mein Seelenheil verwettet für a bisserl Reichtum auf dera Welt. Bitte, hilf mir! Schenk mir eine Eingebung! Sag mir, was ich tun soll, um da heil wieder rauszukommen!"

Auf einmal hielt der Müller inne.

Er hatte eine Idee. Ja, die Idee!

Er sprang auf, lief zur Hintertür und hinaus in den Hof. Dann rannte er zum Kuhstall und klopfte dagegen, so kräftig er konnte, bis die Kühe laut muhten. Dann rannte er zum Schweinestall und haute auch gegen diese Tür, bis die Schweine wild aufquiekten. Dann zum Ziegenstall – was für ein Gemecker schallte ihm entgegen! Und schon war er beim Hühnerstall und weckte dort alle auf, bis die Hennen gackerten und schrien ...

Von all dem Lärm wachte auch endlich der Gockel auf und – obwohl es noch mitten in der Nacht war – ließ er vor lauter Schreck einen Gockelschrei los, der wohl bis nach Holzkirchen zu hören war: „Kiiiiiiickeeeeeerrrrrriiiiikkkkkiiiiiiiii!"

Und auf einen Schlag war der ganze Höllenspuk vorbei! Kein Geist und auch kein Teufelchen war mehr zu sehen oder zu hören. Zum großen Glück des Müllers! Denn der Graben reichte schon fast bis zur Mangfall hinüber und der Teufel hätte sein Ziel in wenigen Minuten erreicht gehabt.

Der Müller aber stolperte völlig erschöpft wieder in seine Stube. Ja, und dort, vor dem Herrgottswinkel, hat er vor lauter Dank und Erleichterung gebetet, wie er seinen Lebtag lang noch nie gebetet hatte ...

Nun, den Müller gibt es schon lange nicht mehr. Möge er seinen ewigen Frieden gefunden haben. Den Teufelsgraben aber, den kann man bis heute noch sehen, wie er sich als tiefe Schlucht von der Isar bis fast hinüber zur Mangfall zieht – aber eben nur fast!

Des Mesners listiges Läuten

Vom Teufelsgraben in Holzkirchen

ab 6 Jahren

Während sich der Teufelsgraben vom Kirchsee aus als sanftes kleines Tal durch den Dietramszeller Wald schlängelt, reißt er nördlich von Holzkirchen eine schroffe Schlucht in die Ebene. So ist an diesem Ort eine zweite Sage über den Graben entstanden, die es noch ein bisschen gruseliger mag:

Da stand er, der Leibhaftige, grimmig über seinen Spaten gebeugt, und richtete seinen Blick finster gen München. Viel zu ehrenwert und gläubig schienen ihm die Bewohner der großen Isarstadt. Kaum einer log oder fluchte, vielmehr übten sie sich in frommen Andachten und gutem Tun. Sodass er, der Teufel, keine Handhabe über sie hatte.

Doch auf einmal flog ein böses Grinsen über sein Gesicht: Wie wäre es, wenn er den scheinheiligen Städtern das Wasser abgraben würde? Wenn sie allesamt darben müssten, keine Wäsche mehr waschen könnten, kein Bier mehr brauen, nichts mehr zu trinken hätten? Ja dann, dann würde es wohl bald anders aussehen und ihr Murren und ihre Gotteslästerei würde ihm, dem Teufel, den Weg bereiten!

So fasste er den Plan, einen tiefen Graben durchs Oberland zu ziehen und die Isar zur Mangfall hin abzuleiten.

Begleitet von allen üblen Geistern und Höllengestalten begann er nach dem nächsten Mitternachtsläuten sofort mit seinem frevelhaften Werk. Wie besessen wühlten, gruben und schaufelten sie das Erdreich beiseite, um dem Wasser einen neuen, zerstörerischen Weg zu bahnen. Schweiß rann ihnen in Bächen über die gemeinen Fratzen, denn es war eine besonders heiße Sommernacht.

So kam es auch, dass der Mesner vom naheliegenden Otterfing in dieser Hitze bei offenem Fenster schlief. Das heißt – versuchte zu schlafen. Denn irgendetwas ließ ihm keine Ruhe. Er drehte sich nach links, er drehte sich nach rechts. Doch er konnte keinen Schlaf finden. Und auf einmal drangen seltsame Geräusche aus dem Wald an seine Ohren: ein Hacken, Pickeln und Schaufeln.

Kurzerhand zog der Kirchendiener mit einer Laterne los, um die Ursache dieses Lärms auszumachen. Welch Gruseln packte ihn, als er die Höllenschar bei der Arbeit sah! Da nahm er seinen ganzen Mut zusammen und fragte den größten unter den Höllendienern: „Was macht ihr da?"

Der knurrte ihn nur feindselig an: „Und wenn ich die Isar hier ableiten will, was geht's dich an?"

Der Mesner ließ sich jedoch nicht beeindrucken: „Man könnt meinen, du möchtest damit heut noch fertig werden. Aber da wirst schon noch eine Zeitlang brauchen!"

Der Teufel stutzte. Seine Augen verengten sich ob der kühnen Ansprache herausfordernd zu Schlitzen: „Gut, dann lass uns um deine Seele wetten, dass ich es schaff, noch bevor die Frühglocke läutet!"

„Passt", gab ihm der Mesner mutig zurück, „auch wenn ich davon keinen Vorteil hab."

Kopfschüttelnd machte er sich auf den Heimweg, um wenigstens noch ein Stünderl zu schlafen, bevor er zum Frühläuten wieder hinaus musste.

Mit jedem Schritt kamen ihm aber immer mehr Bedenken und ein unheimliches Grausen vor dem teuflischen Gesellen, mit dem er da eben so leichtfertig um seine Seele gewettet hatte. Schneller und schneller lief er bald voran und zwar direkt zum Gotteshaus. Behände drehte er an der Kirchturmuhr und stellte sie zwei Stunden vor, sodass er schon um drei statt um fünf Uhr die Gebetsglocke läuten konnte – und zwar so laut und heftig, wie es nur ging. Das rief auf den Bauernhöfen ringsum sogleich alle Hähne auf den Plan, die wie wild zu krähen begannen und damit den bösen Zauber der Nacht endgültig brachen.

Während die Bewohner von Otterfing und Holzkirchen noch völlig verschlafen zusammenliefen, schallte aus dem finsteren Graben zwischen den Orten ein zorniger Aufschrei. Der Leibhaftige hatte die Frühglocke vernommen und wusste, dass er jetzt seiner Kraft beraubt war. Jemand musste ihn überlistet haben!

Wütend warf er seine Schaufel hinter sich und musste sein fast vollendetes Werk aufgeben. Mit üblen Drohungen und Verwünschungen rauschte er schließlich von dannen und ward seither nicht mehr in der Gegend gesehen.

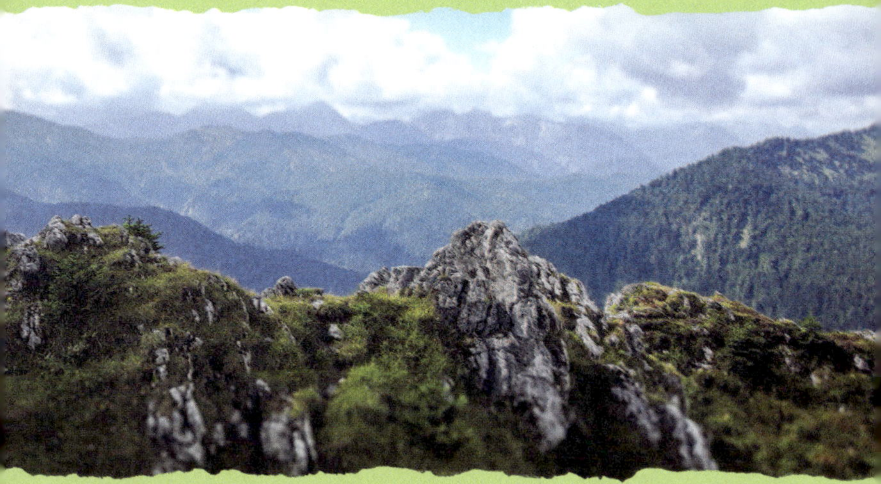

Leonhardstein

11

Von frommen Heiligen und frechen Scheinheiligen

3:15 h Gehzeit

8,1 km Länge

637 hm | schwer

Ein steiniger Aufstieg, eine traumhafte Sicht: der Leonhardstein bei Kreuth

Ein Schutzheiliger für Gefangene und ein nur knapp der Justiz entronnener Wilderer begegnen sich in Kreuth am Leonhardstein. Der steile Brocken ragt wie ein riesiger Fingerzeig Gottes im Tal der Weißach empor. Entsprechend kletterfreudig ist der Anstieg im letzten Drittel dieser abwechslungsreichen, schweißtreibenden Bergtour – darum beginnen wir auch himmelwärts, mit der Geschichte des Heiligen.

Gleich neben der Hauptstraße empfängt uns der ▸ ***Wanderparkplatz in Kreuth***. ▸ ***Gelbe Schilder*** weisen uns den Weg die ▸ ***Straße Richtung Westen zur Kirche St. Leonhard entlang***, die eingebettet in einen hübschen, alten Friedhof auf Besucher wartet; direkt dahinter winkt schon unser Ziel herüber, der Berg Leonhardstein. Bereits im 12. Jahrhundert wurde ein Gotteshaus an dieser Stelle errichtet. Die heutige Kirche stammt aus dem 15. Jahrhundert, wobei der gotische

Bau mehrfach verändert und renoviert wurde. Von Beginn an war sie dem heiligen Leonhard geweiht, über dessen Leben es zwar kaum historische Nachweise, dafür aber umso mehr interessante Legenden gibt **Geschichte S. 134**.

Folgt man der Straße bis zu ihrem Ende, trifft man auf einen Kiesweg, der sich sanft durch Wiesen hinaufschwingt, vorbei an einer kleinen, malerischen Kapelle, die natürlich ebenfalls Leonhard, dem Patron der Pferde, gewidmet ist und sich unter dem Schutz eines imposanten Ahorns sichtlich wohlfühlt. Kurz darauf führt uns der Weg in den schattigen Bergwald hinein, der diese Tour auch im Hochsommer gut begehbar macht. Leicht steigt der breite Waldpfad an und geht schließlich in einen steinigen Weg über, vorbei an schroffen Felswänden. Nach Regenfällen kann es hier unangenehm glitschig sein, Vorsicht ist angebracht.

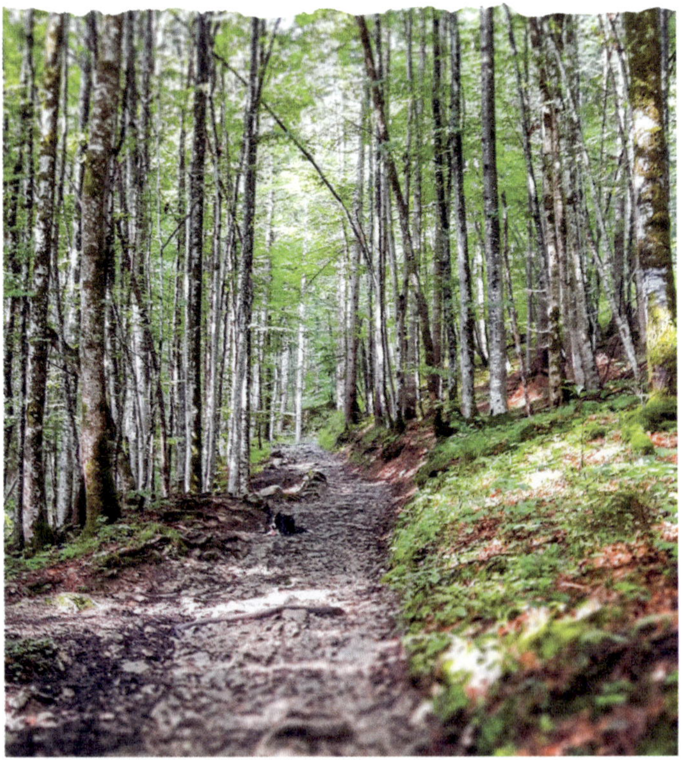

Bietet auch im Sommer ausreichend Kühle: der Bergwald vor dem steilen Schlussstück

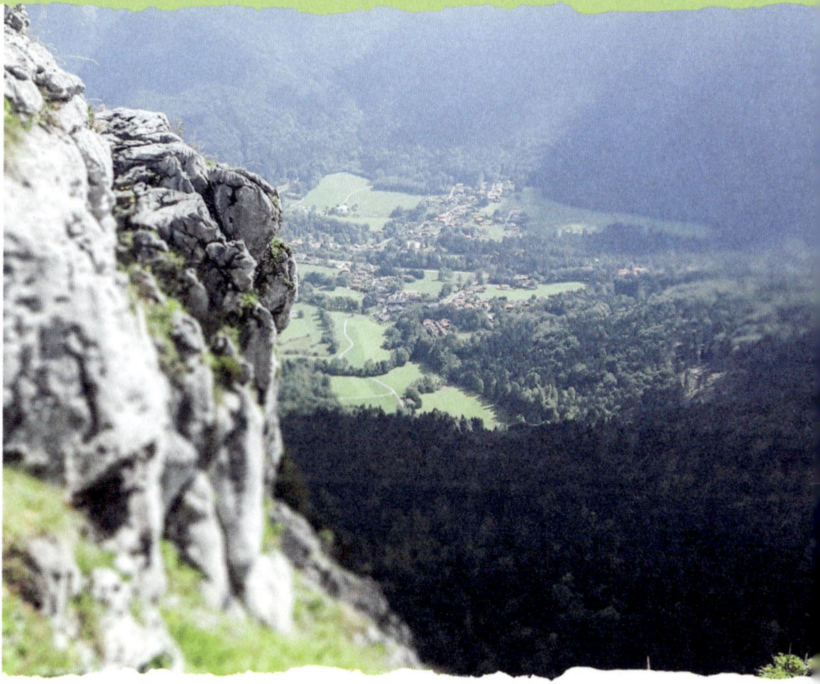

Schwindelfrei sollte man schon sein, wenn man die ausgesetzten Gipfelplätze genießen möchte.

Die Pflanzenwelt um uns herum wechselt derweil von dunklem Nadel- zu lichtem Laubwald.

Wir folgen der ▸ ***guten Beschilderung mit gelben Wegweisern*** und erreichen nach etwa eineinhalb Stunden den ▸ ***Leonhard-Sattel mit dem Abzweig nach links***, der uns auf den Gipfel des Leonhardsteins führt. Ab hier zieht der Steig sogleich kräftig an. Große, oft speckige Steine sorgen für einen anstrengenden, zuweilen rutschigen Anstieg, in wilder Treppenformation windet er sich höher und höher. Dabei empfiehlt es sich, beide Hände frei zu haben, um sich an Steinvorsprüngen, Ästen und Wurzeln gut festhalten und emporziehen zu können. Entgegenkommende Wanderer freuen sich, wenn man sie an breiteren Wegstellen vorbei lässt. Für die meisten eine willkommene Pause, um kurz durchzuschnaufen und sich die Schweißperlen von der Stirn zu wischen.

Endlich, nach rund zwei Stunden Gesamtgehzeit, werden die Bäume spärlicher und weichen blumengeschmückten Grasflecken. Ein ▸ ***letzter gacher Stich*** und schon öffnet sich auf dem Gipfel ein atemberaubender Blick in alle vier Himmelsrichtungen. Die Aus-

Leonhardstein

3:15 h Gehzeit | 8,1 km Länge | 637 hm | schwer

Ausgangspunkt in 83708 Kreuth:

Am Kirchberg, Wanderparkplatz

Weg:

Nur im Sommerhalbjahr gangbar, überwiegend schattig, Trittsicherheit erforderlich, bei Regen nicht empfehlenswert, gut ausgeschildert: Schwarz auf Gelb zum „Leonhardstein", beim Abstieg „Kreuth" bzw. „Wasserfälle-Rundweg"

Besonderheiten:

- Felsiger Steig als Abschluss des Aufstiegs
- Rundumblick auf dem Gipfel
- kleine Wasserfälle

Einkehr:

- Café & Restaurant Göttfried, Südliche Hauptstraße 2, Kreuth: www.hausgoettfried.de
- Käse-Alm Kreuth, Nördliche Hauptstraße 6, Kreuth: www.kaesealm-kreuth.de

Zuganfahrt:

BOB nach Tegernsee, Bus 9556 nach „Wildbad Kreuth", Ausstieg „Riedler Brücke, Kreuth", kurzer Fußweg an der Hauptstraße zurück zum Abzweig „Am Kirchberg"

Variationen:

Umkehr ist jederzeit möglich. Variationen sind anhand der Beschilderungen ebenfalls möglich, auf den Gipfel führt jedoch nur ein einziger Weg. Vom Leonhard-Sattel aus kann man auch zur Schwarztenn-Alm weiterwandern.

Tipps:

- Kirche St. Leonhard, Am Kirchberg 11, Kreuth
- Wildbad Kreuth, ehemaliges Kurbad, bis 2016 als Bildungszentrum der Hanns-Seidel-Stiftung genutzt, Anfahrt über Bundesstraße 307
- Warmfreibad Kreuth, Nördliche Hauptstraße 3: www.gemeinde.kreuth.de

Tourist-Info:

Nördliche Hauptstraße 3
83708 Kreuth
Tel.: 08029-9979080
E-Mail: info@tegernsee.com
www.tegernsee.com

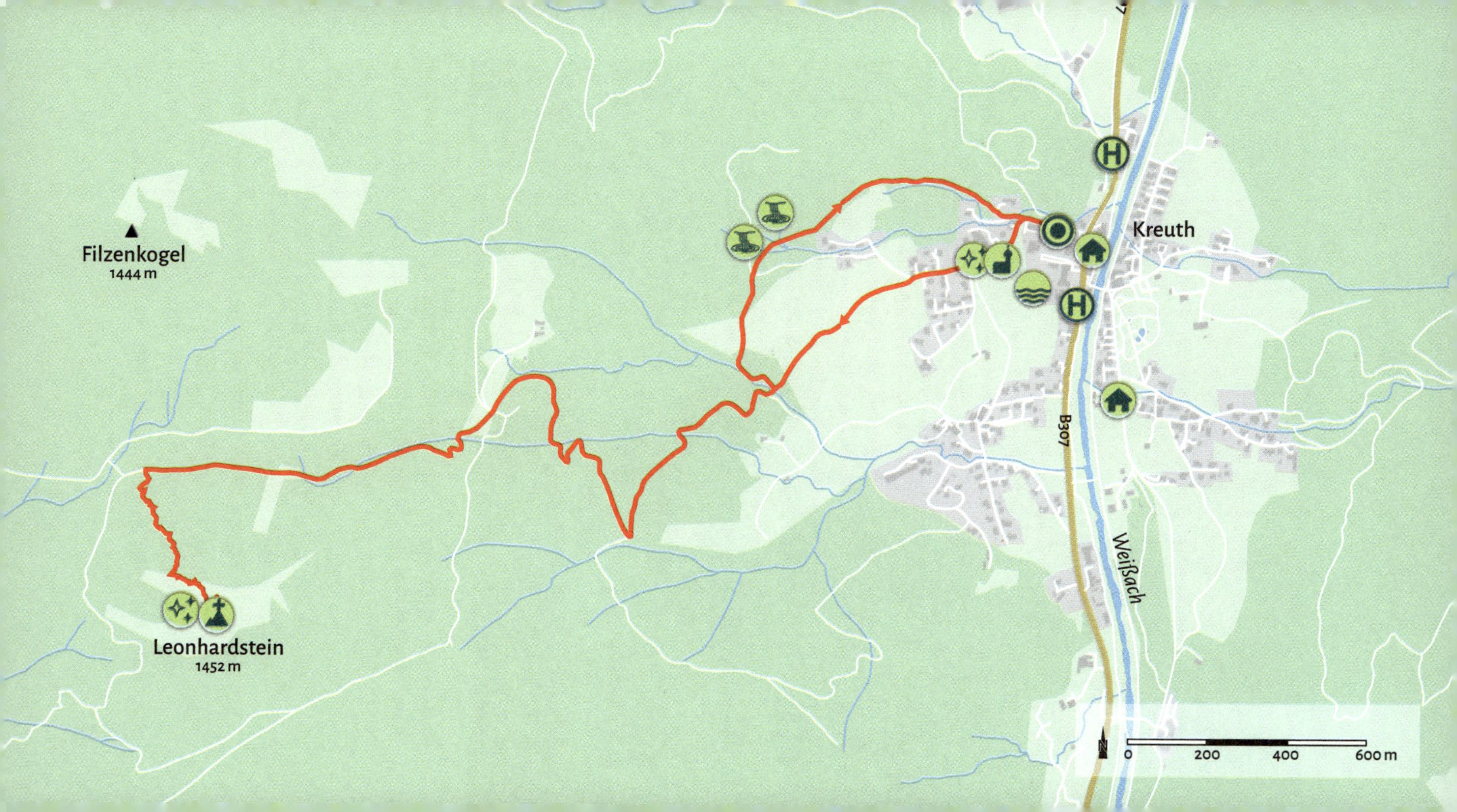
Filzenkogel
1444 m
Kreuth
B307
Weißach
Leonhardstein
1452 m
0
200
400
600 m

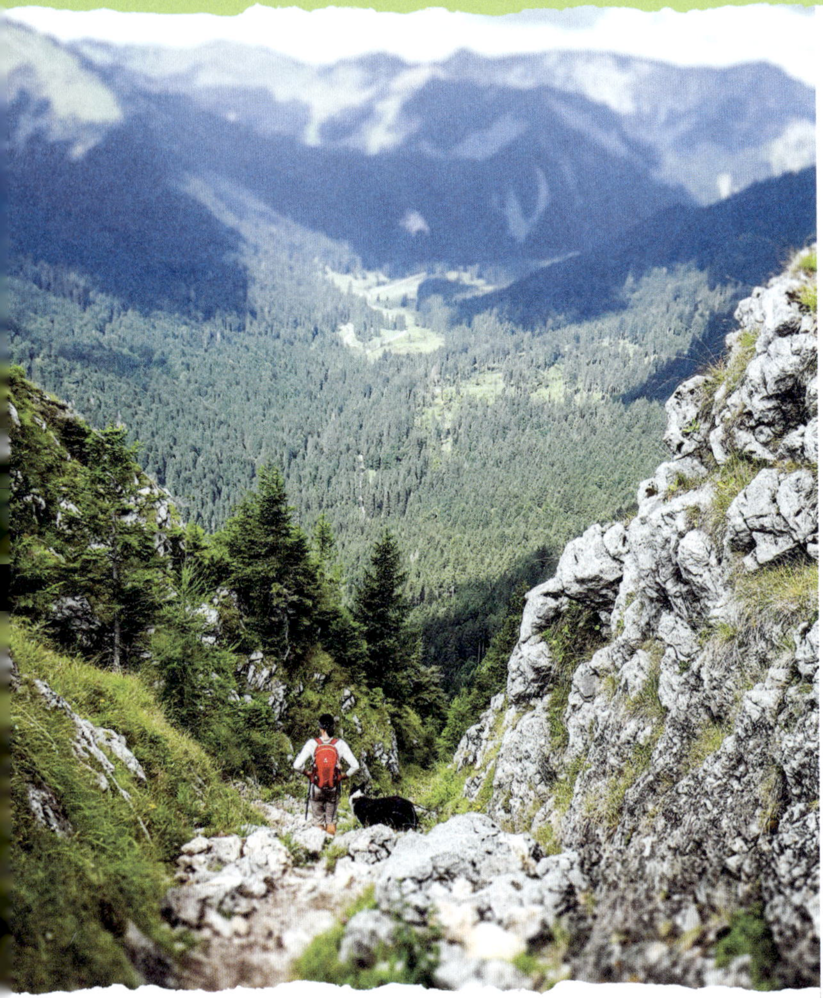

Ein bisserl Kraxelei ist beim Aufstieg zum Leonhardstein schon dabei.

sicht über das Weißachtal, weit ins Karwendel und hinüber zum Isarwinkel lassen eines jeden Bergfreundes Herz höherschlagen. Ein bisschen schwindelfrei sollte man allerdings schon sein, um die Rast auf den ausgesetzten Plätzen der Felsen voll genießen zu können. Nicht ganz frei von Schwindeleien ist dafür jene unglaubliche Begebenheit, in der sich die Tegernseer und die Isarwinkler Sagenwelt vereinen: Soll doch der Wilderer Lampl mit einem kühnen Sprung vom Leonhardstein erfolgreich einer Verhaftung entgangen sein **Geschichte S. 136**!

Wir wählen aus Sicherheitsgründen lieber ▶ ***den gleichen Weg hinunter, den wir hinaufgekommen sind***. Für die teilweise sehr großen Felsenstufen empfiehlt es sich, es gemütlich angehen zu lassen und sich wieder gut festzuhalten. Ein Tipp für ängstliche Wanderer: Tiefe Schritte nach unten am besten rückwärts angehen, wie wenn man eine Leiter hinuntersteigt.

Nach etwa einer Stunde bergab, dem ▶ ***Weg Richtung Kreuth*** folgend, haben wir die Möglichkeit, ▶ ***nach links in den „Wasserfall-Rundweg"*** einzubiegen. Wer möchte, kann hier die Tour mit einer erquickenden Erweiterung durch den Wald abschließen – insbesondere an sehr heißen Tagen eine wundervolle Erfahrung. Ein ▶ ***schmaler Pfad verläuft nach Nordosten*** und kreuzt mehrere Bachläufe, die dort als Wasserfälle lustig über Stein und Felsen springen.

Nach insgesamt gut drei Stunden Gehzeit erreichen wir wieder das Auto oder die Bushaltestelle. Alle Kaffee- und Kuchenfreunde werden nun an einem gewissen kleinen Abstecher nicht vorbeikommen: Das ▶ ***„Café Göttfried"*** liegt ganz unscheinbar an der Hauptstraße, nur wenige Minuten unterhalb des Parkplatzes, und weiß mit herrlichen selbstgebackenen Köstlichkeiten zu verführen!

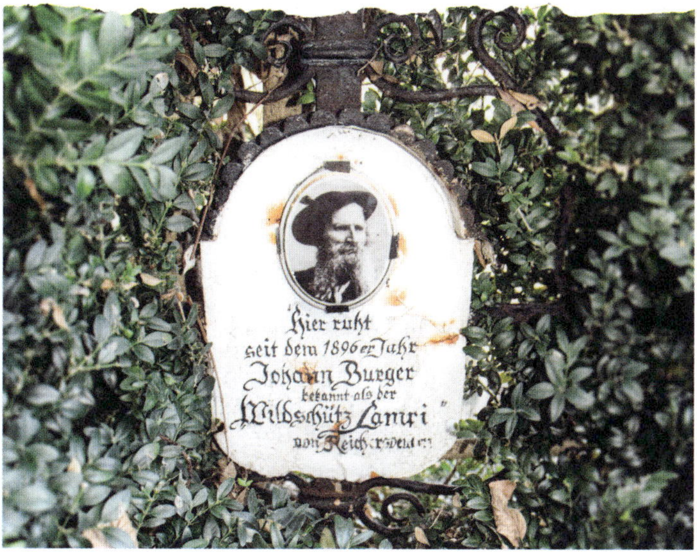

Klingt fast wie eine Ehrung: die Aufschrift auf dem Grab des „Wildschützen Lampi"

Der Schutzpatron für Kerker und Stall
Vom Wirken des Sankt Leonhard

ab 6 Jahren

Glaubt man dem Heiligenlexikon, dann hat Leonhard von Limoges Anfang des 6. Jahrhunderts im heutigen Frankreich gelebt. Als Nachkomme einer fränkischen Adelsfamilie war er vom damaligen Erzbischof von Reims getauft und unterrichtet worden, sodass auch in ihm der Wunsch reifte, Mönch zu werden. Als Mitbegründer eines Klosters und vorbildlicher Geistlicher wurde ihm bald die Bischofswürde angeboten. Doch Leonhard lehnte ab. Er wollte lieber als Einsiedler in einer einfachen Zelle im Wald leben.

So dauerte es nicht lange, bis Kranke und Hilfsbedürftige in immer größerer Zahl zu ihm pilgerten und von ihm Hilfe erfuhren. Die Legenden schildern ihn als kraftvollen, klugen Mönch, der seinem Namen alle Ehre machte: Leonhard – der Löwenstarke, der für das Volk eintritt. Besonders für die Gefangenen soll er ein Herz gehabt haben. Er besuchte sie regelmäßig in ihren trostlosen Kerkern. Sein himmlischer Einfluss sei sogar so stark gewesen, dass jenen Häftlingen, die seinen Namen riefen, die Fesseln abfielen und sie so ihre Freiheit erlangten.

Die bekannteste Leonhardslegende erzählt von seiner Begegnung mit dem französischen Königspaar. Die beiden befanden sich mit ihrem Hofstaat auf der Jagd in jenem Wald, in dem Leonhard lebte. Obwohl die Königin hochschwanger war, begleitete sie den Tross. So kam es, dass ihre Wehen gerade dann einsetzten, als kein Arzt in der Nähe war. Leonhard hörte ihr Klagen und eilte zu Hilfe. Auf Bitten des Königs betete Leonhard an ihrem Lager und sie brachte wirklich einen gesunden Jungen zur Welt.

Mit viel Gold und Silber wollte sich der König daraufhin bei dem Einsiedler bedanken. Doch der erbat sich nur ein Stück des Waldes als Besitz, so groß, dass er es in einer Nacht mit seinem Esel umrunden könne. Dort gründete Leonhard schließlich die Gemeinschaft von Noblat, ein Kloster, in dem er ehemalige Gefangene zu Handwerkern ausbildete und ihnen damit eine neue Chance gab.

Erst im 11. Jahrhundert begann man, seine Lebensgeschichte niederzuschreiben und ihn zu verehren. Als Patron der „in Ketten Liegenden" und auch der Geisteskranken wurde er verehrt und deshalb mit einer Kette abgebildet. Nach der Reformation geriet diese eigentliche Bedeutung des Symbols in Vergessenheit, es wurde nun als Zeichen der Haus- und Nutztiere missverstanden, die ja auch an Ketten zur Feldarbeit geführt wurden.

Seitdem ist der heilige Leonhard insbesondere in Bayern für Pferde und Vieh zuständig und in zahlreichen Wallfahrten wird seiner gedacht. Etwa 50 Leonhardifahrten gibt es bis heute alljährlich rund um den 6. November: in Kreuth die vermutlich älteste, in Bad Tölz die größte. Sankt Leonhard, der Heilige mit den Ketten nimmt sich aber gewiss auch all dessen an, was ihm unter dem Jahr anvertraut wird, alles, was uns beruflich oder privat gefangen hält.

Eine kleine Trilogie: Berg, Kapelle und Kirche zu Ehren des Hl. Leonhard

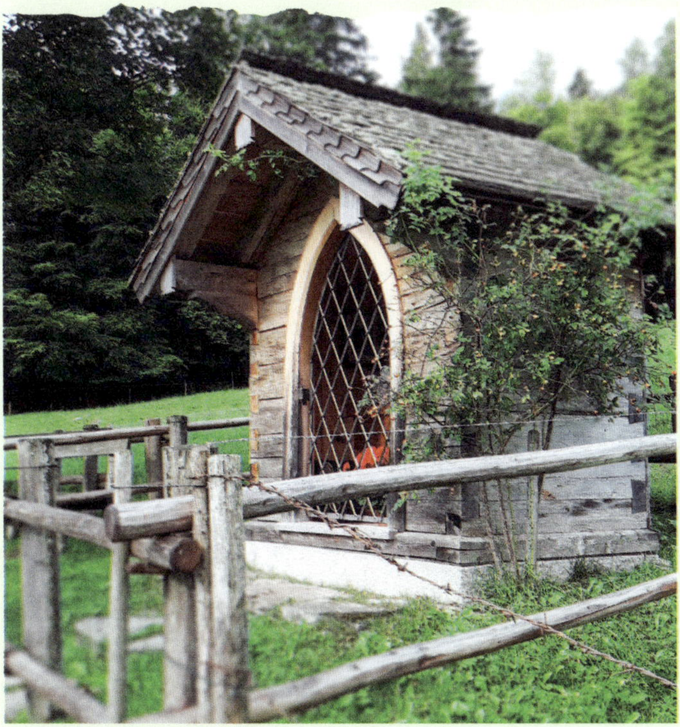

Der Schlawiner von Berg und Tal

Vom kühnen Sprung des Wilderers Johann Burger

ab 6 Jahren

Ob sich die nachfolgende Geschichte wirklich genauso ereignet hat oder eher dem „Wilderer-Latein" zuzuordnen ist, wird wohl niemand mehr herausfinden. Doch gehört sie zu einer der amüsantesten Wuidara-Gschichtn, die man im Oberland erzählt. Und dass es den Johann Burger nachweislich gegeben hat, dokumentiert zumindest sein Grab, das man bis heute auf dem alten Gmunder Friedhof besuchen kann. Das Taferl daran ist von einem alten Buchsbaum so dicht umrankt, dass man es gerade noch erkennen kann.

So ähnlich kann man sich sein Gesicht vorstellen: von buschigen Augenbrauen und einem kräftigen Vollbart eingerahmt. Dazu den Hut tief ins Gesicht gezogen – da weiß man gleich, der Johann Burger war ein wilder Kerl.

Auf der Pirsch stimmte das sicher auch. Im sonstigen Leben aber war er eigentlich ein Lammfrommer, ein „Lampl" eben, und hätte keiner Menschenseele was zuleide getan. Doch das Wildern war sein Laster. Wenn die Jäger am Sonntag in die Kirche gingen, ist er, der Lampl, hinaus zu seiner Freiluftmesse, kurz: auf die Jagd. Seine Büchse über der Schulter, sprach er ein kurzes Gebet, wenn er zwischen den Bäumen verschwand – und wenn er danach mit einem Rehbock über der Schulter wieder nach Hause kam, war das zweite Gebet fällig, als Dank für sein Waidmannsheil.

Einmal jedoch brauchte er noch ein drittes Gebet, der Lampl. Da war er nämlich wieder als Schwarzgeher, wie man die Wilderer auch nennt, auf dem Leonhardstein unterwegs. Und irgendwer hatte ihn bei den Jägern verpfiffen.

Die Grünröcke machten sich sofort mit ein paar Förstern als Unterstützung auf den Weg, um dem Lampl das unrechte Handwerk zu legen. Immer weiter stiegen sie den steilen Brocken hinauf, bis sie schließlich knapp unterm Gipfel waren. An einer ganz besonders engen Stelle postierten sie sich mit dem Gewehr im Anschlag. Denn wenn der Lampl dort oben wildern sollte, dann konnte er nur auf diesem Weg wieder hinunterkommen.

Tatsächlich! Es dauerte nicht lange, da stieg der Lampl den Berg hinab. Die Büchse über der Schulter und einen Gamsbock im Rucksack. Im nächsten Augenblick entdeckte er die Jäger und stutzte. „Bluad vo da Gams!", brummte er und überlegte scharf.

Und während die Jäger noch feixten, dass sie nun endlich den Lampl überführen würden, da drehte der sich unvermittelt um und rannte auf den Gipfel zurück.

„Bluad vo da Gams!", rief er erneut beim Anblick der schroffen Felsabstürze. Aber ihm blieb keine andere Wahl. Er riss sich den Rucksack vom Rücken und warf ihn vor sich in den Abgrund. Dann legte er die Hände zusammen und schrie: „Heiliger Josef, steh mir bei!"

Und dann sprang er. Er sprang einfach vom Gipfel des Leonhardsteins in die jähe Tiefe. Weg war er!

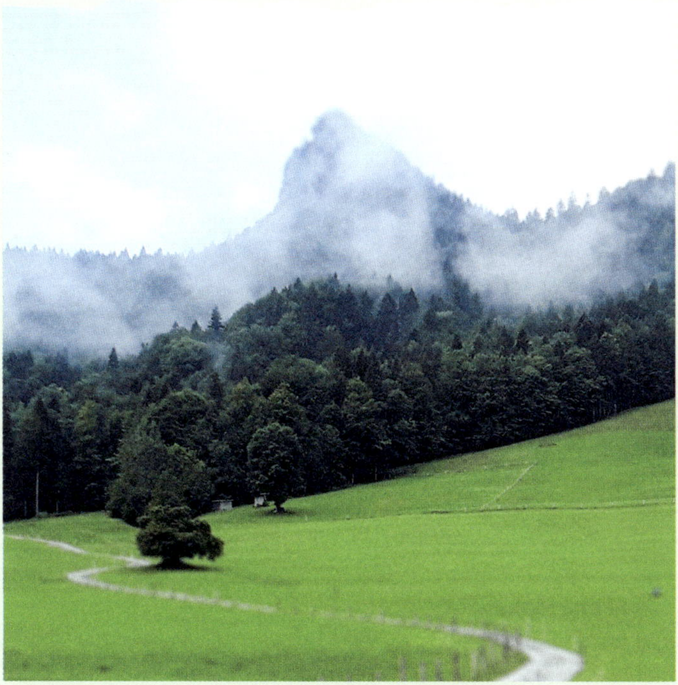

Von dieser steilen Spitze soll er gesprungen sein, der Wilderer Lampl.

Fassungslos liefen die Jäger zum höchsten Felsvorsprung. Doch vom Lampl war nichts mehr zu sehen. „Um Himmels willen!" – „Jetzt ist er hin!" – „Tot ist er!" – „Das ham wir ned wolln!" Alle riefen wild durcheinander. Einer stellte sich gar an den Rand des Felsens und betete: „Geb ihm der Herrgott die ewige Ruh!"

Doch im nächsten Moment hörte man eine Stimme aus dem Tal: „Naa, den Gfalln duad ihm der Herrgott bittschön no ned!"

Und dann sah man ihn davonlaufen. Den Lampl samt Büchse und Rucksack.

Man erzählt sich, dass er auf eine der riesigen Fichten unterhalb des Gipfels gesprungen und hinabgeklettert sei, seine Sachen gepackt habe und stracks heim Richtung Reichersbeuern gelaufen sei. Quer über die Berge, so wie er es gewohnt war. Und wer schon einmal Bergläufer in ihrem beachtlichen Tempo beobachtet hat, der weiß, wie schnell diese drahtigen Burschen sein können. Bergläuferinnen natürlich auch!

Die Jäger jedenfalls entbrannten nun erst recht in üblem Zorn. Sie eilten den Leonhardstein hinunter, nahmen ein Fuhrwerk, passten in Tegernsee gleich noch den Richter ab und jagten nach Reichersbeuern. Dort wollten sie den Lampl am besten sofort mit dem gewilderten Gamsbock in Empfang nehmen.

Doch es kam ganz anders. Denn Johann Burger, alias der Lampl, war längst schon wieder auf seinem Bauernhof in der Nähe von Bad Tölz angekommen. Sie fanden ihn dort im Bauersgewand, wie er das Mistwagerl über den Hof schob.

„Was wollts ihr denn da?", fragte er sie scheinheilig.

„Wir kommen grad vom Leonhardstein. Da hat einer a Gams gwildert!"

„Was, a Gams gwildert. So ein Lump!", brummte der Lampl.

„Ja, und weißt du was: Der Lump hat genauso ausgschaut wie du!", knurrten daraufhin die Jäger.

„Ausgschaut wie ich? Ja, wo gibt's denn des? Wo ich doch die ganze Zeit daheim war und im Stall gearbeitet hab. Sehts ihr ja! – Tja, so ein Pech für euch, dass ihr ihn ned erwischt habt, den Lump!", lachte der Lampl. „Bluad vo da Gams!"

Da mussten die Jäger unverrichteter Dinge wieder abziehen und waren sauber zwider, dass sie dem Lampl auch diesmal nichts haben nachweisen können.

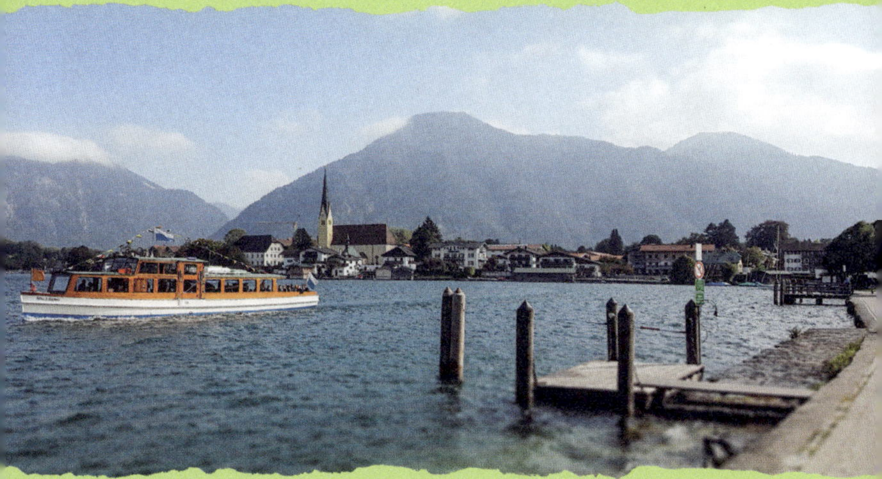

Weißachrunde im Tegernseer Tal 12

Kaffeeduft und jede Menge frische Luft

3:00 h Gehzeit

11,2 km Länge

80 hm leicht

Viel besucht und viel gemalt: der sogenannte Malerwinkel am Tegernsee

Einfach paradiesisch mutet das Tegernseer Tal an Sonnentagen an: die weiß überzuckerten Gipfel, die grün gekleideten Hügel, die blumenübersäten Almwiesen und der smaragdfarbene See, in dem sich der Himmel spiegelt! Kein Wunder, dass seit dem 19. Jahrhundert die Menschen hierher in die Sommerfrische fahren, um die Seele baumeln zu lassen – und nebenher auch die Füße im Wasser. Unsere kleine Wanderung vereint nun gleich zwei Annehmlichkeiten: einen ausgedehnten Spaziergang an Fluss- und Seeufern entlang sowie eine Vielzahl an Cafés, die zum Verweilen und Genießen einladen. Paradiesisch eben – wie es übrigens auch eine der beiden Sagen erzählt, die es auf dieser Runde zu erzählen gibt!

Wir starten am ▸ ***Friedhofsparkplatz des Ringbergs*** und nähern uns erst einmal auf versteckten Nebenwegen dem „roten Faden" unserer Tour: der Weißach, dem größten Fluss nahe der Gemeinde

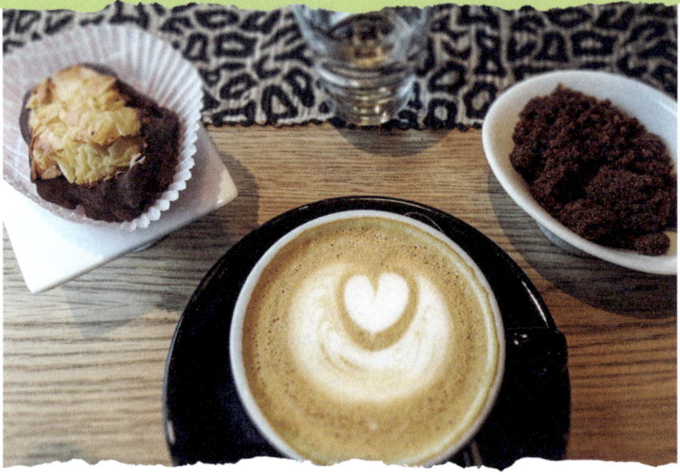

An die frische Luft, auch wenn es regnet oder schneit: Diese Runde hat perfekte Aufwärmpausen!

Kreuth, auf dem früher Triftholz nach Rosenheim transportiert wurde. Heute ist er im letzten Teil vor dem Tegernsee meist trockengelegt, um ihn zur Erzeugung von Wasserkraft zu nutzen. Der Weg führt uns ▶ ***hinunter zur Tegernseer Straße***, der wir in ▶ ***Richtung Norden*** folgen. Den Abzweig zum Ringberg-Schloss lassen wir links liegen. Die turmreiche Burg thront über dem See und ist längst nicht so betagt, wie ihr trutziges Äußeres vermuten lässt. 1912 haben die Wittelsbacher mit dem langwierigen Bau begonnen, erst in den 80er Jahren wurde er fertiggestellt und dient heute dem Max-Planck-Institut als Tagungsstätte. Eine Wanderung hinauf lohnt leider nur einmal alle zwei Jahre, nämlich dann, wenn beim Tag der offenen Tür die schweren Burgtore interessierten Besuchern offen stehen.

Wir ziehen also weiter, nur noch wenige Meter an der Hauptstraße entlang und zweigen ▶ ***gleich bei der ersten Möglichkeit links*** ab, wenn eine schmale Straße den Berg ▶ ***nach Westen*** hinaufführt. Bald geht sie im lichten Laubwald in einen Forstweg über und führt uns – mit ersten erhöhten Ausblicken – schließlich wieder ▶ ***nördlich bergab*** und in einer beschwingten Rechtskurve durch einen Pferdehof auf den ▶ ***Ringbergweg***. Ihm folgen wir durch eine kleine Siedlung, über den Fußgängerüberweg an der Hauptstraße und zur ▶ ***Brücke über die Weißach***. Danach ▶ ***biegen wir links ab*** und wandern ▶ ***auf dem Weißachdamm westwärts*** dem See entgegen. Durch die erhöhte Lage bieten sich immer wieder interessante Einblicke in extravagant angelegte Gärten und auf luxuriöse Häuser, wie sie eben nur in der exklusiven Lage von Rottach-Egern zu finden sind.

Nach einer knappen Stunde Gehzeit erreichen wir die ▶ ***„Fährhütte 14"***, ein elegant im Landhausstil eingerichtetes Café-Restaurant mit gehobener Küche. Ein Cappuccino lohnt sich auf der Seeterrasse in jedem Fall doppelt, denn hier lassen sich schon unsere beiden Sagen dieser Runde meisterhaft veranschaulichen: Links erstreckt sich der überschaubare Ringsee, eigentlich eine kleine Bucht des Tegernsees. Rechts vor uns sehen wir die Grashalme einer winzigen Insel, der Ringseeinsel. Sie ist sozusagen das einzige Zeugnis von gleich zwei teuflischen Missetaten, von denen man noch heute im Tegernseer Tal erzählt. Die erste Geschichte reicht zurück bis zum Anbeginn aller Zeiten, als der Beelzebub Gottes schönsten Teil der Schöpfung erblickte und ihn zu zerstören suchte – glücklicherweise mit recht wenig Erfolg **Geschichte S. 148**. Die zweite weiß von abenteuerlichen Tagen zu berichten, als die Insel noch viel stattlicher war und Raubritter beherbergte **Geschichte S. 149**.

Mit dem wohligen Gefühl im Bauch, dass man sich heute im Tal nicht mehr vor solchen Schurken zu ängstigen braucht – und mit der anregenden Wärme des ersten Kaffees – wandern wir zum ▶ ***Prasserbad*** zurück, dem grünen Badeplatz direkt am See, den wir vorhin passiert haben. Von hier aus führt ein hübsches Wegerl direkt ▶ ***am Ufer entlang nach Nordosten***, mit stattlichen Häusern zur Rechten und stimmungsvollen Ausblicken auf den See zur Linken. Kleine Schautafeln des Wasserwirt-

Nirgends schlendert es sich so sehr nach Herzenslust wie an der Seepromenade.

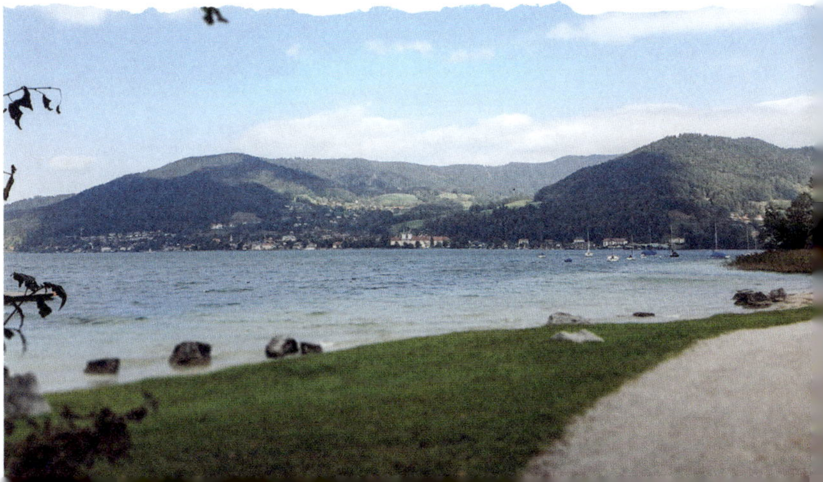

schaftsamtes und des Fischerei-Verbandes Oberbayern informieren uns über das rege Leben der Tier- und Pflanzenwelt am See. Zudem bitten sie darum, die wildlebenden Enten, Blesshühner und Schwäne nicht zu füttern, weil die unnatürliche Ausbringung von Brot und Ähnlichem zahlreiche Probleme nach sich zieht. Apropos „Fütterung“: Wir nähern uns dem nächsten Café-Stopp samt Kuchen! Inwieweit dies bei uns Menschen problematische Folgen haben könnte, darf jetzt jeder selbst entscheiden – Köstliches kosten oder doch lieber weiterwandern?

In jedem Fall eröffnet sich uns eine Vielzahl an Gelegenheiten zur nächsten Rast, wenn die ▸ ***Egerner Bucht mit dem Malerwinkel*** vor uns liegt. Übrigens bietet sich dort auch die Möglichkeit zu einer kleinen Schifffahrt über den gesamten Tegernsee! Kurz sei auch die fast 1.000 Kilogramm schwere Glocke erwähnt, die nahe der Bootsanlegestelle in einem großen Gestell auf ihren Einsatz wartet. Als Friedensglocke 2005 gestiftet, erklingt sie derzeit 14 Mal im Jahr zu besonderen Anlässen von Kunst und Kultur.

Wir spazieren voran, bis die ▸ ***Seestraße*** von links naht. Wer möchte, kann hier einen Bummel in Rottach-Egern einschieben oder mit uns gleich vorwärts ziehen in die ▸ ***Fürstenstraße***. Sie bringt uns wieder zurück zur Weißach, diesmal weiter östlich. Normalerweise lohnt es sich, unter der Brücke durchzuschlüpfen, um der großen Straßenkreuzung darüber zu entgehen.

Hübsche Gärten hier und dort locken nicht nur Bienen an.

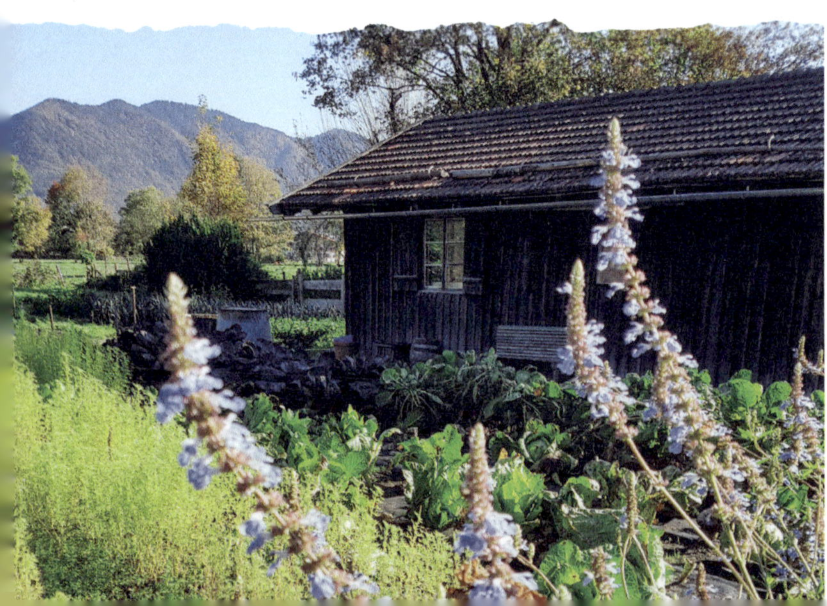

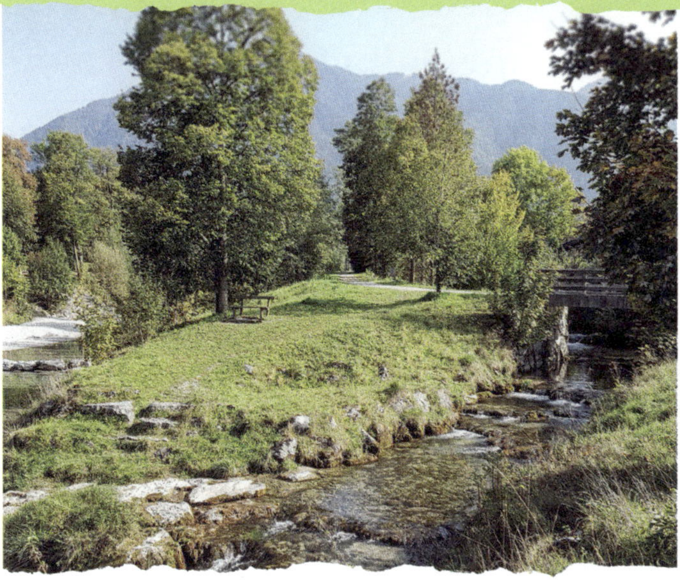

An der Weißach entlang lässt es sich gut wandern, wer möchte, sogar bis nach Kreuth.

Wir haben aber noch einen besonders heißen Tipp auf Lager: die erste ▸ ***Tegernseer Kaffeerösterei***, ein in vielerlei Hinsicht anregendes Mekka in Sachen hervorragendem Kaffee. Dazu gehen wir ▸ ***rechts an der Tegernseer Straße entlang*** und je näher wir der Nummer 101 kommen, desto verführerischer steigt uns der Duft von frisch gebrannten Kaffeebohnen in die Nase …

Um unsere Tour fortzusetzen, kehren wir ▸ ***an die Kreuzung zurück***, überqueren sie ▸ ***in Richtung Osten*** und wählen den kleinen, unscheinbaren Fußweg, der sich ▸ ***flussaufwärts die Weißach entlangschlängelt***. Wieder lichten sich hie und da die dichten Hecken und lassen uns am Leben der Einheimischen und Zugezogenen teilhaben. Die Art der Häuser und der Gärten verändert sich stetig. Ein älterer, bodenständigerer Teil von Rottach-Egern und Kreuth erschließt sich uns, bis schließlich auch die ländliche Vergangenheit dieses anmutigen Tales durchblinzelt.

Wir bleiben erst auf dem ▸ ***Weißachweg***, der in den ▸ ***Dammweg*** übergeht und biegen an seinem Ende ▸ ***links auf den Bräunbichlweg***. Nach einem kurzen Abschnitt entlang des Kanals betreten wir links von uns die große ▸ ***Holzbrücke***, auf der uns der Brückenheilige St. Nepomuk freundlich willkommen heißt. Wer möchte, kann kurz geradeaus spazieren und noch einige alte, sehenswerte

Weißachrunde im Tegernseer Tal

3:00 h Gehzeit | 11,2 km Länge | 80 hm | leicht

Ausgangspunkt in 83708 Kreuth:

Tegernseer Straße, dann zum Friedhofsparkplatz Ringberg

Weg:

Ganzjährig möglich, auch bei Regen und moderatem Schnee, überwiegend sonnig, unterschiedlich ausgeschildert

Besonderheiten:

- Ausgewählte Cafés
- Erlebnisweg „Naturschauspiel Kreuth“

Einkehr:

- Restaurant „Fährhütte 14“, Weißachdamm 50, Rottach-Egern: www.faehrhuette14.de
- Kaffeehaus „Erste Tegernseer Kaffeerösterei“, Tegernseer Straße 101, Weißach: www.tegernseer-kaffeeroesterei.de
- Naturkäserei TegernseerLand e.G., Reißenbichlweg 1, Kreuth am Tegernsee: www.naturkaeserei.de

Zuganfahrt (s. auch Variationen):

BOB nach Tegernsee, Bus 9559 nach „Bahnhof, Gmund a. Tegernsee“, Ausstieg „Weißach Brücke, Kreuth“; Beginn der Tour bei der Tegernseer Kaffeerösterei

Variationen:

Verkürzen der Runde: Die Tour kann z.B. nur nach Nordwest gegangen und an der Kaffeerösterei beendet werden; Parkplatz ist nicht weit entfernt – Tegernseer Straße nach Süden folgen. Oder man startet an der Weißach in Richtung Südost. Erweiterungen sind mehrfach möglich: ein Abstecher in den Ort Rottach-Egern hinein oder in Richtung Kreuth mit zwei Möglichkeiten die Weißach zu überqueren (bei der Weißachalm oder in Kreuth selbst).

Tipps:

- Prasserbad mit Bootsverleih, Forellenstraße 14, Rottach-Egern
- See- und Warmbad, Nördliche Hauptstraße 35, Rottach-Egern
- Schifffahrtsbetrieb Tegernsee: www.seenschifffahrt.de/tegernsee
- historischer Ortskern Rottach-Egern

Tourist-Info:

Nördliche Hauptstraße 9
83700 Rottach-Egern
Tel.: 08022-673100
E-Mail: rottachegern@tegernsee.com
www.tegernsee.com

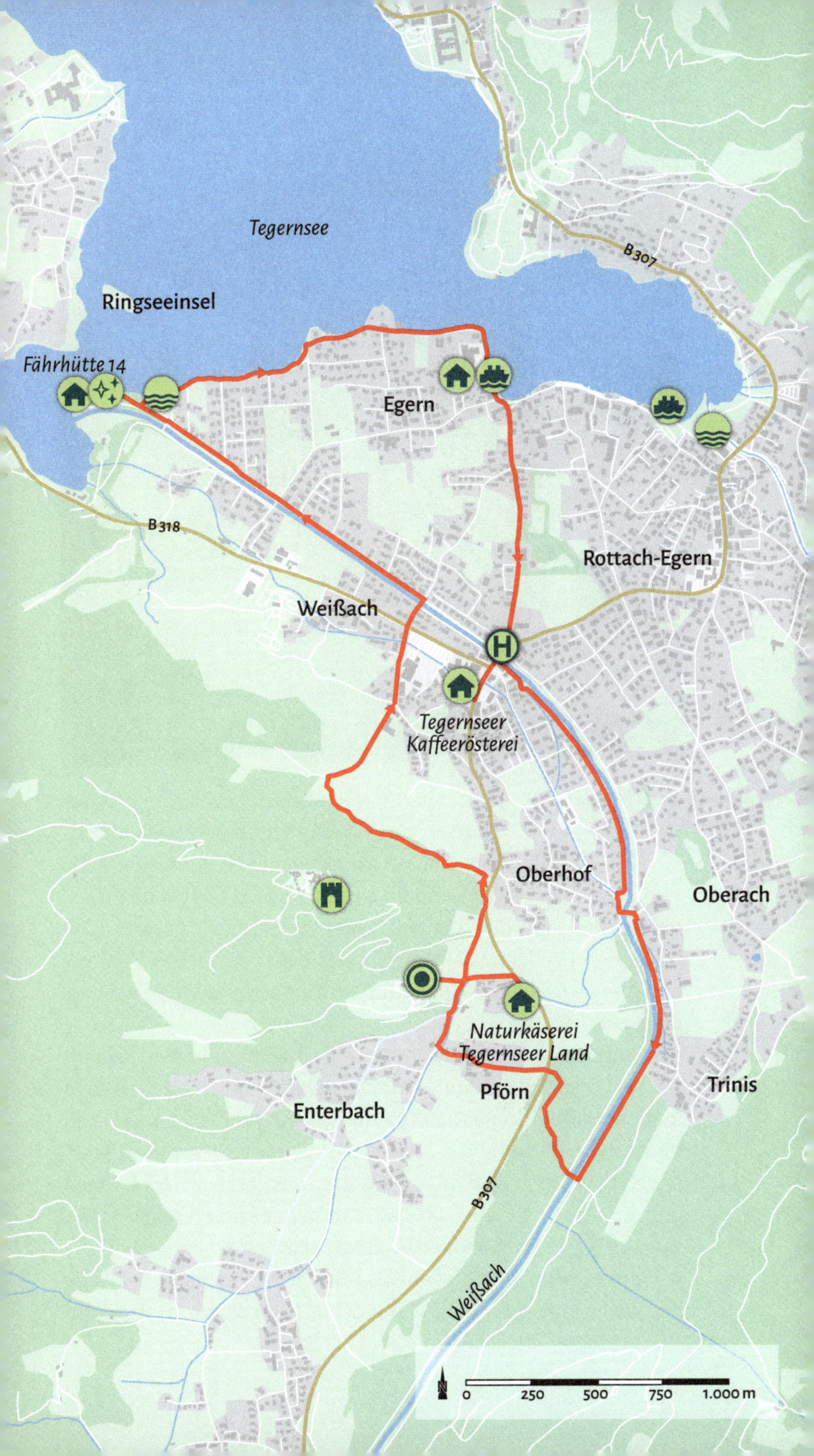
Tegernsee
Ringseeinsel
Fährhütte 14
Egern
B 307
Rottach-Egern
B 318
Weißach
Tegernseer Kaffeerösterei
Oberhof
Oberach
Naturkäserei Tegernseer Land
Pförn
Trinis
Enterbach
B 307
Weißach
0
250
500
750
1.000 m

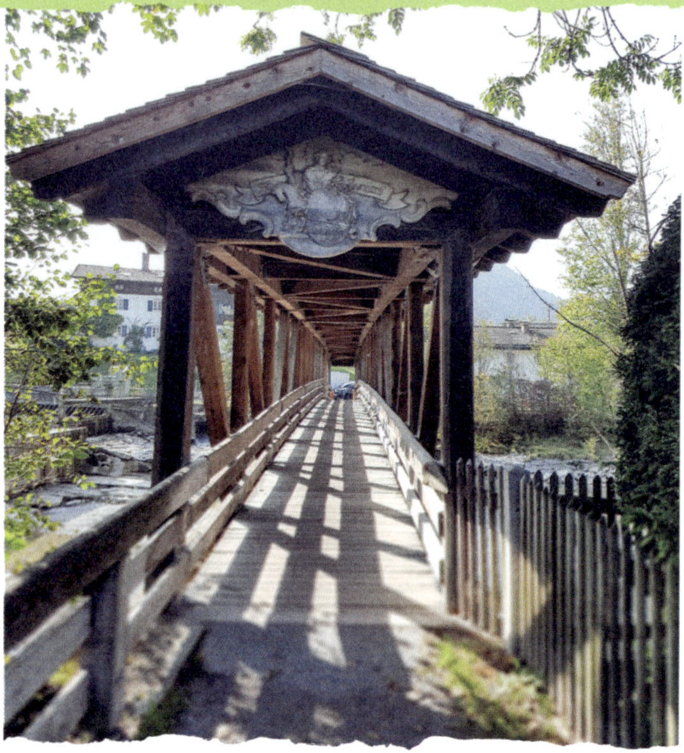

Wachen hier über Mensch und Tier: Leonhard und Nepomuk als Brückenheilige

Höfe von Rottach-Egern bewundern. Unser weiterer Weg bleibt aber an der Weißach und begleitet sie weiter hinauf ► *Richtung Kreuth*. Wir wandern auf der ► *östlichen Seite des Flusses*, weil sie mal mit Laub-, mal mit Nadelwäldern mehr Abwechslung bietet – und übrigens auch mit Hunden begangen werden darf; die gesamte östliche Seite kann mit dem Zamperl erwandert werden, die westliche bitte nicht.

Nachdem wir die ► *Wallbergstraße* überquert haben, beginnt der ► *Erlebnisweg „Naturschauspiel Kreuth"*, der mit zahlreichen Stationen Interessantes und Überraschendes für Klein und Groß zu bieten hat: Kletterbühne, Dufträtsel, Vogelquiz … ein Abenteuerpfad für alle Sinne. Dazwischen erwarten uns immer wieder Blumen und Kräuter unter den luftigen Bäumen, die die Weißachauen säumen. Wir folgen dem Erlebnisweg etwa zehn Minuten, bis die ► *Pförner Brücke* uns Gelegenheit gibt, wieder auf die andere Seite der Weißach zu wechseln. Wer möchte, kann dem Naturlehrpfad auch bis zur Weißachalm (über die Brücke nach Point) oder bis Kreuth folgen (Rückweg ebenfalls auf westlicher Weißach-Seite möglich) und erweitert seinen Weg dadurch um bis zu sieben Kilometer, was bis zu eineinhalb Stunden zusätzlicher Wanderzeit entspricht.

Hinter der Brücke führt uns ein Feldweg erst nach Pförn, dann auf den ▸ ***Kainederweg nach rechts*** und dann schließlich ▸ ***rechts auf die Tegernseer Straße***, die uns zurück zum Friedhofsparkplatz am Ringberg bringt.

Wir sind aber noch nicht ganz am Ende unserer Genusstour, denn genau gegenüber der Straße zum Friedhofshügel biegt ▸ ***rechts ein kleiner Schleichweg in östlicher Richtung*** ab. Mit ihm kommen wir zur ▸ ***Naturkäserei Tegernsee***, ein Paradies für Milch- und Käsefreunde. Hier bekommt man bei Führungen alles über die Herstellung des duftenden Heumilchkäses erzählt – diesmal bestimmt keine Sagen, aber ebenso sagenhaft! – oder man lässt sich im Biergarten gleich allerlei der Köstlichkeiten vor die Nase stellen und im dazugehörigen Laden für daheim in die Tasche packen. Also dann, guten Appetit! Und einen wunderbaren Kaffee gibt es dort natürlich auch.

Durch schattige Auwälder geht es gemächlich an der Weißach entlang.

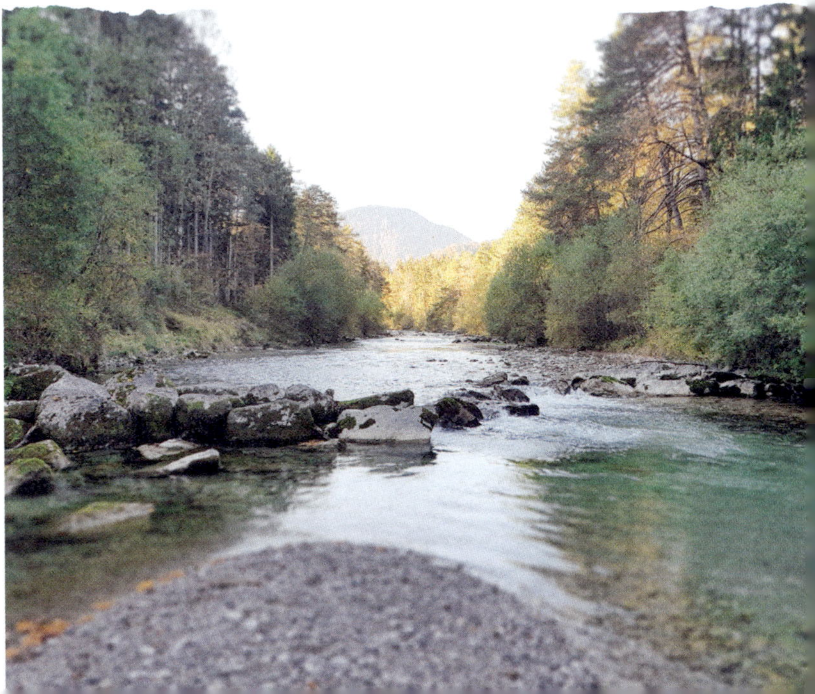

Gottes Werk und Teufels Beitrag

Von der Ringseeinsel im Tegernsee

ab 4 Jahren

Als Gott die Welt erschaffen hat, da dachte er sich am sechsten Tag, dass es Zeit wäre, jetzt noch etwas ganz Besonderes zu modellieren, ein Meisterstück sozusagen. So nahm er ein luftiges Tal mit ein paar Hügeln drumherum. Füllte es mit himmelblauem Wasser, schmückte die grünen Wiesen mit leuchtenden Blumen und legte um die Berge ein dunkelgrünes Gewand aus mächtigen Bäumen. Auf die Gipfel streute er noch etwas Schnee, sodass es aussah, als würden sie einen Zuckerguss tragen. Und somit war es fertig, das Tegernseer Tal!

Herrlich war's und dem Herrgott eine unbändige Freude! Als er sein Kunstwerk sah, dachte er bei sich: Schöner kann's nicht mehr werden, mein Paradies! Es ist Zeit für eine Pause. Und so ruhte er am siebten Tag.

Das nahm der Teufel zum Anlass, sich die Schöpfung des Herrgotts einmal genauer anzusehen.

Düster und düsterer wurde sein Gesicht, als er die wundervolle Erde betrachtete. Und als er schließlich das Meisterstück erblickte, das Tegernseer Tal, da gab es kein Halten mehr:

Früher ein Ort der Sagen, heute der Vögel und Insekten: die Ringseeinsel

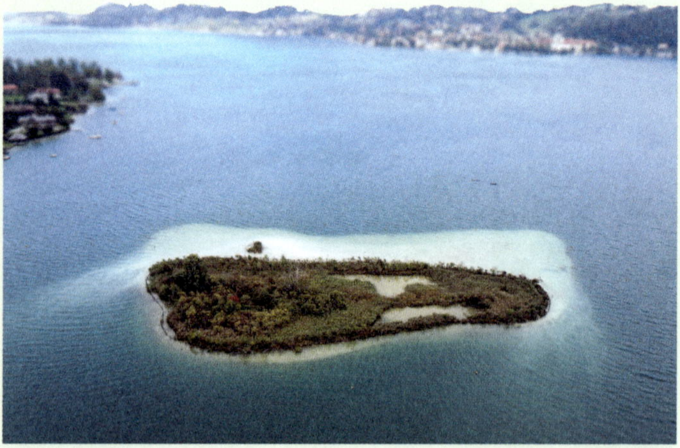

„Das ist ja grauenhaft, einfach grauenhaft schön! Das hält ja kein normaler Deifi aus. Pah, das mach ich ihm kaputt!“, schrie der Leibhaftige.

Wild blickte er um sich und entdeckte den Leonhardstein, einen steilen Felsen ganz in der Nähe. Er rannte hinüber und brach sich die Spitze ab. Mit diesem riesigen Brocken auf der Schulter wankte er hinüber zum Ringberg und schleppte sich mit seiner schweren Last nach oben.

Dort stand er schließlich, hämisch grinsend, und rief: „Ha, mein lieber Herrgott, jetzt wirst du einmal sehen, was ich, der leibhaftige Teufel, aus deinem schönen Tegernseer Tal mache! Hin wird es sein – und mit ihm das ganze Oberland!“

Der Teufel hob den Felsbrocken mit einem lauten Ächzen bis weit über seinen Kopf, um ihn mit aller Gewalt in den See zu werfen. Eine Flutwelle sollte es geben, die das ganze Tal überschwemmen und weit hinaus bis nach München reichen würde.

Doch der kleine Unhold hatte sich dabei reichlich übernommen. Das höllische Gewicht des Felsens brachte ihn ins Schwanken. Er glitt ihm aus den Fingern und rollte mit einem furchtbaren Getöse ins Tal hinunter.

Das war's dann aber auch schon. Nicht weit vom Seeufer blieb der Brocken liegen, nur ein paar unlustige Wellen schwappten um ihn herum.

Bis heute steckt er dort im See – und wird seither als Ringseeinsel bezeichnet. Auch das Tegernseer Tal gibt es Gott sei Dank bis heute. Und – das wird den Teufel wohl am meisten ärgern – es ist immer noch so schön wie ein kleines Paradies.

Ein Strafgericht für die Schreckensburg

Von den Raubrittern auf der Ringseeinsel

ab 6 Jahren

Als würden sie mit dem Teufel im Bunde stehen, hielten einst schreckliche Raubritter die ganze Macht über das Tegernseer Tal in ihren Händen. Eine unbezwingbare Festung hatten sie auf der Ringseeinsel errichtet und überfielen alle, derer sie habhaft werden konnten: Händler, die vom Achenpass herüberkamen, Kaufleute aus der Gegend und auch die Bauern ringsum. Gnadenlos plünderten sie deren Ställe: Rinder, Ziegen, Schweine, Hühner – nichts war vor ihnen sicher. Und wehe, einer der Bauern versuchte sich zu wehren. Dann zündeten sie ihm den Hof an und sahen sich lachend das Spektakel an.

In ihrer Not liefen die Bauern zum Abt des nahen Klosters, um ihn um Hilfe und Schutz zu bitten. Doch bevor der Abt etwas unternehmen konnte, wurde er selbst zum Opfer der grausamen Burgherren.

Sie entführten ihn und warfen ihn in den Kerker ihrer Festung. Bei Wasser und Brot musste er darben, bis seine Klosterbrüder ihn freikaufen kamen. 500 Gulden hätten sie auch wohl zusammengebracht, doch den Raubrittern war das nicht genug. Das Doppelte forderten sie, sonst würde es dem Abt schlecht ergehen, und sie zeigten auf schauerliche Weise, wie ernst sie es meinten: In einen eisernen Käfig steckten sie den Abt und ließen ihn an einem langen Seil von der Burgmauer in den See hinab. Der Arme versank dabei immer tiefer im Wasser und kam jedes Mal mehr tot als lebendig wieder zum Vorschein.

Die Mönche machten sich entsetzt auf den Heimweg und taten sofort, was sie konnten, um genügend Lösegeld für ihren Klostervorsteher zu erwerben. Das Doppelte war unmöglich zu bekommen, aber mit viel gutem Willen konnten sie 600 Gulden zusammenkratzen.

Ihr Bemühen wurde belohnt, denn die räuberischen Entführer ließen den Abt tatsächlich für nur 600 glänzende Münzen laufen.

Den Raubrittern aber blieb nicht lange Zeit, sich über ihren so übel errungenen Schatz zu freuen. Denn bald ereilte sie das himmlische Strafgericht: Ein seltenes Erdbeben rüttelte so stark an der Schreckensburg, dass sie in sich zusammenfiel und Mann und Maus unter sich begrub.

Im Laufe der Jahrhunderte sind auch die letzten Mauerreste versunken, sodass die Ringseeinsel, klein und unscheinbar, heute kaum mehr etwas von diesen dunklen Zeiten erahnen lässt.

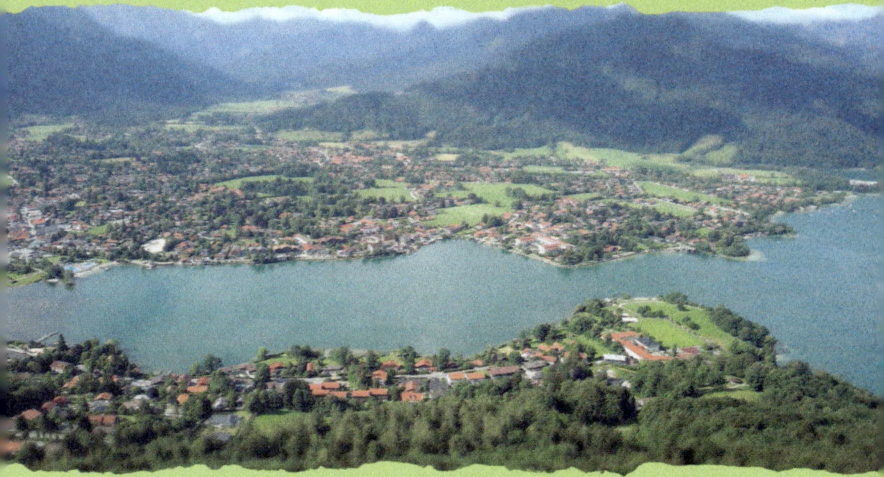

Riederstein-Baumgartenschneid 13

Mariengrotte, Mördergrube und mystische Felsen

4:00 h Gehzeit

10,8 km Länge

680 hm schwer

Malerisch liegt der Tegernsee zwischen grünen Hügeln und felsigen Bergen.

Wie ein winziges Märchenschloss thront die Riedersteinkapelle auf einem Felsvorsprung über dem Tegernseer Tal. Umrankt von mancherlei Sage streckt sich ihr Türmchen keck aus den bewaldeten Nordhängen hervor und lockt den Wanderer hinauf zu einem malerischen Ausblick über Berg und Tal, den nur noch der Rundblick vom Gipfel der Baumgartenschneid krönen kann.

Unser verheißungsvoller ▸ ***Startpunkt am Sonnleitenweg*** schickt uns in südlicher Richtung sehr bald auf einem schmalen Pfad in den lichten Wald hinein. ▸ ***Gelbe Tafeln*** weisen den Weg über die Gaststätte Galaun zum Riederstein und weiter zur Baumgartenschneid. Wir wählen den ▸ ***ersten Abzweig links*** und folgen dem ansteigenden Pfad auf einen hübschen ▸ ***Zwischengipfel, dem Pfliegeleck*** mit Gipfelkreuz, zwei Bänken und einem traumhaften Blick auf das Jadegrün des Tegernsees. Weiter führt ein Forstweg, von dem uns bald wieder ein angenehmer Waldpfad direkt zum ▶ ***Gasthaus Galaun*** bringt.

Auf der Ostseite des Hauses lotsen uns die bekannten gelben Schilder zurück ins helle Grün eines Buchenhains. ▶ ***Über 500 Treppenstufen*** klettern vorbei an 14 gusseisernen Kreuzwegstationen und einer Mariengrotte: Mit Moos bewachsenes Felsgestein blinzelt dort durch die Baumstämme und eröffnet uns ein sagenhaftes Reich voller Geschichten. Ein geheimnisvoller Ort, den manche sicherlich als Kraftort spüren können. Ob der größte Felsblock schon in früheren Zeiten ein Kultplatz gewesen ist, lässt sich nur erahnen. Der Durchschlupf darunter wird aber sicher schon so manchen Besucher lange vor unserer Zeit eingeladen haben, um Heilung zu bitten, das Alte abzustreifen und einen Neuanfang zu wagen. An diesem beeindruckenden Platz hat aber mit Sicherheit ein Menschenleben sein Ende gefunden, wie das Marterl vom Wildschützen Pöttinger erzählt ✧ **Geschichte S. 156**.

Nach einer knappen halben Stunde – vorbei an wilder Akelei und farbenfrohem Türkenbund – endet das steile Treppensteigen am ▶ ***Riedersteinkircherl***, an dessen Südseite sich ein herrlicher Ausblick über das luftige Tegernseer Tal bis weit in die Berge hinein öffnet. 1841 wurde vom Schlossdiener Josef Hupfauer die erste Kapelle an dieser Stelle errichtet und 1863 von wohlhabenden Tegernseern in ihre heutige neugotische Form gebracht. Die Ortslegenden freilich wissen von spektakulären Anlässen zum Bau des kleinen Gotteshauses zu berichten. Zwei Sagen buhlen mit ihren Errettungsgeschichten um die ursprüngliche Begebenheit, ihnen zufolge soll die unliebsame Begegnung mit wilden Raubtieren der Grund dafür gewesen sein ✧ **Geschichten S. 158 u. 160**.

Wir ziehen ▶ ***über knorrige Wurzelwege weiter***, teils eben, teils steil bergan steigend. Oft hat man nun drei verschiedene ausgetretene Pfade zur Auswahl und es gleicht einer Schnitzeljagd, den richtigen ▶ ***rot-weiß markierten*** zu finden. Alle Wege führen jedoch gleichermaßen zum Ziel, nämlich zu einer blumenreichen Almwiese, die sich bis zum ▶ ***Gipfelkreuz der Baumgartenschneid*** erstreckt.

Nach dem letzten, von den Blüten des Bergmandl gesäumten Anstieg erwartet uns dort ein weiter Rundblick ins Kaisergebirge bis hin zu den Hohen Tauern und hinüber zur Zugspitze. Direkt vor uns winken der Schliersee, der Risserkogel, der Wall- und der Hirschberg, der Tegernsee und die Neureuth herüber. Nur wenige Höhenmeter unterhalb des Gipfelkreuzes liegt auf der Nordseite die unbewirtschaftete Baumgartenalm, die in einer anderen spannenden Wilderergeschichte eine bedeutsame Rolle spielt: Hat doch, der Erzählung nach, Girgl Jennerwein seinem Freund Johann Pföderl die dortige Sennerin, das Agerl, ausgespannt, was ihn nicht weit von hier sein Leben kosten sollte.

Nach einer kleinen Rast auf einem einladenden Baumstamm oder im Windschatten der blühenden Gipfelhänge machen wir uns auf den ▸ ***Rückweg***, schlängeln uns den Pfad hinunter in den Wald und wählen den ▸ ***gemütlichen Weg links vom Kreuzweg zurück zum Galaun*** – zu einer ausgiebigen Brotzeit auf der Sonnenterrasse.

Von hier aus geht es wieder westlich in den Wald, diesmal aber ▸ ***über den rechten Weg zurück ins Tal***. Wir folgen der ▸ ***Beschilderung „Tegernsee über Auerweg und Schießstätte“***. Erst geht es über federnden Waldboden, dann einen frisch angelegten, steilen Kiesweg hinunter bis hin zu einem erneuten ▸ ***Abzweiger nach rechts***, wo uns ein hübscher Pfad durch Farne, Spieren und flechtengezierte Baumstämme ins Tal leitet.

Ein breiter Forstweg taucht alsbald auf der nördlichen Seite des Bachlaufes auf, der Prinzen-

In engen Kehren schlängelt sich der Weg hinauf zur Baumgartenschneid.

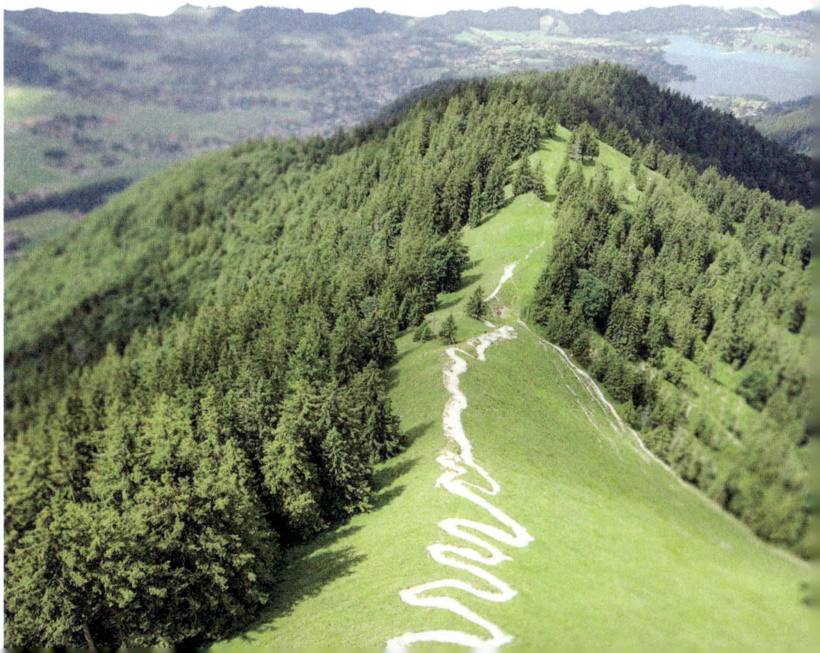

Riederstein-Baumgartenschneid

4:00 h Gehzeit | 10,8 km Länge | 680 hm | schwer

Ausgangspunkt in 83684 Tegernsee:

Wanderparkplatz, Sonnleitenweg; alternativ: Wanderparkplatz am Alpbachtal, Prinzenweg

Weg:

Ganzjährig möglich, wenn schneefrei, überwiegend schattig, Trittsicherheit erforderlich (bei Regen nur bis Galaun empfehlenswert), gelbe Schilder mit rotem Punkt zur Baumgartenschneid; Abstieg „Tegernsee über Auerweg und Schießstätte"

Besonderheiten:

- Mariengrotte mit Durchschlupf und Wilderer-Marterl
- Rundblick auf der Baumgartenschneid, Ausblick an der Riedersteinkapelle
- Kreuzweg
- Vielzahl schöner und seltener Blumen

Einkehr:

- Berggasthaus Riederstein am Galaun: www.berggasthaus-riederstein-am-galaun.de

Zuganfahrt:

BOB nach Tegernsee, dann Fußweg zum Parkplatz Sonnleitenweg (20 min, 90 hm): Bahnhofstraße nach Süden, Lärchenwaldstraße links hinauf

Variationen:

Auf den Galaun führen von Tegernsee aus verschiedene Pfade, darunter auch ein dezidierter Winterwanderweg. Verkürzen lässt sich die Runde leicht ab dem Galaun oder dem Riedersteinkircherl. Verlängern: Von der Baumgartenschneid aus geht nördlich ein Forstweg in großer Runde über das Alpbachtal zum Galaun zurück. Weitere Wege ziehen sich außerdem bis hinüber zum Schliersee, zur Kreuzberg- und zur Gindelalm sowie zur Neureuth.

Tipps:

- Olaf-Gulbransson-Museum, Kurgarten 5, Tegernsee: www.olaf-gulbransson-museum.de
- monte mara Seesauna & Strandbad, Hauptstraße 63, Tegernsee: www.monte-mare.de/tegernsee

Tourist-Info:

Hauptstraße 2
83684 Tegernsee
Tel.: 08022-92738-60
E-Mail: info@tegernsee.com
www.tegernsee.com

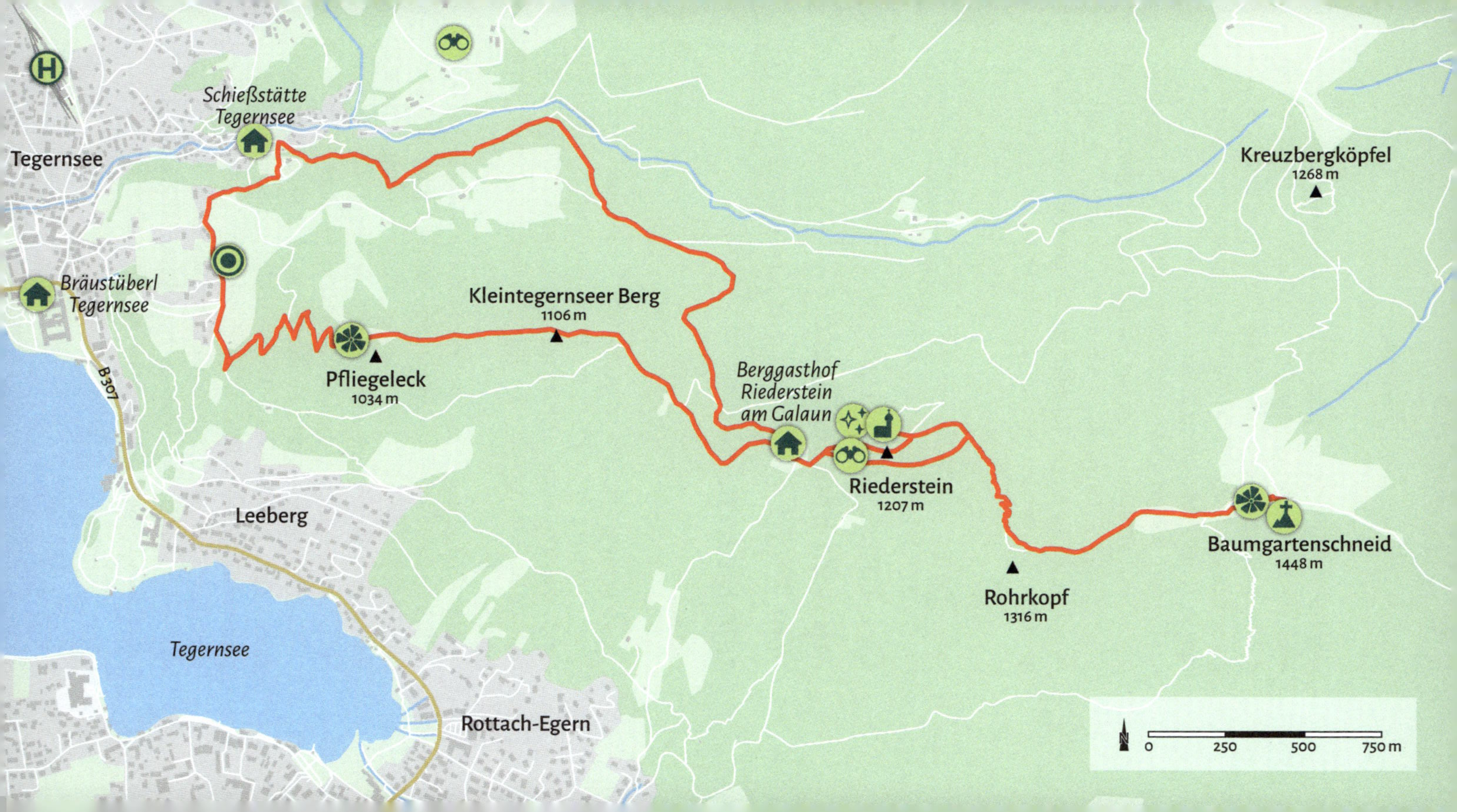
Tegernsee
Schießstätte Tegernsee
Bräustüberl Tegernsee
B 307
Kleintegernseer Berg
1106 m
Pfliegeleck
1034 m
Berggasthof Riederstein am Galaun
Riederstein
1207 m
Kreuzbergköpfel
1268 m
Leeberg
Tegernsee
Rohrkopf
1316 m
Baumgartenschneid
1448 m
Rottach-Egern
0
250
500
750 m

weg. Hier kann man einen Blick auf den Schererhof erhaschen, den ehemaligen Wohnort von Olaf Gulbransson. Von 1929 bis 1958 hat der bekannte und eigenwillige Maler dort gelebt. Bilder und Biografisches gibt übrigens das Gulbransson-Museum in Tegernsee sehr anschaulich und unterhaltsam wieder.

Frei nach seinem Lebensmotto „Gott hat uns die Zeit gegeben – von Eile hat er nichts gesagt“ schlendern auch wir gemütlich talwärts. An der ▸ ***Teerstraße*** angekommen, biegen wir ▸ ***links ab***, erreichen nach wenigen Minuten wieder unseren Parkplatz und genießen einen letzten Ausblick über den Tegernsee.

Der Totenschädel auf dem Brotzeitbrettl

Vom Wilderer-Marterl am Kreuzweg zum Riederstein

ab 6 Jahren

So mancher von ihnen ist nie lebend zurückgekehrt: Viele junge Bauernsöhne und Holzknechte waren einst als Wilderer in den Wäldern rund um den Tegernsee unterwegs. Teils aus Not, teils aus Jagdleidenschaft – die Jäger und Förster immer auf ihren Fersen.

Nur allzu oft endete ein solcher nächtlicher Gang in den Wald tödlich. Manche Fälle wurden nie aufgeklärt, die jungen Männer verschwanden spurlos. Umso kurioser und schauriger ist die Entdeckung der Gebeine vom Pöttinger Leonhard vom Schidlerhof, von den Einheimischen Schittler Hartl genannt:

Es ist im Sommer 1897, als der Wegmacher Bergmaier nach einer langen, arbeitsreichen Woche zu Bier und Brotzeit ins Tegernseer Bräustüberl kommt. Nach einer ersten Mass holt er Brot, Käse und Wurst aus seinem alten Rucksack, lässt es sich schmecken und merkt zwischen zwei Bissen lapidar an: „Übrigens, I hob den Schittler Hartl von St. Quirin gfundn.“

Es wird ganz still um ihn. Alle reißen Augen, Ohren und Münder auf: Wie, den Pöttinger Leonhard, den Bauernsohn, der seit 36 Jahren vermisst wird, den will er gefunden haben? Alles, was von ihm übrig geblieben war, ist sein Hut, den man unterhalb des Wallbergs entdeckt hatte. Vom Pöttinger selbst – keine Spur!

„Wos sogst du do? Wen host gfundn?“

„Na, den Schittler Hartl, wenn I's eich doch sog!“

Und dann erzählt der Wegwart, dass er am Riederstein unter der Mariengrotte Sand ausgraben wollte und stattdessen auf einen Menschenschädel und weitere Knochen gestoßen sei.

„Woit s an seng? I hob n dabei“, fragt der Bergmaier schließlich frech in die Runde. Und gleich darauf packt er aus und legt nach und nach einen Totenschädel und mehrere Knochen neben sein Brotzeitbrettl.

Da wird das Staunen ringsum immer größer. Zumal man dem Schädel ansieht, dass da jemand nicht freiwillig aus dem Leben geschieden ist. Das Schulterblatt zeigt außerdem zwei große Einschusslöcher.

Inzwischen bleibt der Auflauf auch den anderen Gästen nicht verborgen und am Ende steht das ganze Bräustüberl um die sterblichen

Von einer Mordsgeschichte erzählt dieses Marterl.

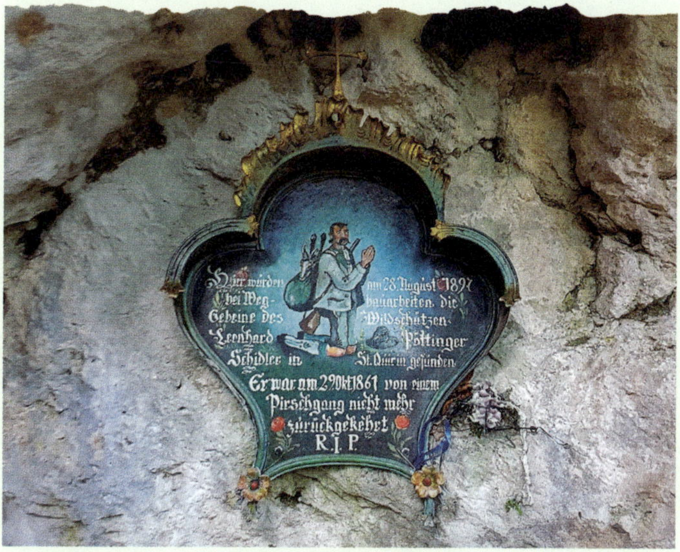

Überreste des vermeintlichen Wilderers und fachsimpelt, ob er es gewesen sein kann oder nicht.

„Und wenn ma eam oafach den Huad aufsetzn? Dann seng ma scho, ob a eam bassn dad!“

Die Idee wird für gut befunden und der Hut des verschwundenen Schittler Hartl aufgetrieben. Er passt!

Als dann noch am nächsten Tag der alte Bader bestätigt, dass im Gebiss des Totenschädels genau die Zähne fehlen, die er dem Vermissten vor 36 Jahren gezogen hat, ist es beschlossene Sache: Der Pöttinger Leonhard ist beim Wildern umgebracht und heimlich dort am Riederstein verscharrt worden!

Wer ihn so schändlich ins Jenseits schickte, das hat der Ermordete allerdings in sein vorübergehendes Grab beim mystischen Felsen unterhalb des Riedersteins mitgenommen. Wenngleich manche noch heute munkeln, dass der damalige Förster Mayr seine Hände mit im tödlichen Spiel gehabt haben soll. Denn der hatte nur zwei Jahre nach dem Verschwinden des Pöttinger eine Figur für die Mariengrotte gestiftet. Wer weiß, vielleicht weil ihm der Tote und sein schlechtes Gewissen keine Ruhe gelassen haben …

Wie das Riedersteinkircherl entstand

Vom Bärenjäger

ab 4 Jahren

Lange Zeit, bevor der Bär Bruno seinen letzten Weg durchs Tal antrat und sein Ende in der Rotwand am Schliersee fand, waren die Tegernseer Berge ganz selbstverständlich die Heimat wilder Raubtiere. Luchse, Wölfe und Bären, die übrigens als Allesfresser auch den Pflanzen zugetan sind, fanden bei dem reichhaltigen Hirsch-, Reh- und Gams-Angebot üppig Nahrung.

Allerdings kamen sie damit zuweilen ihren zweibeinigen Rivalen gehörig in die Quere – den Jägern. Und die hatten es gezielt darauf abgesehen, ihre Erzfeinde zurückzudrängen oder gar auszurotten.

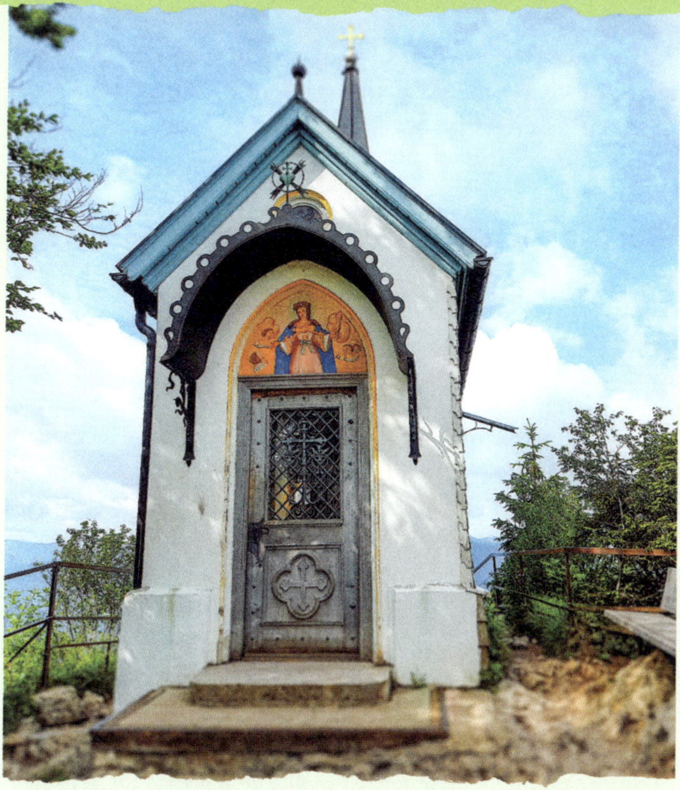

Gleich zwei Sagen ranken sich um das Riederstein-kircherl.

So hatte einmal ein Jäger eine Bärenspur von der Baumgartenschneid hinunter zum Riederstein verfolgt und erblickte schließlich das stattliche Raubtier nicht weit vor sich auf einem Felsensporn. Kurzerhand legte er an, drückte ab und traf den Bären gleich mit der ersten Kugel. Das mächtige Tier war tödlich getroffen, begann zu wanken, stürzte zu Boden und rutschte schließlich den steilen Abhang zum Galaun hinunter.

Der Jäger konnte sein Waidmannsheil nicht fassen, lief aufgeregt zum Abgrund und versuchte, einen Blick hinunter zu erhaschen, ob der Bär auch wirklich tot sei. Dabei glitt er jedoch aus, verlor den Halt und fiel ebenfalls in die Tiefe.

„Heilige Maria, hilf!", soll er in seiner Todesangst gerufen haben. Und sein Stoßgebet scheint erhört worden zu sein, denn der Jäger kam trotz des schweren Sturzes mit leichten Blessuren davon: Er kam genau auf dem Braunpelz zu liegen.

Die Sage beteuert, dass er aus Dank für seine glückliche Rettung die Riedersteinkapelle auf genau jenem kahlen Gipfelplateau errichten ließ, von dem er beinahe in den Tod gestürzt wäre.

Wie das Riedersteinkircherl entstand

Vom Gebet des Bauern

ab 4 Jahren

Vor langer, langer Zeit gab es im Tegernseer Tal noch keine Urlauber und Sommerfrischler, sondern es lebten vor allem Landwirte, Handwerker und die Gemeinschaft des Klosters im Tal. Einer der Bauern wirtschaftete fleißig auf dem Leeberghof, südlich unterhalb des Riedersteins. Sein ganzer Stolz waren seine Pferde, deren glänzendes Fell das schönste weit und breit war. Damit sie nur das beste Futter bekamen, ließ er sie auf dem Galaun weiden, das sonnige Fleckchen Wiese voller würziger Bergkräuter, auf dem heute die gleichnamige Gaststätte steht. Jeden Morgen stieg er hinauf, um nach dem Rechten zu sehen.

Eines Tages jedoch war sein Schrecken groß, denn seine Rösser waren nirgends zu finden. Er suchte im nahen Wald, zwischen den Bäumen, hier und dort, bis er schließlich angsterfülltes Wiehern hörte. Kreidebleich erblickte er seine Rappen oben auf dem Felsensporn des Riedersteins: Wild sprangen sie umher und suchten verzweifelt einen Weg nach unten. Ein wildes Raubtier schien sie in die Enge des Steinvorsprungs zu treiben.

Der Bauer sah seine geliebten Tiere schon in den Tod stürzen, besann sich aber und kniete gottesfürchtig nieder. Lange und inbrünstig betete er und gelobte, dass er ein Kirchlein zu Ehren der Muttergottes auf eben jenem Felsen erbauen würde, wenn seine Pferde heil zurückkehren würden.

Und das Wunder geschah. Das wilde Raubtier war wie vom Erdboden verschluckt. Unverletzt und wohlbehalten kamen die Rösser wieder auf dem Galaun an.

Der Bauer aber hielt sein Versprechen und begann noch im selben Sommer mit dem Bau der Kapelle, die bis heute von dieser Sage Zeugnis gibt.

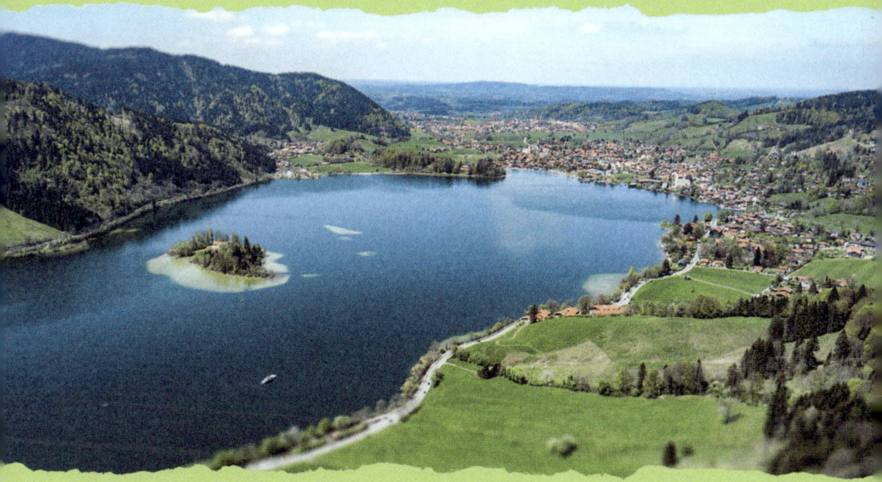

Schlierseer Höhen- und Uferweg 14

Von Rache, Reue und Ruinen

3:05 h Gehzeit
10 km Länge
345 hm mittel

Schmiegt sich zwischen grüne Wiesen und bewaldete Hänge: der Schliersee

Verwunschen liegen ihre Überreste auf einem südöstlichen Felsen des Schliersees: die Burg Hohenwaldeck. Bis heute erzählen ihre verbliebenen Mauern von dem dunklen Vermächtnis eines betrogenen Ritters und von hoffnungsvollen Schatzsuchern, die hier nach verschüttetem Gold gegraben haben. Ein aussichtsreicher Höhenweg führt an der Burgruine vorbei, die aktuell aus Sicherheitsgründen jedoch nur aus der Entfernung begutachtet werden kann. Unsere kleine Rundtour um den Schliersee bietet jedoch sogar bei halbseidenem Wetter einen ansprechenden Ausflug für die ganze Familie. Und wer danach dem altbayerischen Dorf im Wasmeier Freilichtmuseum einen Besuch abstattet, der kann an diesem Tag gleich doppelt in die Vergangenheit abtauchen.

Startpunkt für unsere Wanderung ist der ▸ ***Parkplatz in Schliersee-Unterleiten***, der von der Seestraße in südlicher Richtung links aus-

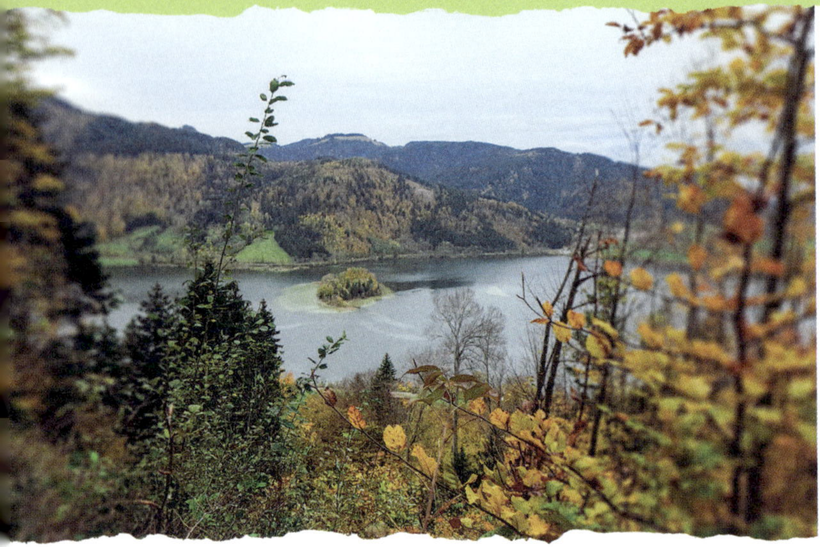

Düstere Vergangenheit, anmutiges Heute: die kleine Insel Wörth

geschildert ist. Von dort aus führen sogleich die ▶ *gelben Schilder zur „Burgruine Hohenwaldeck"* leicht den Hügel hinan. Wenige Meter später kann man entweder der ▶ *Straße „Unterleiten"* folgen, bis uns der Wegweiser rechts in einen kleinen Weg und schließlich eine Treppe bergwärts lotst. Oder in der ▶ *ersten Linkskurve der Straße geradeaus weitergehen*, denn auch da ist man gleichermaßen richtig unterwegs auf der ▶ *Straße zum Bauernhof Oberleiten*.

An diesem hoch gelegenen Gehöft biegt ▶ *ein kleiner Pfad rechts nach Süden* ab und schwingt sich durch Wiesen und Weiden ganz geschmeidig zu weiteren Steigungen auf. Ein herrlicher Ausblick über den Schliersee begleitet uns, bis wir in einen leuchtenden Mischwald gelangen. Der Weg gewinnt hier zusehends an Höhe, wartet mit ein paar Stufen auf und schließlich mit einer einladenden Holzbank, die – dank umfassender Abholzung – einen neuerlichen Blick auf Schliersee bietet.

Der Weg bis dahin ist im Wesentlichen unkompliziert und auch mit Kindern gut zu gehen, die allerdings etwas Wander- und Bergerfahrung haben sollten. Denn gut zu wissen ist, dass der weitere Weg an manchen Stellen steil hinauf führen und so mancher Hang unterhalb des Weges ebenso steil abfallen wird.

Nach knapp einer Stunde weist ein ▶ *Schild rechts zu den letzten Mauerresten* dieser einstmals beeindruckenden Feste, mit der die

Grafen von Waldeck den Zugang zum Inntal überwachten. Wahrscheinlich Ende des 13. Jahrhunderts erbaut, erlebte sie im Mittelalter fast 200 Jahre lang ihre Blütezeit, bevor sie wieder aufgegeben und schließlich durch einen Felssturz Ende des 15. Jahrhunderts zusätzlich schwer beschädigt wurde. Auch in jetziger Zeit sind die letzten Überbleibsel der Burg vom Verfall bedroht. Bäume überwuchern zwar sehr wildromantisch die Steinmauern, graben sich mit ihren Wurzeln aber tief in die Steilwälle hinein. Um weitere Zerstörung zu verhindern, wurden sie in den letzten Jahren größtenteils gefällt. Das nimmt der Ruine etwas von ihrem mystischen Charme, den die baufälligen Mauern auf dem auf 986 Metern gelegenen Felsensporn ausstrahlen. Die Einsturzgefahr des Burggeländes ist jedoch der Grund, warum die Ruine derzeit für Besucher gesperrt wurde. Mit baulichen Sicherheitsmaßnahmen sollen die Burgreste und der dahinterliegende Aussichtspunkt auf dem Leit-

Nur ein steiniger Weg führt zur Burgruine.

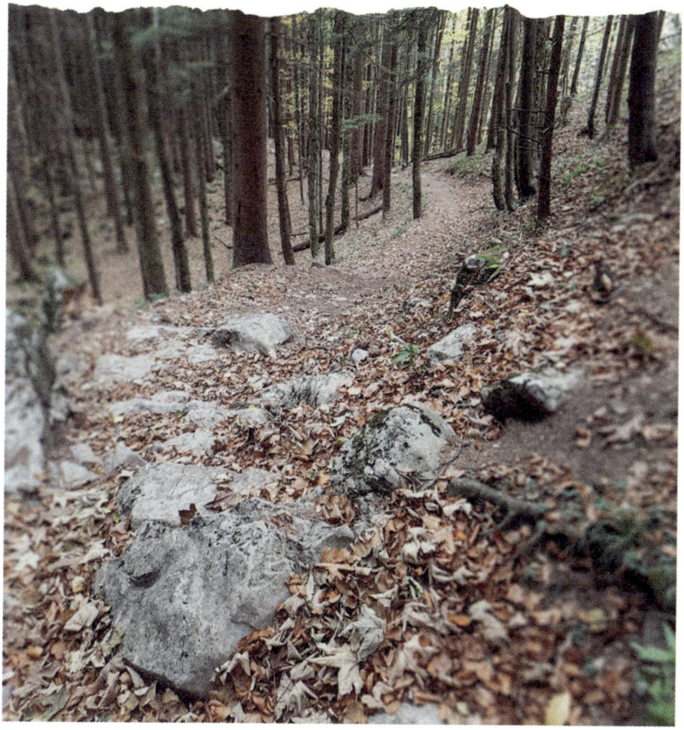

Schlierseer Höhen- und Uferweg

3:05 h Gehzeit | 10 km Länge | 345 hm | mittel

Ausgangspunkt in 83727 Schliersee:
Parkplatz Unterleiten

Weg:
Nur möglich, wenn schneefrei, teils schattig, teils sonnig, überwiegend mit gelben Schildern ausgewiesen

Besonderheiten:
- Burgruine (Begehung derzeit nicht möglich; bitte aktuellen Stand bei der Tourist-Info abfragen)
- Geschichts- und Kulturwanderweg
- Bootsverleih
- Schifffahrt möglich
- Erlebnispfad

Einkehr:
- Schnapperwirt, Neuhauserstraße 4, Schliersee: www.schnapperwirt.de
- Rixner-Alm, Westerbergstraße 40, Schliersee: www.rixneralm.de

Zuganfahrt:
Zug nach Schliersee, Fußweg (ca. 5 min) ans Seeufer und Start von hier aus

Variationen:
Im Winter kann man die Tour auch nur um den See gehen, ein Teil der Strecke führt allerdings neben der befahrenen Seestraße lang. Verlängern: z.B. mit einer Runde um den Hirschgeröhrkopf, einem Abstecher zum Freilichtmuseum oder mit dem Höhenweg auf westlicher Seite.

Tipps:
- Wasmeier Freilichtmuseum, Brunnbichl 5, Schliersee/Neuhaus: www.wasmeier.de
- Wallfahrtskirche St. Leonhard Fischhausen, Neuhauser Straße 30, Schliersee, und weitere Kirchen um den Schliersee
- monte mare Vitalwelt mit Schwimmbad und Sauna, Perfallstraße 4, Schliersee: www.monte-mare.de/schliersee

Tourist-Info:
Perfallstraße 4
83727 Schliersee
Tel.: 08026-60650
tourismus@schliersee.de
www.schliersee.de

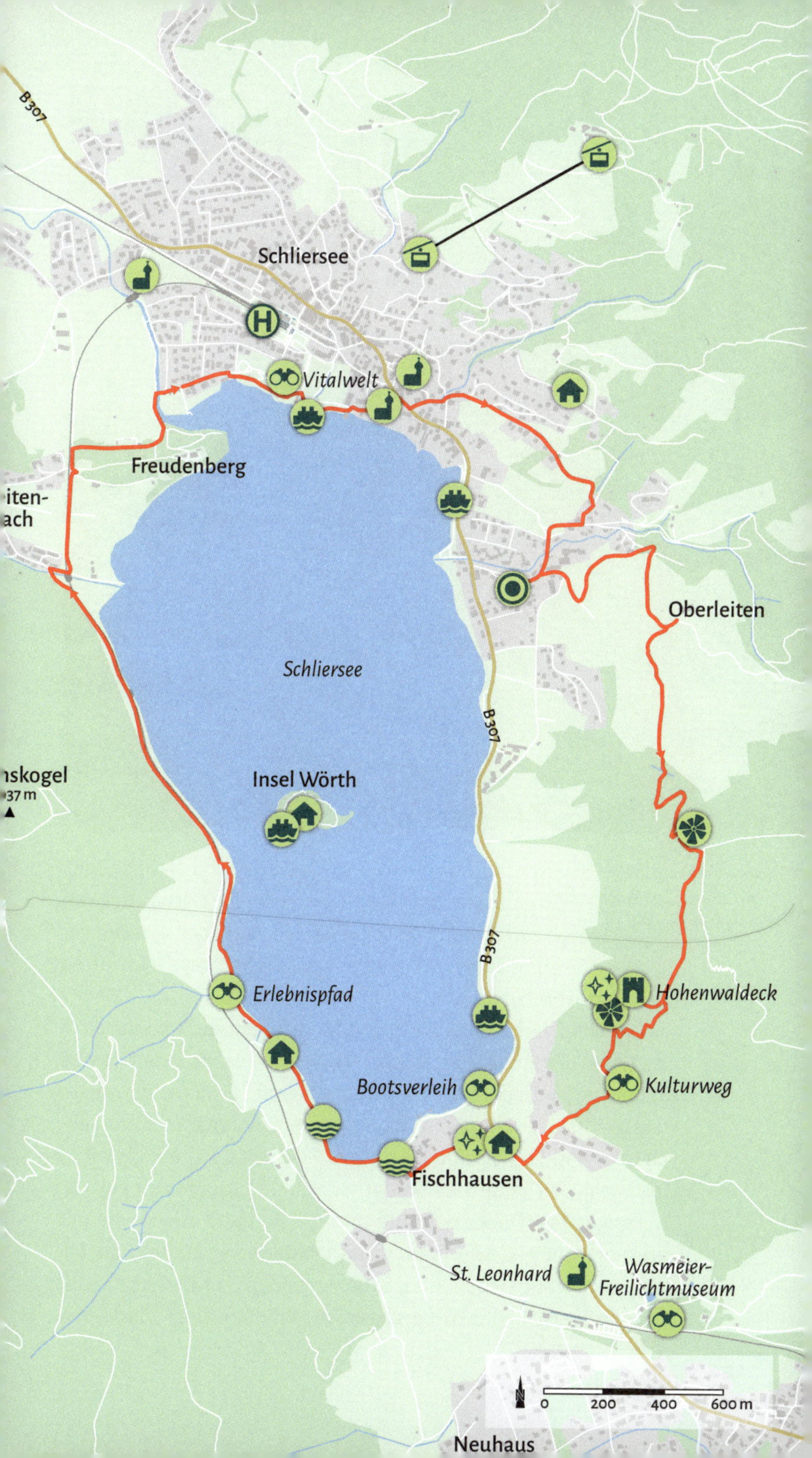
B307
Schliersee
Vitalwelt
Freudenberg
iten-
ach
Oberleiten
Schliersee
B307
Insel Wörth
nskogel
37 m
B307
Erlebnispfad
Hohenwaldeck
Bootsverleih
Kulturweg
Fischhausen
St. Leonhard
Wasmeier-
Freilichtmuseum
0
200
400
600 m
Neuhaus

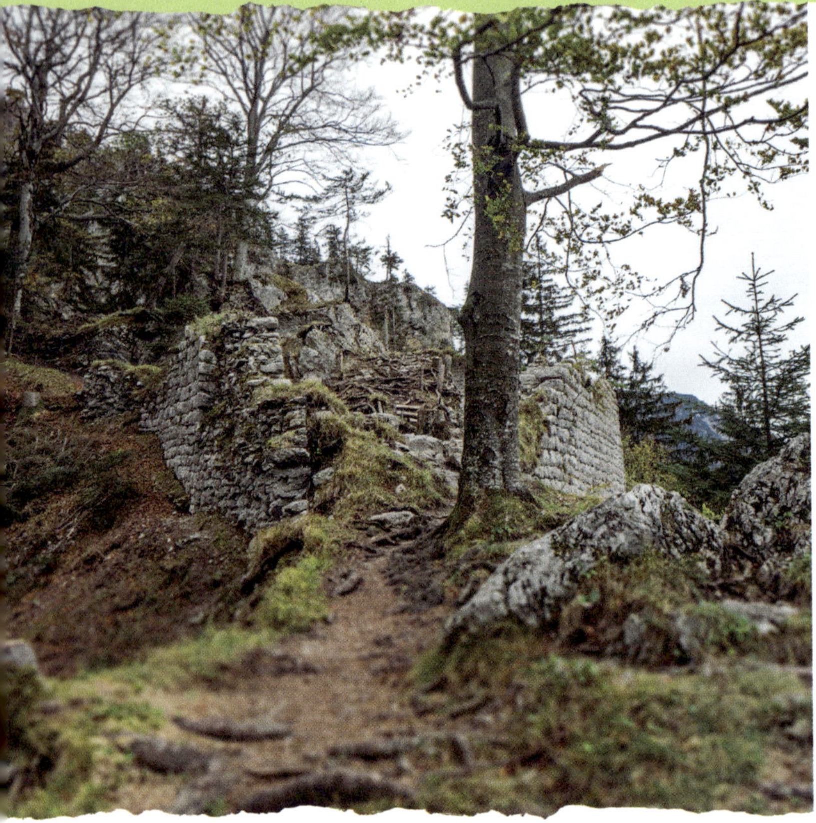

Verwunschen und geheimnisvoll: die letzten Mauern der Burg Hohenwaldeck

nerberg baldmöglichst wieder begehbar sein. Das schaurige Geheimnis eines der Ritter von Hohenwaldeck lässt sich aber auch von den gesicherten Plätzen des Höhenwegs aus lüften **Geschichte S. 169**.

Daneben darf natürlich die Hoffnung auf ungeahnte Schätze in den Tiefen der Ruine nicht fehlen. Schon im 19. Jahrhundert kamen zahlreiche Goldsucher, die mit Spitzhacke und Schaufel die eingestürzten, halbverschütteten Mauern auseinandernahmen. Angeblich erfolglos. Das einzige besondere Fundstück soll ein gotischer Dolch sein, den heute das Miesbacher Heimatmuseum aufbewahrt.

Einiges mehr über die Burg und die Bergwelt um sie herum verrät uns der ▶ ***Geschichts- und Kulturwanderweg hinunter ins Tal***, der uns mit zahlreichen Informationsschildern zur Geschichte der Ruine, zu verschiedenen Bergbäumen, Kräutern und Waldtieren begleitet. In kleinen Serpentinen schlängelt sich der Pfad über Stock und Stein hinunter nach ▶ ***Fischhausen***.

Die letzten Meter zwischen grünen Wiesen werfen die Frage nach einer Rastmöglichkeit auf. Wer mag, kann in der griabigen Stube vom ▶ ***Schnapperwirt*** ein Mittagessen genießen und dabei das Geweih eines Elches bewundern; geht doch auch die Sage durchs Land, dass es früher im Leitzachtal und im Isarwinkel noch Elche und Auerochsen gegeben haben soll. Hungrige müssen hier nicht darben und für mediterrane Gelüste wartet gegenüber ein italienisches Restaurant mit einem Mittagsmahl auf. Wer gut zu Fuß ist, kann auch einen etwa 15-minütigen Umweg zur Gastronomie von Neuhaus auf sich nehmen, bevor wir uns ▶ ***am Süd- und Westufer des Schliersees entlang*** auf den Rückweg machen. Oder den besagten Abstecher ins Markus-Wasmeier-Freilichtmuseum angehen: Zwischen dem alten Backhäusel, aus dem es himmlisch duftet, der Brauerei aus früheren Zeiten und den vielen historischen Bauernhäusern wird das ursprüngliche Leben der Menschen im Voralpenland erfahrbar.

Eine witzige Begebenheit aus dieser Gegend weiß auch die Sage von einer ungewollt gefährlichen Wallfahrt zu berichten: Ein reumütiger Bauer aus dem Tirolerischen hätte hier beinahe seine – in diesem Fall pelzige – Haut auf einem Bußgang nach St. Martin in Schliersee-Westenhofen riskiert **Geschichte S. 170**. Der zur Kirche St. Martin gehörende kleine, alte Friedhof ist übrigens auf dem Heimweg allemal einen Stopp wert. Nicht nur die filigranen Kreuze und eindrucksvoll gestalteten Grabstätten sind interessant, auch die älteste Kirche Schliersees mit Merkmalen verschiedener Epochen kann Groß und Klein fesseln. Wer ein bisschen findig ist, wird außerdem bald das Grab des Wildschützen Jennerwein entdecken, der in Oberbayern legendär ist.

Ein zweiter heißer Tipp für alle Kirchenfreunde ist die St. Leonhards-Kirche, die nur wenige Gehminuten vom Südufer des Sees entfernt ihren himmlischen Platz gefunden hat. Durch ihre gestreckte, achteckige Form mit den abgerundeten Ecken und der begeisternden Stuckdekoration gehört sie zu den faszinierendsten Gotteshäusern der Region.

Zurück am See warten aber zunächst die malerischen ▶ ***Bootshäuser des kleinen Weilers Fischhausen*** am Ufer auf Gäste. Im Sommer

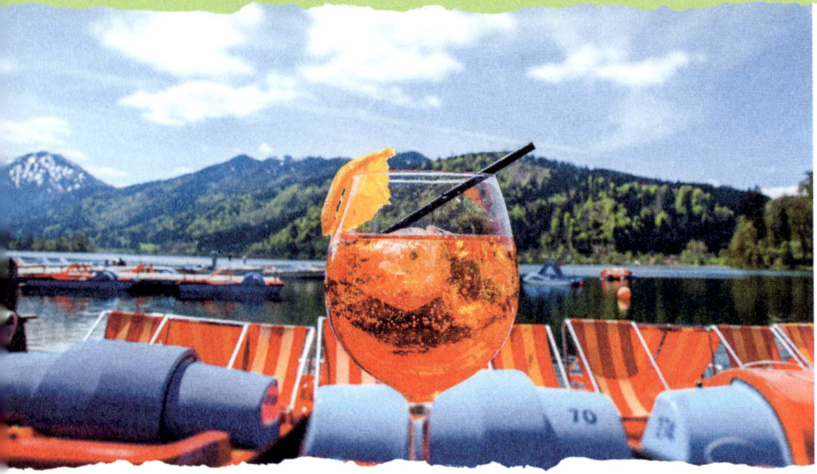

Hier lässt sich die Runde gemütlich mit einer Einkehr ausklingen: im Örtchen Schliersee.

mietet man sich am besten ein Gefährt und rudert selbst hinaus. Und wer hier schon müde Füße hat, kann in der Sommersaison natürlich auch die Seenschifffahrt nutzen, um wieder zum Ausgangspunkt, dem Parkplatz, zurück zu gelangen – je nach Öffnungszeiten auch mit einem erfrischenden Stopp auf der Insel Wörth mit ihrem hübschen Gasthaus. Manch einer hat sich dabei schon auf die Suche nach den letzten Hinweisen auf den Hungerturm der schaurigen Rittersage von Hohenwaldeck gemacht ...

Allen anderen sei der ▸ ***Westuferweg nach Schliersee*** empfohlen. Hier wechseln sich die Straße mit einem Wanderweg, das Kiesufer mit einem Erlebnispfad ab, der übrigens auch für die Großen allerlei Spaß bietet: Kneippbad im See, Balancierstämme, Holzxylophon und Himmelsliegen für Faulenzer. Mit dem Ofenrohr schaut wohl keiner gern ins Gebirge, deshalb kann man hier auf witzige Holzfernrohre ausweichen und mit ihnen einen gerundeten Blick auf die Brecherspitz im Süden werfen. Auf diesem Weg zurück nach Schliersee wartet zudem die ▸ ***Rixner-Alm*** mit kleinen Köstlichkeiten und Getränken auf Besucher – und eine relativ ungeschützte Bahnüberquerung als Herausforderung für junge Wanderer.

In Schliersee angekommen lenkt uns die Straße erst ▸ ***über eine kleine Brücke – dann rechts*** abbiegen und ▸ ***nach dem Bahngleis gleich wieder links***. Ab hier geht der Weg ▸ ***geradeaus nach Norden***, macht einen kleinen Stich den Freudenberg hinauf, um ihn danach auf der Nordseite nach Osten zu umgehen, bis wir in der Dorfmitte am Seeufer landen. Zahlreiche Cafés und Wirtschaften laden zum Verweilen ein. Und natürlich auch die Vitalwelt mit Schwimmbad und Saunalandschaft.

Zu unserem Ausgangspunkt finden wir nun entweder zurück, indem wir dem ► ***Uferweg bis zur Seestraße*** folgen, dann ► ***rechts abbiegen und bis Unterleiten nach Süden gehen***. Oder man wählt, wesentlich hübscher, noch einmal einen kleinen Anstieg: Von der ► ***Seestraße*** geht es ► ***östlich hinauf zur Konrad-Dreher-Straße***, dann zum ► ***Ledersberg*** und schließlich über einen Pfad wieder hinunter zur ► ***Unterleiten***, die auch auf den ► ***gelben Schildern*** ausgewiesen ist und unseren Parkplatz beherbergt.

Die Rache des Burgherrn

Vom betrogenen Ritter von Waldeck

ab 8 Jahren

Eifersucht und Leidenschaft gehören zusammen, sagt man. Weil man mit Eifer sucht, was Leiden schafft. Eine entsprechend grausige Geschichte erzählt man sich seit Langem von einem der Burgherren am Schliersee. Verschiedene Varianten sind entstanden, teils ohne Namen, teils mit Bezug auf den Grafen Wulff von Maxlrain und seine Schöne Amely – wie auch immer die Tragödie geschildert wird, ist sie doch in ihrem gnadenlosen Ende stets gleich:

Er sei ein übler Hitzkopf gewesen, heißt es, und jähzornig noch dazu, der Ritter von Waldeck. Als Kreuzfahrer zog er ins gelobte Land und gab seine Ehefrau in die Obhut des Schlossvogtes. Doch dieser nutzte seine Macht alsbald für eigene Zwecke. Denn angesichts der schönen Waldeckerin erwachte in ihm die Leidenschaft und die grenzenlose Begierde, diese Frau zu besitzen. So ließ er ihr durch einen falschen Boten die Nachricht zukommen, dass ihr Gemahl im Krieg sein Leben gelassen habe. Und nicht lange darauf hielt er um die Hand der Trauernden an.

Mit Erfolg. Die beiden heirateten, nichtsahnend, dass sich der Ritter von Waldeck bereits auf dem Heimweg befand.

Als dieser nun seine Gattin in den Armen eines anderen fand, riss ihn die Wut zu einem teuflischen Urteil hin: Er ließ beide in Ketten legen und langsam, Tag um Tag, den Hungertod erleiden.

Am Burgfelsen seien, einigen Geschichten zufolge, die Schöne und ihr schändlicher Liebhaber angeschmiedet worden.

Andere berichten, dass der unbarmherzige Ritter auf der kleinen Insel Wörth eigens einen düsteren Turm erbauen ließ, in dem die beiden eingesperrt wurden und schließlich den Tod fanden. Auch von später Reue des Grafen weiß ein entsprechendes Gedicht zu erzählen, aber die habe das Leben der Todgeweihten nicht mehr retten können.

Lange noch stand der sagenumwobene Hungerturm auf der Insel und mahnte bis zu seinem Verfall an die tragischen Folgen eines solchen Jähzorns. Inzwischen sind auch die letzten Mauerreste verschwunden, nur noch die Ruine von Hohenwaldeck zeugt vom schaurigen Schicksal ihrer Bewohner.

Der Pilger im Bärenpelz
Von einem außergewöhnlichen Wallfahrer in Fischhausen

ab 6 Jahren

Es lebte einmal ein Bauer in Tirol, ganz nahe an der bayerischen Grenze. Der fühlte sich dem heiligen Martin verpflichtet. War er doch sein Namenspatron und ihm stets ein starker Halt in schweren Zeiten.

So beschloss er, mit einer Wallfahrt für alles Buße zu tun, was in seinem Leben nicht ganz nach göttlichen Gesetzen verlaufen war. Ein rechtes Ziel dafür schien ihm die St. Martinskirche in Schliersee-Westenhofen zu sein.

Wie in der Martinslegende selbst, war es auch zu dieser Zeit Winter und bitterkalt. Der Bauer wickelte sich also in einen dicken Pelzmantel und freute sich über seine dunkelbraune Fellmütze und passende Handschuhe. Tief sank er auf seinem Weg im hohen Schnee ein und er war froh um seine warmen, ledernen Stiefel. Stunde um Stunde stapfte er so durch Eis und Kälte und hatte doch überraschend schnell Fischhausen erreicht.

Da kam ihm ein erschreckender Gedanke: „Ob es wohl eine richtige Wallfahrt ist, wenn ich hier so vergnügt vor mich hin marschiere?“

Er erinnerte sich an die St. Martins-Geschichte und an den frierenden Bettler auf der Straße. Nun, den Mantel von sich zu werfen, hätte ihm in dieser Kälte den Tod bringen können, aber irgendwie musste er doch dem Heiligen zeigen, dass es ihm um echte Reue ging. Da kam ihm die Idee, den Weg auf Knien fortzusetzen. Damit würde es umso beschwerlicher und der Bittgang nach Schliersee wahrlich eine Buße.

Er kniete sich also in den Schnee und rutschte mühsam Meter um Meter voran. Der Schliersee kam höchstlangsam in Sicht und der Tag neigte sich dem Ende entgegen.

„Hm, das ist jetzt zwar eine passende Strapaze, doch wenn ich in diesem Tempo weitermache, dann brauche ich die ganze Nacht bis Westenhofen“, überlegte der Bauer. Und im Dunkeln sollte damals kein Mensch allein unterwegs sein.

„Wie wäre es, wenn ich mich einfach auf allen Vieren fortbewege?“, sinnierte er schließlich. „Das ist trotzdem noch widrig genug und der passende Ausdruck für meine Gewissensqualen, aber immerhin komme ich doch heute noch an mein Ziel! Das wird der heilige Martin sicher verstehen.“

Gleich ging er auf allen Vieren weiter und kam nun in einem ihm angemessen scheinendem Tempo voran. Seine Mütze rutschte ihm dabei tief ins Gesicht.

So konnte der Unglückselige aber nicht sehen, dass er geradewegs auf ein paar Bauern zulief, die ihm im schwindenden Licht von Schliersee her entgegenkamen.

Und die erschraken nicht schlecht! Ein riesiger Bär trottete da auf sie zu, meinten sie, ein wahrlicher Meister Pelz mit dunkelbraunem, zottigem Haar! Himmel hilf! Dem musste man eine Ladung Blei aufs Fell brennen.

Flugs liefen sie in die umliegenden Höfe und kamen mit Dreschflegeln und Büchsen bewehrt zurück. Eng aneinander gedrängt pirschten sie sich an den Bären heran, der offenbar von ihnen noch keinerlei Notiz genommen hatte.

Als sie endlich nahe genug waren, nahm der älteste von ihnen seinen Mut zusammen, hob das Gewehr und schrie: „Ha, du wilde Bestie! Jetzt wird's dir übel ergehn!"

Gerade wollte er abdrücken, als der vermeintliche Bär wie vom Schlag gerührt stehen blieb und sich plötzlich auf die Hinterbeine stellte.

Der Bauer glaubte schon, das riesige Tier wolle zum Angriff übergehen – doch dann gab es wimmernd menschliche Laute von sich: „Aber was denn? Was soll das? Ich ... ich ... ich ergebe mich!"

Die Bauern sahen sich verwirrt an. Der tapferste von ihnen wagte einen Sprung nach vorne und zog das Untier an den Ohren. Da fiel die Mütze herab und das Gesicht des Wallfahrers kam mit angstgeweiteten Augen zum Vorschein.

Kurz waren die Männer sprachlos – aber dann: „Du Depp! Ja spinnst denn du? Was krabbelst du denn auf allen Vieren hier durch die Gegend wie ein Bär? Jetzt hätten wir dich fast erschossen!"

Dem Bauer saß immer noch der Schreck in allen Gliedern. Er ließ sich in den Schnee sinken und erzählte von seiner Wallfahrt und der rechten Buße.

Da konnten die Männer nicht mehr an sich halten und brachen in schallendes Gelächter aus. Sie lachten so sehr, dass schließlich sogar der Tiroler selbst miteinstimmte.

Am Ende klopfte ihm einer der Männer noch einmal kräftig auf die Schulter und meinte nur: „Na, ich glaub, den Rest vom Weg kannst du jetzt wieder auf zwei Beinen gehen. Mit deiner Todesangst von vorhin hast du deine Sünden mehr als abgebüßt. – Und es wär ja echt schad, wenn dich aus Versehen noch ein andrer über den Haufen schießt!"

So brachte der Bauer aus Tirol seinen Bittgang brav in aufrechter Haltung zu Ende.

Ob er sich je noch einmal zu einer Wallfahrt zu St. Martin hat hinreißen lassen, wird nicht berichtet. In Fischhausen aber lacht man bis heute über den pelzbewehrten Pilger aus Tirol.

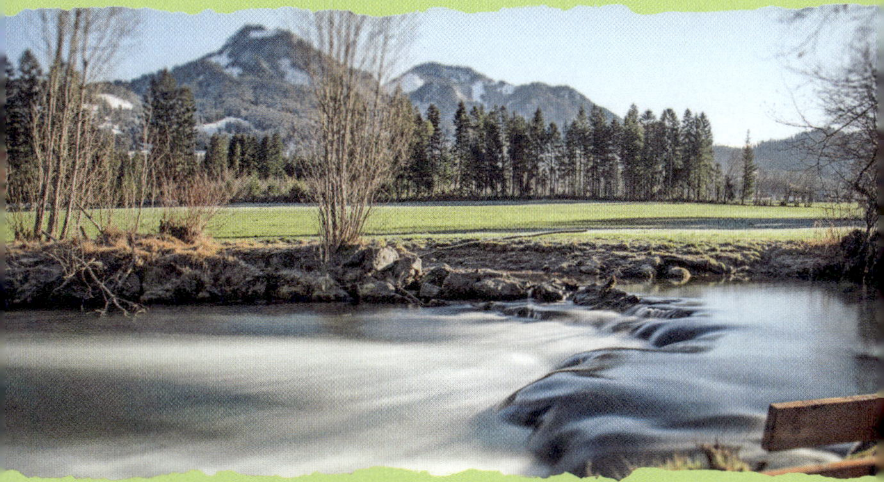

Leitzachtaler Runde 15

Die Seele baumeln lassen und dem Teufel ein Schnippchen schlagen

3:40 h Gehzeit
13,4 km Länge
215 hm mittel

Ein langer Wiesengrund voller Sonne und Anmut: das Leitzachtal von Fischbachau

Sonne tanken, den Blick schweifen lassen und dem sanften Gluckern der Bergbäche lauschen – das Leitzachtal bietet einen schmucken Rahmen, um bei einer Wanderung die Seele baumeln zu lassen. Es ist das wohl urwüchsigste Tal zwischen Wendelstein und Werdenfelser Land. Tradition und Brauchtum werden hier großgeschrieben, religiöse Kultorte verehrt und ein reicher, durchaus heiterer Sagenschatz gepflegt. Die Bauernhöfe leuchten in ihrer ursprünglichen Schönheit aus den grünen Wiesen hervor und die Leitzach schlängelt sich wie ein blaues Band zwischen ihnen hindurch. Gerade in der dunklen Jahreszeit ist diese Runde für Sonnenhungrige ein heißer Tipp – sofern es die Schneelage zulässt.

Unser Startpunkt liegt an dem kleinen ▶ ***Wanderparkplatz Schwarzenberg***. Wir gehen von hier aus die ▶ ***Schwarzenbergstraße kurz südwärts***, bis uns gleich nach dem Gasthaus Kirchstiegl die

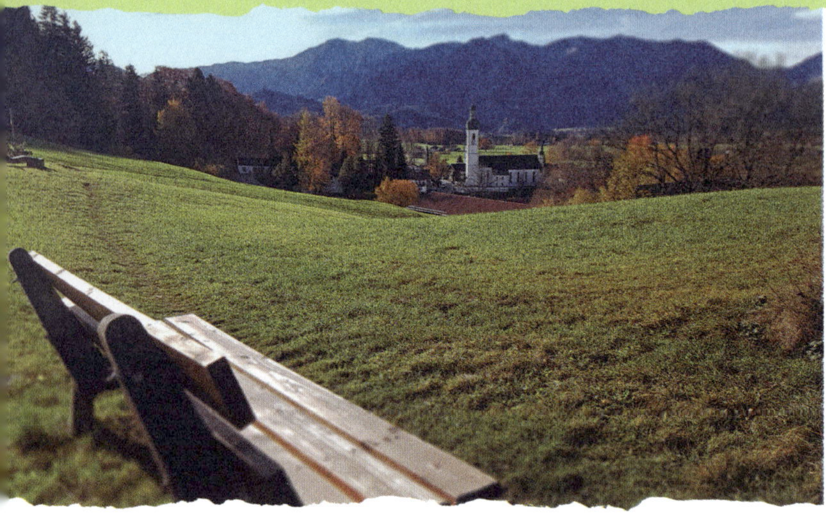

Die Runde der „Leitzachtaler Bergblicke" macht ihrem Namen alle Ehre.

▶ *gelbe Beschilderung links den Hang hinauf* schickt. Man findet diesen „Premiumweg Leitzachtaler Bergblicke" übrigens meist in der Variante von Fischbachau aus, in entgegengesetzter Runde. Da ich es jedoch liebe, erst einmal der Sonne und den Bergen entgegen zu wandern, habe ich die Tour kurzerhand umgedreht. Die gute Beschilderung führt so oder so stets zum gewünschten Ziel: Wir orientieren uns auf dem Weg nach Süden an „Fischbachau-Birkenstein" oder im Kleingedruckten an „Leitzachtaler Bergblicke".

Der ▶ *„Kirchstieglweg"* führt uns links durch die letzten Häuser von Greisbach und entlang der Obstgärten hinauf, bis ▶ *rechts ein schmaler Pfad* zwischen zwei Viehweiden abzweigt. Hohes Buschwerk begleitet uns zu einem kleinen Hain, den wir, über ein paar Stufen hinweg, bald durchschritten haben. Die kleinen ▶ *gelbgrünen Schilder der Alpenpfade Tegernsee-Schliersee* verstecken sich manchmal an Holzgeländern oder Pfählen, sind aber für ein geübtes Auge schnell zu entdecken.

Bald öffnet sich der Blick und die sehenswerten Gotteshäuser von Elbach liegen malerisch dem Bergmassiv von Aipl- und Brecherspitz und uns zu Füßen: die Pfarrkirche St. Andreas und die ehemalige Wallfahrtskapelle Heilig Blut. Wem hier schon der Magen knurrt, dem sei ein Abstecher in das Örtchen empfohlen. Zum einen für einen Kurzbesuch der Kirchen, zum anderen, um den vielgelobten „Ansitz zum Schmied-Wirt" beim Wort zu nehmen. Alle anderen können auf den einladenden Bänken am Wegesrand eine Pause machen und der witzigen Geschichte von den „Elbacher Bauern und dem Geldteufel" lauschen, die sich vor langer Zeit hier zugetragen haben soll **Geschichte S. 180**.

Fröhlich geht es nun auf dem ▶ ***„Schluchtweg"*** weiter. Bitte gut auf die Beschilderung achten, die uns einmal links zwischen zwei Häusern hindurchführt. Der Weiler Durham schickt uns schließlich ▶ ***südwärts auf den „Bucher Weg"***. Zwei wichtige Bitten haben die Landwirte hier an die Bäume gepinnt: Hunde neben den Viehweiden anleinen, um unliebsame Konfrontationen und Hinterlassenschaften zu vermeiden. Und die hier immer wieder umhersausenden Kätzchen keinesfalls locken oder gar mitnehmen; auch wenn sie eventuell herrenlos wirken, würden sie doch in ihrem Zuhause schmerzlich vermisst.

Auf wechselnden Pfaden geht es über den „Bucher Weg" weiter zur ▶ ***Schwaiger-Alm***, die neben leckeren Brotzeiten und Kuchen auch einen sensationellen Biergartenausblick zu bieten hat. Südwärts lockt anschließend der ▶ ***„Prälat-Haindl-Weg"*** durch lichte Wälder, vorbei an alten Buchen und mit stimmungsvoller Sicht auf das Mangfallgebirge.

Nach etwa eineinhalb Stunden ist ▶ ***Birkenstein*** erreicht: Der Weg wird schmal, gesäumt von breiten Holzbänken und endet schließlich

Zahlreiche anmutige Gotteshäuser warten auf Besucher, wie hier die Maria Schutzkirche in Fischbachau.

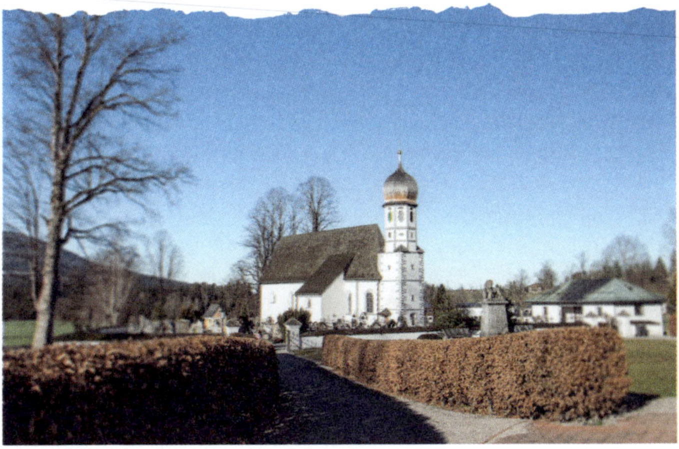

Leitzachtaler Runde

3:40 h Gehzeit | 13,4 km Länge | 215 hm | mittel

Ausgangspunkt in 83730 Fischbachau:

Almweg, Wanderparkplatz Schwarzenberg

Weg:

Nur bei Schneefreiheit möglich, überwiegend sonnig, bei Regen streckenweise sehr matschig, gut mit gelben Schildern ausgewiesen

Besonderheiten:

- Wallfahrtsort Birkenstein
- Barfußpfad

Einkehr:

- Restaurant Ansitz zum Schmied-Wirt, Ötzstraße 2, Fischbachau/Elbach: www.ansitz-zum-schmied-wirt.de
- Schwaiger Alm: www.schwaigeralm-online.de
- Café Seidl, Birkensteinstraße 85, Fischbachau: www.cafe-seidl.de
- Klosterstüberl, Kirchplatz 9, Fischbachau: www.klosterstueberl.com
- Gasthaus Kirchstiegl, Schwarzenbergstraße 73, Fischbachau-Hundham: www.fischbachau.de/a-gasthaus-kirchstiegl
- Hofcafé beim Melchern, Achau 4, Hundham, www.beim-melchern.de

Zuganfahrt:

Zug nach Miesbach, Bus 9552 Richtung „Fischbachau", Ausstieg „Greisbach, Fischbachau", Start von hier aus auf der Runde in östlicher Richtung

Variationen:

Die Tour kann in entgegengesetzter Richtung gegangen oder halbiert und in eine Nord- und Südrunde aufgeteilt werden. Erweiterungen sind über den Schwarzenberg oder den Breitenstein möglich. Wer möchte, kann auch noch eine Extrarunde am südwestlichen Zipfel der Tour beim Bauernhof „Trach" im Fischbachauer Märchenwald gehen.

Tipps:

- Leitzachtaler Ziegenhof mit Hofladen, Sandbichl 2+4, Fischbachau: www.ziegenhof-leitzachtal.de
- Jodlhof mit Lüftlmalerei, Hagnberg, Fischbachau
- Runde durch den Märchenwald Trach, Start am Parkplatz in Lehenpoint: www.fischbachau.de/a-familientraumtour-fischbachauer-maerchenwald

Tourist-Info:

Kirchplatz 10
83730 Fischbachau
Tel.: 08028-876
E-Mail: info@fischbachau.de
www.fischbachau.de

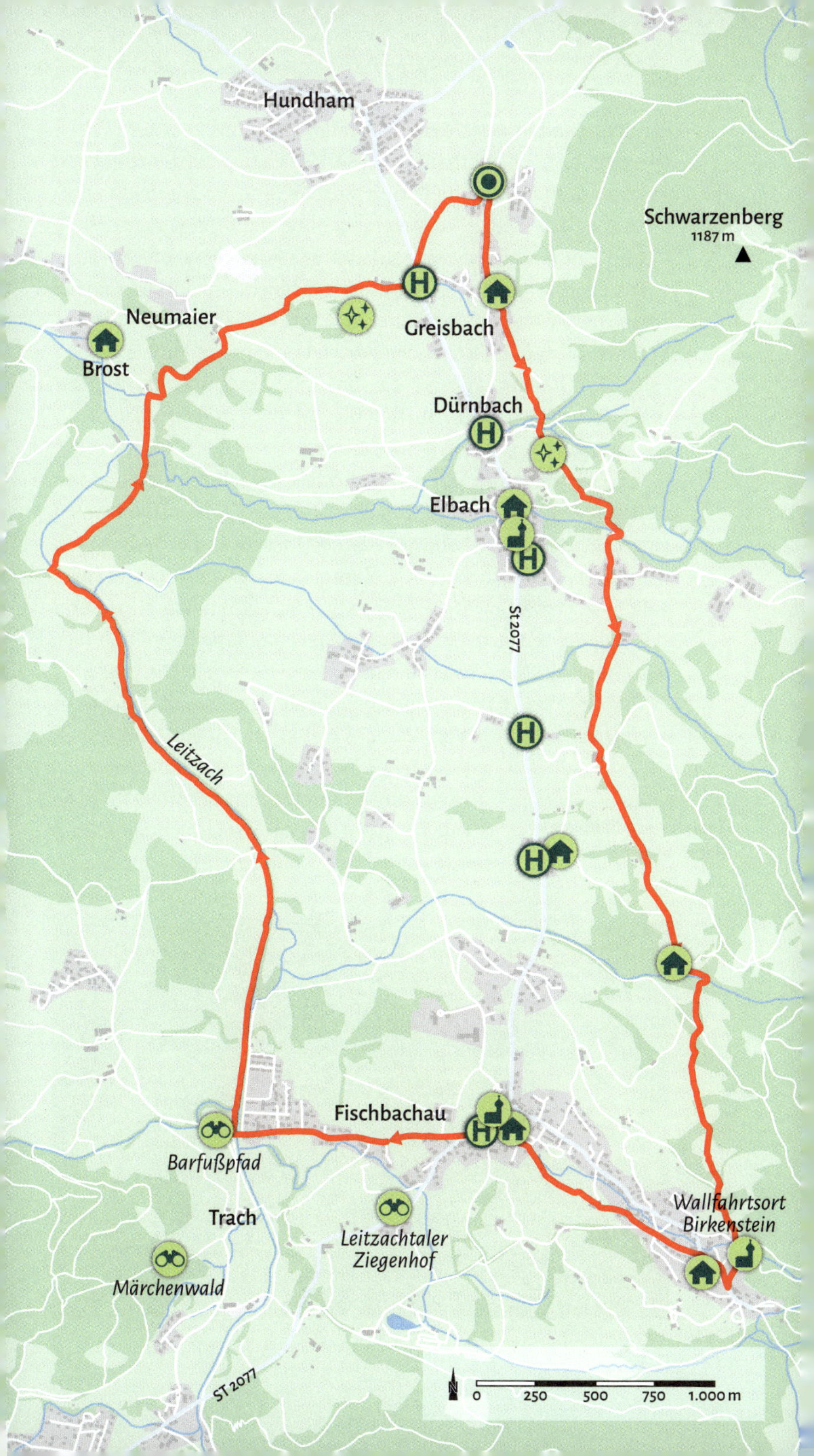

Hundham
Schwarzenberg
1187 m
Neumaier
Brost
Greisbach
Dürnbach
Elbach
St 2077
Leitzach
Fischbachau
Barfußpfad
Trach
Leitzachtaler
Ziegenhof
Märchenwald
Wallfahrtsort
Birkenstein
ST 2077
0
250
500
750
1.000 m

vor dem Wallfahrtsort, der im 18. Jahrhundert als eine der zahlreichen Loreto-Kirchen erbaut wurde und bis heute bei der jährlichen Trachtenwallfahrt von mehreren tausend Besuchern gefeiert wird.

Auf einem kleinen Anstieg gegenüber ragt der Kalvarienberg des örtlichen ▶ ***Kreuzweges*** auf, der uns ▶ ***in nordwestlicher Richtung*** weiterführt in den Ort Fischbachau hinein – mal ▶ ***als schmaler Trampelpfad*** zwischen raschelndem Laub, mal als schmale Straße. In Birkenstein und Fischbachau wartet eine große Menge an Einkehrmöglichkeiten auf uns z.B. das Café Seidl und das Klosterstüberl Fischbachau. Ein Ausflug hierher lohnt rund ums Jahr – nur vielleicht nicht gerade in der Fastenzeit.

Die Beschilderung der ▶ ***„Leitzachtaler Bergblicke“*** weist uns den weiteren Weg, beim Hof der Lehenmühle direkt am Haus vorbei. Auf einem Wiesenweg ziehen wir in den ▶ ***Ortskern Fischbachau*** mit seiner prachtvollen Pfarrkirche St. Martin, dem „Martinsmünster“. Nun geht es ▶ ***westlich auf der „Lehenpointstraße“*** leicht hinab, bis zur Brücke über die Leitzach. Ein ▶ ***„Barfuß- und Meditationsweg“*** hilft hier, den müden Füßen etwas Anregung zu verschaffen. Die passende Erfrischung dazu hält das Flüsschen bereit, dem wir mit neuer Kraft ▶ ***nach Norden*** folgen. Vom Ufer aus bieten sich laufend Gelegenheiten, die Zehen ins eiskalte Nass zu tauchen.

Etwa drei Kilometer läuft der breite Kiesweg auf der ▶ ***Westseite der Leitzach*** entlang, übrigens zweimal mit öffentlichen Toiletten ausge-

Kleine Kunstwerke am Flussufer: von fleißigen Bibern an der Leitzach

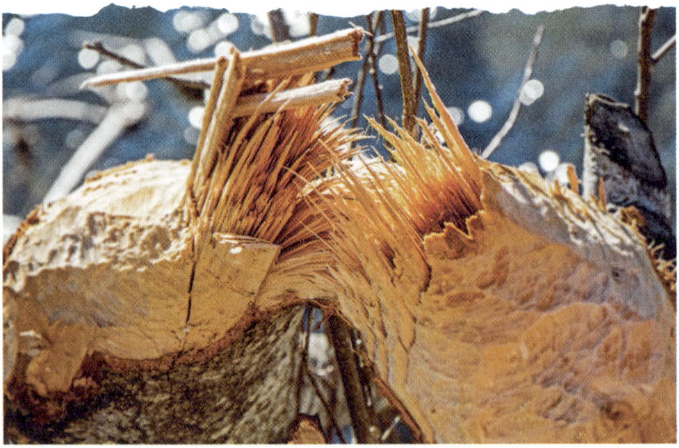

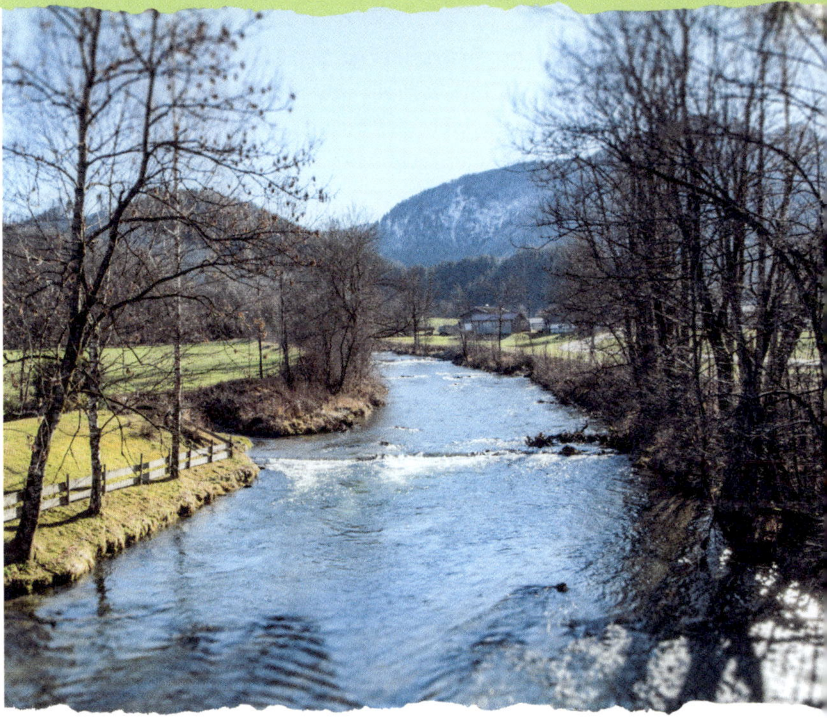

Fließt fröhlich über Stock und Stein neben dem Wanderweg dahin: die Leitzach

stattet. Auch wenn dieser Streckenabschnitt nicht unbedingt abwechslungsreich anmutet, ist er doch sehr lebendig. Es gilt, Augen und Ohren aufzusperren, um die Darbietungen der Tierwelt nicht zu verpassen: Dunkelbraune, freche Jungkühe beäugen jeden Spaziergänger neugierig, vor allem natürlich die vierbeinigen. Eine Wasseramsel mit charakteristischem weißem Kehlfleck trällert lustig vor sich hin, um im nächsten Moment meisterhaft ins dunkle Blau der Leitzach abzutauchen. Eine Biberburg liegt ganz versteckt am Flussufer und ist nur durch die umliegenden „Kunstwerke" ihrer Bewohner zu entdecken. Und, und, und …

Nach dieser kleinen Fluss-Safari biegt der Weg über eine ► ***Brücke nach Nordosten*** in den Wald hinein. Als Forstweg zielt er zunächst auf den Weiler Brost ab, von dem aus das Hofcafé Beim Melchern im nordöstlichen Achau in fünf Gehminuten schnell erreicht ist. Für alle anderen geht es weiter zum Weiler Neumaier, wo uns ein Forstweg in östlicher Richtung nach ► ***Greisbach*** bringt. In dem nun offenen Gelände präsentiert sich in südöstlicher Richtung der Breitenstein in seiner ganzen Größe. Im Norden winkt der Ort Hundham zu uns herüber. Von ihm weiß eine zweite heitere Sage etwas zu erzählen, das zu den typischen Motiven im Voralpenland gehört: Ein frevelhafter Grenzsteinversetzer kann keine Ruhe finden. Wie gut, dass der hiesige Übeltäter irgendwann einem Wanderer begegnete, der kühlen Kopf bewahrte und ihm den entscheidenden Hinweis zur Erlösung gab **Geschichte S. 181**.

Wem die Fußsohlen nach unseren drei Stunden Weg brennen, der ist bald erlöst, denn wir überqueren jetzt die große ▶ ***Leitzachtalstraße an der Bushaltestelle*** und biegen ▶ ***wenige Meter später rechts*** ab. Man kann hier nach Gusto dem Kirchstieglweg oder der Schwarzenbergstraße zum Parkplatz folgen. Oben wartet brav unser Auto, um uns nach Hause oder als Belohnung zu einer letzten Einkehr zu bringen.

Wie ein schlauer Pfarrer eine Seele rettete

Von den Elbacher Bauern und dem Geldteufel

ab 6 Jahren

Sie waren drei arme Teufel, die Bauern aus Elbach, die sich an einem Abend gehörig betrunken hatten und miteinander grübelten, wie sie endlich zu Geld kommen sollten. Was also lag für sie näher, als den Höllenfürsten selbst zu beschwören, ihnen doch zu etwas Reichtum zu verhelfen? Kaum war der Wunsch ausgesprochen, stand der Leibhaftige auch schon neben ihnen.

Einen dicken Sack voller Geld wuchtete er auf den Tisch und verkündete den verdattert dreinschauenden Männern: „Euer Wunsch sei mir Befehl. Aber merket euch, dass dafür der letzte, der am Sonntag die Kirche verlässt, bezahlen wird. Dessen Seele muss für immer in meiner Unterwelt schmoren!“

Bevor auch nur einer der drei Bauern Luft holen, geschweige denn antworten konnte, war der Beelzebub schon verschwunden. Nur der Sack voller Geld und ein widerlicher Gestank in der

Luft zeugten von seinem Besuch. Fassungslos saßen sie da. Jetzt hätten sie all den Reichtum sofort wieder hergegeben, wenn sie nur den Pakt mit dem Teufel wieder hätten auflösen können.

In ihrer Not gingen sie zum Pfarrer. Der hielt ihnen erst einmal eine gehörige Strafpredigt, wusste aber letztlich doch, ihnen zu helfen.

Als am Sonntag die Messe zu Ende war, schickte der geistreiche Gottesdiener alle Besucher hinaus, auch die drei unglücklichen Bauern. Dann nahm er das Allerheiligste aus dem Tabernakel und verließ damit als letzter die Kirche.

Bevor er jedoch vollends über die Schwelle trat, drehte er sich auf dem Absatz um und hielt das Allerheiligste weit von sich. So kam es, dass es Jesus Christus selber war, der als letzter das Bethaus verließ.

Damit hatte der ausgefuchste Priester dem Teufel ein gehöriges Schnippchen geschlagen. Wutentbrannt fuhr dieser wieder zur Hölle und ward seither nicht mehr in Elbach gesehen.

Wie ein kluger Wanderer einen Fluch löste

Vom Grenzsteinversetzer in Hundham

ab 6 Jahren

In alten Zeiten, wo es kaum Landvermessungen und Aufzeichnungen über den Verlauf von Grenzen gab, halfen Grenzsteine, die Rechte ums Land zu klären. Umso verwerflicher war es, einen solchen Grenzstein heimlich zu versetzen, denn es gab kaum Möglichkeiten diese ruchlose Tat zu beweisen.

Wie oft in solchen Fällen der menschlichen Ohnmacht gegenüber Ungerechtigkeit wurde die Sühne dem himmlischen Gericht überlassen: In der Vorstellung der Leute musste dann die Seele des Straftäters nächtens unruhig umherwandeln, bis sie durch einen Wohltäter Erlösung fand.

So war es auch vor etwa 150 Jahren in der Nähe von Hundham nicht ganz geheuer. Eine Geisterstimme waberte dort über das

Feld und jammerte vor sich hin: „Wo soll ich den Stein hinsetzen? Wo soll ich ihn nur hinsetzen?“

Es hieß, ein habgieriger Bauer aus Hundham solle als Gespenst umgehen und für seine Missetaten als Grenzsteinverrücker büßen. Kaum einer war mehr des Nachts dort unterwegs, weil es allen so unheimlich schien.

Nur ein fremder Wanderer hatte noch nichts von diesem Spuk erfahren und weil er sich verirrt hatte, war er noch nach Mitternacht in der Nähe von Hundham unterwegs.

„Wo soll ich den Stein nur hinsetzen?“, wimmerte es auf einmal um ihn herum in der Dunkelheit. Der Wanderer horchte auf.

Als die gleiche Frage wieder und wieder zu hören war, nahm er sich ein Herz und antwortete schlicht: „Ja mei, dann tu ihn einfach da hin, wo du ihn einmal hergnommen hast.“

Kurz wurde es mucksmäuschenstill, doch dann ertönte die Stimme erneut und klang auf einmal erleichtert: „Vergelt's Gott! Das tu ich. Du hast mich erlöst!“

Stille kehrte daraufhin ein und der Wanderer konnte unbehelligt seinen Weg fortsetzen.

Seit dieser Nacht sei die geisterhafte Stimme für immer und ewig verschwunden, wissen die Leute zu berichten. Nun, wenn das Sühnen einer Tat, doch immer so einfach wäre …

Gerade zur kalten Jahreszeit als leuchtende Sonnentour zu empfehlen: die Leitzachtal-Runde

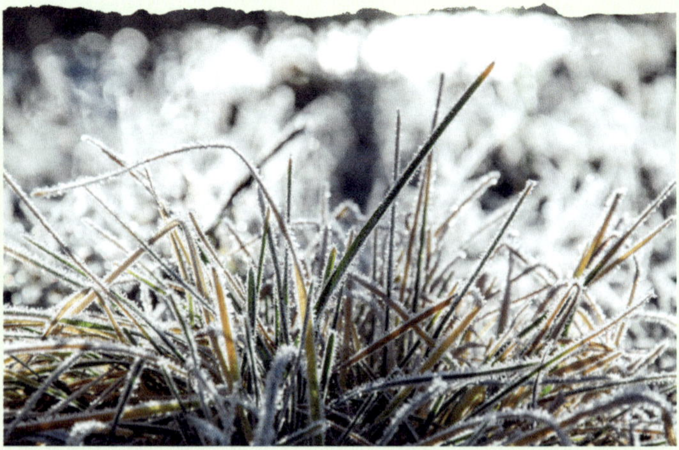

Märchenhafte Buchtipps

Mohr, Sepp: Tegernseer Sagen, München, 2016.

Schinzel-Penth, Gisela: Sagen und Legenden um Miesbach und Holzkirchen, Andechs-Frieding, 1995.

Schinzel-Penth, Gisela: Sagen und Legenden um Tölzer Land und Isarwinkel, Andechs-Frieding, 2006.

Schinzel-Penth, Gisela: Sagen und Legenden um Werdenfelser Land und Pfaffenwinkel, Andechs-Frieding, 2008.

Schmidt, Willibald: Sagen aus dem Isarwinkel, Bad Tölz 1979 (nur noch antiquarisch erhältlich).

Schweiggert, Alfons: Bayerische Märchen, München, 1995.

Wittmann, Helmut und Ursula: Das Geschenk der zwölf Monate, Innsbruck, 2018.

Sagenhafte Gruppenwanderungen

Gerne begleitet Ursula Weber mit ihren Geschichten auch Ausflugsgruppen bei ihren Streifzügen durchs Oberland. Ob auf aussichtsreiche Berge oder bei einer illustren Schifffahrt – fragen Sie sie einfach an: www.erzaehlzauber.de.

Herzliche Einladung auch zu ihren „Märchenhaften Wanderungen“, die sie inzwischen zusammen mit einer Stadtführerin der www.toelzer-stadtver-sucher.de im Umland von Bad Tölz anbietet. Die aktuellen Termine finden sich auf ihrer Website oder auf der Facebook-Seite „Erzählzauber – Ursula Weber“.

Wer dazu An- und Abreise oder ein Rahmenprogramm buchen möchte, findet auf www.litschis-bergwelt.de Inspiration in Hülle und Fülle.

Wer zu einer Wanderung eine kundige Bergführerin buchen möchte, findet auf der Website von Margit Simon www.wandern-kultur.com individuelle, fachkundige und herzliche Betreuung.